EDUCATIONAL REFORM

PROJECT BASED LEARNING

仇虹豪 主编
张韶玲 副主编

新时代教育变革与项目化学习的实践探索
——以上海市实验学校东校为例

上海社会科学院出版社
SHANGHAI ACADEMY OF SOCIAL SCIENCES PRESS

序　言

　　实现中华民族的伟大复兴,到了依靠科技创新发展的历史时期。当今世界,任何国家的科技创新源泉取决于是不是拥有一大批杰出的科技人才,而科技人才的培养是要有好的教育体制支持,尤其是基础教育的品质。所以国家从2016年发布《中国发展学生核心素养报告》开始,开启了新一轮的基础教育改革。这一轮基础教育改革的核心是把原来学科中心主义影响下,以学科知识技能传授为主的应试教育,转向发展学生核心素养的立德树人教育。课程与教学变革是这场历史性教育改革的核心。

　　从学科知识技能点状的传授式教学一下子到发展学科核心素养,老师的感觉是教学目标突然间变大变高变综合了,面对着这么一个庞然大物无从下手。对知识技能的传授,老师是很熟悉很适应的,只需照着教材的内容一篇篇课文一个个知识点地教,就能实现,这些大多数教师驾轻就熟。现在一下子要发展学生学科核心素养,真有点从地下到天上的感觉,老师们纷纷感到缺一把能够登天的梯子。

　　假如把学科的知识技能点状传授看作金字塔的底,学科核心素养看作是金字塔的顶,从底部到顶端至少要架设三级台阶。要突破用新的单一课堂教学范式取代传统课堂教学模式的思路。学科素养的多元性综合性,使得发展素养很难用单一的教学模式实现,应该用多种教学方式组合的复杂教学取代新单一模式教学。第一级台阶是在原来知识技能点状传授的基础上,加上学科内的结构式教学;第二级台阶是学科间的跨学科主题学习;第三级台阶是现实世界的真问题解决式学习。有了这三级台阶,就可以让老师的学科教学触摸到学科的核心素养了。因此,整理并组合学科教学内容,组成新的学科教学单位,摆脱以课文、教案为形式的传统教学思路,寻求在更大更复杂的学科知识主题或结构中,花一段时间,集中对一个学科知识结构,或者一个学科主题的整体性学习或整体性问题解决,这是老师需要在双新实践中突破的第一个瓶颈。走出学科边界,进行跨学科联合，开展跨学科主题学习，是第二个瓶颈。把学生带进现实世界，让他们面对现实世界的真问题，用学到的知识开展问题解决的探究性学习，是第三个瓶颈。只要我们坚持动员教师开展学科教学实践探索，突破这些瓶颈，就能带领他们走向素养导向教学的新境界。

为此，上海市教育委员会于2023年8月发布了《关于实施项目化学习推动义务教育育人方式改革的指导意见》，提出学校要在新课程新教材实施中，以项目化学习为抓手，在课程设置、教学设计、课堂教学、教师研修、教学管理、课程评价等方面，探索从"教"为中心到"学"为中心变革。围绕如何让学生从愿学、能学、会学到学会，在尝试参与运用项目化学习的实践中，实现教学观念与能力的再造。这些年世界各国广泛开展的项目化学习，引进了工程思维的特质，把工程学中的任务导向、计划安排、分工合作、过程监控、成果展示、总结交流等因素融进教学模式，较好地体现了学生主体、团队合作、过程分解、支架伴随、评价反馈、展示反思等学生主体性团队合作学习的要素，是促进教学方式从"教"为中心到"学"为中心变革的利器，所以受到了教育界的广泛认同与推广。

上海市实验学校东校作为一所九年一贯制公办学校，在面临双新改革的挑战面前，快速响应浦东新区教育局的号召，积极参加项目化学习实验校行动，主动进取，认真实践。鼓励一部分学科教师先行试点，以研究先行、教学跟进的方式，完成了第一轮跨学科项目化学习的育人改革试点，取得成功经验后再开展更多学科更多教师的实践推广。2019年至今，学校已在中小学语文、数学、英语、科学、艺体、历史等学科及德育活动中进行了大量的跨学科项目化学习实践与研究，形成了一批相对成熟的案例和组织实施经验，汇编成了这本专著。这些成果不仅丰富了学校的课程体系，提升了教师团队跨学科学习的设计与实施能力，还以多元精彩的课程群和高质量的项目探索，丰富了3000多名学生的学校生活经历，激发了他们的探究热情，增长了他们的才干，促进了他们面对真实世界解决问题能力的增长。

这是我们最愿意看到的校园情景：不同年龄的孩子，在一个个驱动性问题的牵引下，好奇心被激发，求知欲变得异常旺盛，各自都在以不同的方式寻找着解决问题的思路与答案，以不同形态的学习、交流、合作、分享，健康成长着。孩子们慢慢变得成熟，变得能够以满满的自信与能力把握当下和未来的种种人生挑战。这应该就是素养导向下，大家共同追求的教育新样态。相信本书呈现的关于不同学科如何开展项目化学习的思路、设计、方案、课例、管理、评价等方面的内容,一定会给读者以启示和借鉴。对繁荣浦东,乃至整个上海的项目化学习实际,促进双新带来的基础教育方式变革具有现实意义。

值实验东校项目化学习专著出版之际,以此为序,表示祝贺。

上海市教育学会特聘学术专家 顾志跃

目录

序言   1

第一部分   理论探究

第一章   教育变革与项目化学习   3
- 第一节   当今教育变革的趋势与特点   5
- 第二节   项目化学习的内涵与特征   10
- 第三节   项目化学习的政策支持   15
- 第四节   国际与本土视野下的项目化学习   17

第二章   学校项目化学习课题研究概况   23
- 第一节   研究缘起   25
- 第二节   研究概念界定   28
- 第三节   研究意义   30

第三章   学校项目化学习课题研究设计   33
- 第一节   研究目的   35
- 第二节   研究内容与创新点   38
- 第三节   研究方法   44
- 第四节   研究路径   46

第四章   学校项目化学习的学科探索   49
- 第一节   基于语文学科的项目化学习的实践探索   51
- 第二节   基于数学学科的项目化学习的实践探索   52

第三节　基于英语学科的项目化学习的实践探索　　　　　55
第四节　跨学科项目化学习的实践探索　　　　　　　　57
第五节　基于活动的项目化学习的实践探索　　　　　　60

第五章　项目化学习的研究成果　　　　　　　　　　　63
第一节　项目化学习的成果概述　　　　　　　　　　　　65
第二节　凝结：源于学生实际生活和日常学习的校园真实问题库　69
第三节　建构：基于学科的跨学科项目化学习的设计要素与评价标准　73
第四节　提炼：具有育人特色的九年一贯制学校项目化学习框架　76
第五节　成长：项目组教师的专业能力提升与教师专业发展　79

参考文献　　　　　　　　　　　　　　　　　　　　　　81

第二部分　实践探索

总论　　　　　　　　　　　　　　　　　　　　　　　　85
1　聚焦核心素养：项目化学习评价的设计与实践
　　——以上海市实验学校东校为例　　　　　　仇虹豪　87

第一辑　语文　　　　　　　　　　　　　　　　　　　97
2　跨学科项目化学习古诗
　　——以《惠崇春江晚景》为例　　　　　　　丁　蕊　99
3　任务驱动的单元整体教学
　　——以统编语文教材三年级下册第三单元《中华传统节日》为例
　　　　　　　　　　　　　　　　　　　　　　赵　涓　105
4　小学语文学科四年级项目化学习的设计与实施
　　——以四上口语交际课《我们与环境》为例　屠维薇　111
5　基于统编教材单元视角的项目化学习研究
　　——以统编语文教材五年级上册第八单元《推荐一本书》为例
　　　　　　　　　　　　　　　　　　　　　　吴　丹　118

6	名著阅读项目化学习的设计与实践		
	——以名著《西游记》为例	吴 燕	127
7	探索语文跨学科学习路径		
	——以《一滴水经过丽江》为例	胡乐超	134
8	阅读名篇　演绎经典		
	——九年级语文跨学科项目化学习方案	邓 彦	140
9	一部电影与作文教学一二三		
	——兼谈如何写人物、讲故事	胡宜海	149

第二辑	数学		153
10	核心素养导向下小学数学课堂项目化活动学习的实践		
	——以《质量的初步认识》单元教学为例	戴惟熙	155
11	东校深度游之手绘地图	范怡青	162
12	多学科融合下的小学数学项目化学习初探		
	——以"阅读推广大使"项目为例	苏佳怡	169
13	用数学语言表达现实世界的策略研究		
	——以"小记者养成记"项目化学习活动为例	张颖琦	172
14	探索数学跨单元、跨学科知识的链接与应用		
	——数学项目化学习活动：撰写一篇新闻稿	朱云华	179
15	让知识在情境中活起来		
	——"义卖方案大比拼"跨学科学习活动案例	张佳美	186
16	小学数学学科项目化学习中的学生视角初探		
	——以"王小东的求职之旅2：入职第一年"为例	康逸红	191
17	项目化学习背景下小学数学单元统整的教学实践研究		
	——以五下《可能性》单元教学为例	孙倩倩	199
18	初中数学学习中运用信息技术助力课堂教学的策略研究		
		张丽霞	205

第三辑　英语　　　　　　　　　　　　　　　　　　　　　　213

19　单元视角下指向核心素养的小学英语项目化学习实践
　　　——以 1BM3U3 My clothes 项目化学习为例　　蒋晓莉　215

20　创意点缀生活　思考装饰学习
　　　——I'm a little designer 3BM2U3 Clothes 项目化学习　苏　涛　222

21　基于思维品质提升的小学英语项目化学习研究
　　　——以 4AM3U2 打造"理想社区"项目化学习为例　张　纯　229

22　初中英语项目化学习研究现状分析及其启示　　　　张　毅　237

第四辑　科学　　　　　　　　　　　　　　　　　　　　　　249

23　STEAM 课程中的探究活动设计及实施的研究
　　　——以"食物与营养"一课为例　　　　　　　　朱晨佳　251

24　科学核心概念下的项目化学习设计
　　　——以"小光影　大世界"课程为例　　　　　　陈美霖　258

25　聚焦科学核心概念：小学科学项目化学习的设计与实施
　　　——以"食物的旅行"项目为例　　　　　　　　舒兰兰　265

26　初中科学项目化学习成果展示中学习评价的应用
　　　——以"自然界中的水循环"为例　　　　　　　吴吉青　271

27　深度学习理念下的初中科学项目化学习设计
　　　——以"设计鱼池水净化装置"为例　　　　　　乔丹璇　277

28　基于项目化学习的初中物理教学
　　　——以"凸透镜成像"实验为例　　　　　　　　蔡　俊　283

29　素养为本的"跨学科—项目式"教学设计
　　　——以"酸雨对农作物的危害与防治"为例　　　朱程燕　289

第五辑　艺体　　　　　　　　　　　　　　　　　　　　　　297

30　项目化学习在小学美术教学中的实践探究
　　　——以"喜庆蛋糕"为例　　　　　　　　　　　江　悦　299

31 创建项目化学习情境,探寻纸版画教学新魅力
　　——以"乐寻弄堂,拯救消逝的记忆"一课为例　　张晓彬　304

32 初中音乐项目化学习的必要性及项目化合作学习实施策略
　　　　　　　　　　　　　　　　　　　　　　　　许　可　311

33 结合项目化学习小学体育与健康长拳项目的教学环节设计
　　　　　　　　　　　　　　　　　　　　　　　　张雯卿　319

34 论多媒体技术在核心素养时代体育课中的应用　　李　菲　325

35 应对体育中考新实施方案的教学模式探讨　　　　朱　青　332

第六辑　德育及其他　　　　　　　　　　　　　　　　　341

36 基于德育活动的项目化学习设计与实施
　　——项目化学习在德育活动中的实施策略　　　凌洁敏　343

37 基于德育活动的项目化学习探索与实践
　　——以"上海红色之旅探寻"为例　　　　　　　赵　灵　350

38 新课标下道德与法治学科中多元化学习评价的实践
　　——以"新闻讲评"板块为例　　　　　　　　　沈　佳　358

39 聚焦核心素养,促进人工智能项目的深度学习　　潘艳东　364

40 初中历史项目化学习实施策略
　　——以"寻找老物件,探寻家国记忆"为例　　　陶蓓蓓　370

第一部分　理论探究

第一章

教育变革与项目化学习

今天我们处在一个教育变革的年代，变革的终极目标就是教育现代化和教育强国的实现。2023年5月29日下午，中共中央政治局就建设教育强国进行第五次集体学习，中共中央总书记习近平在主持学习时强调，教育兴则国家兴，教育强则国家强。建设教育强国，是全面建成社会主义现代化强国的战略先导，是实现高水平科技自立自强的重要支撑。习近平同时强调，我们要建设的教育强国，是中国特色社会主义教育强国，必须以坚持党对教育事业的全面领导为根本保证，以立德树人为根本任务，以为党育人、为国育才为根本目标，以服务中华民族伟大复兴为重要使命，以教育理念、体系、制度、内容、方法、治理现代化为基本路径。从上述习近平的重要讲话不难看出教育变革对于建设教育强国的重要价值，而变革的核心则是教育理念、内容和方法。而当代社会的教育变革正呈现出多层次、多维度的发展趋势，互联网等新一代信息技术的蓬勃发展更是推动了教育体系的深刻变革。这种变革不仅是对传统教育方式的冲击与颠覆，更是对未来社会需求的回应与塑造。这种趋势下的教育变革不仅关乎个体的发展，也与整个社会的进步息息相关，而当下"项目化学习"一度成为备受关注的热词，促使我们在探讨培养何种人才、适应何种社会需求的同时，更加关注教育的创新与实践。

第一节　当今教育变革的趋势与特点

随着以互联网为代表的新一代信息技术与教育的跨界融合,教育领域的智能化推进也逐步展开,与此同时,人工智能技术的崛起更是为教育领域带来了全新的可能性。

一、"互联网+教育"的概念认知

"互联网+"是以互联网为主的一整套信息技术(包括移动互联网、云计算、人工智能、大数据技术等)在经济、社会生活各部门的跨界融合并不断创造出新产品、新业务与新模式的过程。其演进方向是形成更广泛的以互联网为基础设施和实现工具的经济、社会发展新形态。

"互联网+教育"为学校重组提供了新的可能。"互联网+"提供云网端一体的数字化基础设施,可以使学习无处不在,其提供的数据和信息资源将成为最核心的资产,可以精确了解学生个性化的学习需求。

二、"互联网+教育"的变革特点

(一)"互联网+"改变了人类的认知方式

在以互联网为核心基础设施的信息时代,我们生存的环境越来越复杂,生活节奏越来越快,不确定性越来越强,知识和信息的容量越来越大,变化越来越快,信息和知识正以指数的形态加速膨胀。但每个人学习的时间和学习的容量是有限的,如何以有限的时间、有限的学习能力、有限的大脑存储空间来应对无穷无尽的信息和知识?我们能够把所有的信息迁移到学生的脑子里面吗?这几乎是不可能的。那如何才能应对现代化生存环境中越来越大的复杂性以及不确定性?如何才能应对信息时代越来越快的节奏?

互联网连接一切,连接的规模越大,其变更的驱动力也就越大。通过实时通信的网络,可以快速组织大规模的社会化协同。知识越来越去中心化,而呈现分布式协同状态,知识的产生机制、传播机制、应用形态将发生巨大变化。互联网时代,人类社会不存在一个知晓万事的超级大脑,知识都是分布在一个个相互连接的节点之上,通过连接并激活一个个节点,也就是大规模的社会化协同实现认识与改造世界。大规模的社会化协同,将成为社会协作的常态,将越来越成为各种组织解决问题的基本工作方式、基本思维方式。

认知是构建教育大厦的基础,人的认知方式的裂变,必然导致教育的革新。当基本认知方式都发生改变的时候,在此基础上建立的教育大厦,无论是教学思想、教学理念、教学组织形态、教学方法等,都必然发生意义深远的革命性的裂变,只有这种改变才能培养出适应未来社会发展的人。

(二)"互联网+"塑造了新的教育服务供给方式

"互联网+教育"的跨界融合,将推进信息技术深度融入教学、管理、评价等领域内的关键性业务。一方面提高这些业务的效率,另一方面为这些关键业务提供完全不同的实施环境,从而优化这些业务的流程与模式,改变教育服务的基本流程、基本的运作规则、基本的运作形态。最终导致教学、管理与服务体制的变革,重构教育的生产关系、教育服务供给的方式、教育的形态与结构。

1. 教育服务供给的社会化

互联网推进了大规模的社会化协同,打破了社会组织服务的边界,越来越多的组织内部服务被外包,呈现出新的协作架构。基于移动通信技术与互联网技术的实时通信网络能够实现大规模的社会化协同工作,即时实现各种人力和物力学习资源的汇聚和配置,为教与学提供新的分工形态。这种社会化协同的新型分工形态既能够使不同学习者获得及时的支持与评价反馈,也可以兼顾学生发展的多样性,通过个性化学习,最终实现每个学生最终获得的教育公平;同时,社会化协同工作又有利于教师工作的更专业化分工,缩短教师的个体劳动时间,提升教师的工作效率。

"互联网+教育"的跨界融合打破传统以学校为主体僵化封闭的供给体系,可以在不同的主体之间、组织之间、层级之间、领域之间,形成一种动态关联、高效互黏、相互监督、共同发展的基本公共教育服务供给模式。其核心特征之一是基于互联网改变教育服务业态,将部分服务数字化,使其具有通过互联网提供服务的可能;二是打破组织的边界,基于互联网提供多元的教育服务供给,并为服务接受者提供参与、选择、评价的途径,形成社会化供给,同时实现共建、共享、共治教育公共服务新机制。

"互联网+教育"的跨界融合将促进整个教育体系的核心要素的重组与重构,学习的消费者、内容的提供者、教学的服务者、资金的提供者、考试的提供者和证书的提供者等都有可能来自社会机构,专业化的公益组织、专门的科研院所、互联网教育企业等,将成为优质教育供给的重要来源。比如MOOC,其实不是什么技术创新,而是教育技术发展到一定阶段以后,出现的一种生产关系的创新,它不仅仅是教育资源的开放,而且是一种教学服务的开放。它的出现开创了新的教育供给方式,使人们能够根据自己的兴趣、爱好、价值观、文化传统等进行适合自己个性发展的学习,使得学校获得外部优质教育服务(而非仅仅是资源)供给成为可能,破除了教育垄断,增加了教育的选择性,推动了教育的民主化。

2. 教育服务供给的个性化

是选择合适的课程与学习方式,以适应学生的发展,还是让学生去适应固化的学校?这是"互联网+"时代未来教育生产关系变革的一个关键基点。

在互联网时代,数据将成为学校最重要的资产,是核心生产要素,可能比学校的建筑物值钱得多,将成为学校最有价值和最需要投入的地方。学校数据将不是抽样的数据,也不是某个时间节点的断层数据,而是连贯的,连续的,覆盖师生全学习过程、工作过程的数据。今后学校所有设备和设施、活动都会数字化或物联化,所产生的数据都能实时传递到数据中心,实现全样本、全过程的数据。

在全面采集学生全学习过程数据的基础上,依据心理学、学习科学等原理与模型,通过描述性分析,可以掌握总体趋势,全面覆盖,可以在群体的状态中发现模式、规律及总体趋势,可以让教师准确地对大规模的学生群体做更好的支持;通过诊断性分析,可以发现表象背后深层次的问题,精确定位学习者的问题、症结,进行精准的定向支持;通过预测性分析,可以为学生的综合素质、职业倾向、能力倾向做出辅助判断,帮助学习者深入了解自己,支持学习者适应学校与课程越来越大的选择性,优化学习者的选择效果。未来的学校可以通过教育大数据分析来精确了解学生的认知结构、知识结构、情感结构、能力倾向和个性特征,在此基础上可以提供全面的、个性化的与精准的教育服务。精准的、个性化的教育服务供给不仅能够对学习问题进行诊断与改进,还能发现和增强学生的学科优势;不仅能够及时发现学习者的知识盲区、完善学习者的知识结构,而且能够增强学习者的优势与特长。

3. 教育服务业态的虚实融合

新一代移动网络、普适计算、云计算技术可提供无所不在的网络与无所不在的计算空间。未来社会将是人—机—物三元互联的世界（Human-Cyber-Physical Universe），人类社会、信息空间、物理空间将融会贯通，形成虚实融合的智能社会空间。在这个空间中，实体世界由原子构成，虚拟世界由比特构成。原子和比特有着本质的不同，原子构成的世界里"物以稀为贵"，你占有、消耗了的东西，就不能再属于我了。而虚拟空间中，数据和信息则是被分享的次数越多，价值越高。这种原子与比特交织在一起的融合空间，将会出现新的社会规律，出现适应新的社会规律的新型业态。

"互联网＋教育"的跨界融合衍生了全新的线上线下融合的教学服务业态，提供虚实结合的跨界教育服务，带来全新特征的育人空间。人际交往、个性养成、体质健康问题解决等，需要实体、实在的空间，而知识的讲解、传播、分享等，虚拟空间中可以跟实体空间做得一样好，或者做得更好，更有针对性。

虚实融合的育人空间中，知识将越来越具有社会性。知识不是静态的实在，而是更具有流动性、情境性、社会性的特点。知识的扩散模型不再是教师把教材作为中介的单点对多点的传播，而是群体之间、多点对多点的互动、改进和建构，更体现出知识建构、知识连接的特点。通过知识连接形成社会认知网络，不仅仅是教学的手段，更是一种目标。我们的教学范式要实现从促进知识传递到促进学习者知识建构、知识连接的转型。

互联网在教育领域的应用，将实现信息共享、数据融合、业务协同、智能服务，推动教育服务业态转型升级，推动整个教育服务的运作流程发生变化，创造出新的教学方式、教育模式和教育服务供给方式，构建出灵活、开放、终身的个性化教育的新生态体系，其核心特征是选择性、适应性、个性化、精准化。

信息技术在支持和促进教育深入发展的同时，也变革着传统的教育形式，并对学生和教师提出了更高的要求。西方国家提出的"21世纪技能"要求学生除掌握原有的核心课程内容之外，还应具备学习和创新技能，信息、媒介与技术技能，生活和职业技能。"21世纪技能"合作研究委员会也提出新时期人才应具备7C技能，即批判性思考与问题解决能力，创造与革新能力，协作、团队工作与领导能力，跨文化理解能力，交流、信息与媒介素养，计算与ICT素养以及职业与学习的自主能力。芬兰提出横跨能力，即学会学习与思考的能力，文化能力，沟通与表达能力,照顾自己、管理日常生活的能力,多元识读能力,信息技术能力,职业素养和创新能力,参与、介入、建构可持续发展未来的能力。2016年,我国发布的《中国学生发展核心素养》也明确提出,学生应具备人文底蕴、科学精神、学会学习、健康生活、责任担当和实践创新六大素养。相应地,教师也不再只做知识的传递者,而更应引导学生思考,培养学生协作解决问题的能力。

在新的人才培养目标的导向下,强调培养学生跨学科、复合型多元能力的项目化学习也日益成为教育界的热点话题。

第二节 项目化学习的内涵与特征

在当今教育变革的大潮中,项目化学习作为一种融合理论与实践的教育创新方式,持续吸引着学者们的关注和研究。通过深入挖掘项目化学习的起源,我们能更好地理解其发展轨迹、理论基础以及在当代教育中的实际应用,为推动教育创新提供更为深刻的参考。

一、内涵发展

1918年9月克伯屈首次明确提出"项目(设计)"的概念,系统阐述了项目教学的理念,认为教育应该围绕有意义的活动进行。项目学习(Project-based learning,简称 PBL)作为一个学术概念,源于1958年美国医学院。随着建构主义与学习科学的发展,项目学习有了情境、建构、认知学徒制等理论依据,从而获得广泛的认同与推崇。以信息技术与人工智能为发展动力的21世纪呼吁人类具备新的技能、思维方式、工作方式,这对传统教育提出了巨大的挑战,而项目学习因有利于培养学生批判性思维与创造性思维、团队协作能力、解决问题的能力,从而获得蓬勃发展。

随着近些年来全球范围内"素养"研究的深入,项目化学习作为培育素养的一种重要手段得到了普遍的重视。与克伯屈时代相比,与"动手做"不同,在"21世纪技能"和"素养"的导向下,当前国际上所倡导的主流的项目化学习,如斯坦福大学的达林·哈蒙德教授、学习科学领域的克拉斯克、巴克教育研究所等更强调核心知识的理解,在做事中形成专家思维,引发跨情境的迁移。

在这一过程中,"知识"是项目化学习必不可少的组成部分。以巴克教育研究所为例,他们将项目化学习界定为:学生在一段时间内通过研究并解决一个真实的、有吸引力的和复杂性的问题、课题或挑战,从而形成对重要知识和关键能力的理解。项目化学习的重点是学生的学习目标,包括基于标准的内容以及如批判性思维、问题解决、合作和自我管理等技能。托马斯提出了判断高质量项目化学习的标准,其中就特别分析了和学科知识的关联性:项目化学习聚焦在能够驱动学生去面对学科中的核心概念或原则的关键问题。学生通过项目来学习主要的学科概念和能力,需要"建立起项目活动和隐藏其后的希望掌握的概念性知识之间的关联"。在项目化学习中,真正重要的是学生所追求的问题、活动、成果和表现,都要"协调起来服务于真正重要的理智的目的",而不是作为传统课程后的一个展示、表演、附加实践或作为例证的部分。

在项目化学习过程中,学生将经历与传统学习不同的学习过程,学生们会观察、会思考,会讨论、商议有争议的问题,收集证据并通过实验来获得分析现象、解决问题的方法,解放固有思维,进行深度思考。这是一个既动手又动脑的过程。在项目结束之后,学生可以收获新的知识与新的成果,且最后的成果并不是唯一的,也就是说项目化学习过程的重点不在于结果,而是在得到结果之前的探究过程。学生先对问题所处的情境进行分析,在分析的基础上探究解决问题的策略,在这期间学生之间可以相互探讨、分享观点,以已有的条件为基础,重新定义问题情境,分析所选方法应用到实际的合理性,推动思维的发展。

由上述可知,项目化学习并不是为了项目而项目,最终的作品并不是我们实行项目化学习的初衷,项目化学习最终的结果也不是真正的结果,而是师生、生生对问题情境的共同探索。这样的过程能让学生从一个开阔的角度来看待问题,并把事情的本质抽象出来。如此培养的学生,会具有自己的价值标准和独立的判断力,能灵活运用已有的知识,能在新的环境下作出更加理性和创造性的决策,并能依据所处的环境,对知识和意义进行再生产和再创造。这便体现出了项目化学习的本质,有学者认为核心知识的再建构是项目化学习的本质(夏雪梅,2018),有学者认为项目的焦点是基于本质的问题,可以促使学生更深入地理解学科概念和原则(阿卡西娅·M.沃伦、孙明玉等,2020)。这两种观点在根本上是相同的,均聚焦于核心的问题,通过核心知识,学生才能发现知识与世界之间的联系。总结来说,项目化学习的核心关键词包括:真实驱动性问题、情境中展开对问题的探究、项目学习、运用资源、解决问题、公开发表成果。再进一步整理的话,项目化学习应该包括的准则为核心内容核心知识、成功素养、直面真实问题并提出解决问题的方案、重视学生在项目中的权利、师生共同反思、成果展示等。

二、核心特征

（一）指向对核心知识的深度理解

项目化学习要求学生学的是核心知识。这些核心知识可以是学科中的关键概念、学科能力，也可以是与学生成长、世界运转密切相关的知识。通过这些核心知识，学生发现知识与真实世界的新的联系。

核心知识不是事实性的知识，也不是技能性的知识点，它表现为本质而抽象的特征，指向学科本质或促进人类对世界理解的关键概念与能力，体现博耶所说的"人类共性"，触摸到我们文化、历史和未来的核心，和人类生活的循环联系在一起，体现了人类对符号的控制，对社会网络的理解，与科学、技术和自然的联系，以及社会和个体之间的相互联系。

项目化学习最终是要学生产生深度理解。所谓"深度理解"，就不仅仅是说出定义或举出例子；也不仅仅是头脑里有什么就说出什么。深度理解最重要的表现就是能够将知识在新的情境中迁移、运用、转换，产生新知识，并且要在行动中做出来，运用周围的各种知识和资源来实际解决问题。当学生在新的情境中能够运用以往的经验产生出新成果和知识，就意味着迁移和深度理解的发生。如果主要的项目活动对学生来说没有挑战性，只是知识的应用，或者只是已经学会的技能的呈现，就不是一个项目化学习。

（二）创建真实的驱动性问题和成果

1. 学术性的项目

项目产生于某个学科领域，指向学科中的关键概念，是学科中的关键问题。这种类型的项目主要用来促进学生对所学内容的理解。通过转化现有的课程材料为问题式的、项目式的情境，形成对学生的学术性挑战。这种类型的挑战对学生和教师来说适应性比较强，它发展了学生积极建构学习、合作解决问题、指向特定的学习结果、关注质量标准的能力。

2. 虚拟情境的项目

这种项目中的情境虽然是虚拟的，但是却赋予学生真实生活的角色并要求他们在真实或虚构的场景中履行这些角色。这些角色挑战模拟了真实世界中的许多要素。学生可以将自己看作数据分析专家、财务策划专员、某个城市交通系统的创建者等真实世界中的某个人物，发展必要的知识和技能。这种类型的挑战也是相对容易在教室中创建的，可以借助文本、网络、专家、空间布置等方式让学生产生真实的身份代入感。

3. 真实的生活世界项目

由真实的人或组织所提出的真实问题，也需要真实的解决问题的方案，比如治理污染等。这些与生活世界实际关联的项目对学生来说是非常有价值的学习经验，但往往超出了大多数教师和学校所能够获取的资源范围，比较难在课堂和学校中创建。有条件的情况下，可以结合其中的要素对学校的社会实践活动进行转化，提供给学生真实挑战的机会。

（三）用高阶学习带动低阶学习

项目化学习指向高阶的思维能力，它用高阶的学习包裹低阶的学习。项目化学习在一开始就用具有挑战性的问题创造高阶思维的情境和学习的内动力，明确对学生提出带有问题解决、创造、系统推理分析等高阶认知策略的项目任务，让学生在强大的驱动性问题所产生的内动力中去创造一个真实的产品。在完成作品的过程中，在与各种材料和文本的互动中，学生再进行低阶的学习，主动识记、查找信息，将信息组织化，巩固和理解信息，形成完成这一产品所需要的知识网络和技能准备。

在项目化学习中，具体的知识和技能都是被问题结构化、组织化的。学生从一开始就很清楚所学的知识是用来做什么，这种组织知识的方式会对学生的学习动力产生极大的影响。学习首先是学生自我系统的启动，学生对自己所学的内容产生意义感和价值感。每一个学生都有权利知道他所学的知识除了考试还意味着什么，对他自身，对他发现自身与世界的联系有怎样的价值。

（四）将素养转化为持续的学习实践

项目化学习要锻炼和培育的是学生在复杂情境中的灵活的心智，其中包含行动、知识和态度价值观的综合作用，而不仅仅是按部就班地完成探究的流程，我们将其称之为"学习实践"。学生对问题的解决、探索与设计，都需要在项目化学习的过程中转化为有意义的学习实践，凝练为素养。

"实践"强调的是"做"和"学"的不可分割性，这就意味着项目化学习不仅仅是"做"，不仅仅是技能，同时也包含着"学"，包含对知识的深度理解。实践意味着学生要像一个真正的科学家、工程师、作家、数学家那样，遇到真实的问题并在多种问题情境中经历持续的实践：积极寻找相关背景知识，进行信息整理与重构；不断提出和澄清问题；在试图评估和判断可选方案的优势时，考虑相关的因素和标准,做出有依据的判断;面对各种现象,建立模型,抽象所寻找的大量庞杂的信息;运用手机与网络、工具与设备辅助自己思考;在最终的PPT、报告、产品中考虑美观性及对象的接受度;和多种群体不断沟通、协调,劝说别人接受自己的观点,或者协调与他人的观点差异;在遇到重大的危机和困难时冷静沉着,控制自己的情绪。

第三节 项目化学习的政策支持

《中共中央国务院关于深化教育教学改革全面提高义务教育质量的意见》(2019)中提到:"优化教学方式。坚持教学相长,注重启发式、互动式、探究式教学,教师课前要指导学生做好预习,课上要讲清重点难点、知识体系,引导学生主动思考、积极提问、自主探究。融合运用传统与现代技术手段,重视情境教学;探索基于学科的课程综合化教学,开展研究型、项目化、合作式学习。精准分析学情,重视差异化教学和个别化指导。各地要定期开展聚焦课堂教学质量的主题活动,注重培育、遴选和推广优秀教学模式、教学案例。"

《教育部关于印发义务教育课程方案和课程标准(2022年版)的通知》中《义务教育课程方案(2022年版)》第二部分"基本原则"的"加强课程综合,注重关联"中明确提出:"加强课程内容与学生经验、社会生活的联系,强化学科内知识整合,统筹设计综合课程和跨学科主题学习。加强综合课程建设,完善综合课程科目设置,注重培养学生在真实情境中综合运用知识解决问题的能力。开展跨学科主题教学,强化课程协同育人功能。"在第五部分"课程实施"的"深化教学改革"中明确提出:"推进综合学习。整体理解与把握学习目标,注重知识学习与价值教育有机融合,发挥每一个教学活动多方面的育人价值。探索大单元教学,积极开展主题化、项目式学习等综合性教学活动,促进学生举一反三、融会贯通,加强知识间的内在关联,促进知识结构化。"

《上海市教育委员会关于实施项目化学习推动义务教育育人方式改革的指导意见》(2023)中就实施项目化学习提出以下指导意见:

纳入课程实施方案。学校结合本校实际,将项目化学习纳入学校课程实施方案,体现在学校的课程设计、教学安排、教师研修、教学管理、课程评价等方面。

推动常态化实施。学校教育教学团队通过真实而富有挑战性的问题情境,引导和支持学生持续探究,尝试创造性地解决问题,通过个性化方式展现学习的相关成果。

开展分层分类研训。由上海市教师教育学院牵头举办项目化学习骨干研修班,由上海市教育科学研究院提供师训课程资源,重点提高市、区教研员在项目化学习领域的专业素养。

开展针对性专业指导。市教育科学研究院在前期实验基础上,提炼形成项目化学习设计和实施的基本操作模式,牵头开发项目化学习资源和工具。

丰富在线案例库。拓展现有上海市项目化学习案例库,通过案例征集等方式,充实和完善可在全市推广的典型案例,为各学科、各年级教师提供可参照的活动项目、学科项目、跨学科项目案例。

提炼实施模式。市教育科学研究院和市教师教育学院联合开展学校和教师层面的项目化学习实施情况调研,提炼各区、校实施项目化学习的关键流程和技术,为各区、校提供有参照价值的实践操作模式,提高学校和教师实施项目化学习的能力和水平。

优化实施空间与环境。每所学校原则上应至少设立一个跨学科综合学习空间,支持项目化学习的实施。优化普通教室、专用教室、实验室等各类学习空间布局,拓展教学功能,根据项目化学习需要,合理配置设施设备和学习资源,为学生创设高效互动、资源丰富的数字化学习环境,发挥环境的育人功能。

创新评价方式方法。市教育科学研究院研制项目化学习质量评价标准,为培养学生创新创造能力、提升项目化学习质量提供基本依据。

加强评价改革配套。优化学生综合素质评价体系,将项目化学习过程和结果作为学生综合素质评价的重要内容。

第四节　国际与本土视野下的项目化学习

当前的研究现状表明,越来越多的学者、教育者以及政策制定者对项目化学习的实践效果和理论基础进行深入研究,力图探索其在教育创新和学生全面发展方面的潜力。

一、国外研究现状

在研究内容方面,通过文献梳理,发现国外关于项目化学习的研究内容主要包括以下几个方面:项目化学习的有效性、项目化学习实施过程中遇到的挑战与项目化学习的有效应用。

（一）项目化学习的有效性

关于有效性的研究涉及多个学段,包括学前教育、中小学教育和高等教育,部分文献还涉及职前教师的培训。这些研究大多是基于一个实验设计,根据课堂内容设置一些衡量标准,比较学生实验前后的变化以判断项目化学习的有效性。

Karaçalli 和 Korur(2014)在土耳其对四年级理科学生进行了准实验研究,发现参与项目化学习的学生在学术成就和知识记忆方面有积极的影响。在另一项美国的研究中,Geier 等人(2008)在报告中提到,七年级与八年级的学生参加了基于项目的科学知识学习,与其他学生相比,他们对科学内容的理解更加深刻与深入,能力也提高更多,在全州考试中的通过率也明显更高。

（二）项目化学习实施过程中遇到的挑战

项目化学习有它的优势,但是在实施过程中也面临着一些问题。在学生方面,Krajcik 等人(1998)进行了案例研究,他们发现学生们有优点但也存在一些问题,如未能专注于所产生问题的科学价值以及未能系统地收集和分析数据并得出结论。还有学者在研究学生系统探究活动的能力时发现有关挑战:

第一,缺少有效的学习动机。如果学生要以一种有意义的学习方式进行探究,他们必须有足够的动机。

第二,科学调查技术能力不足。如果学生不能掌握这些技术,那么他们就无法进行有意义的调查。

第三,缺少背景知识。如果学生缺乏这种知识和发展它的机会,那么他们将无法完成有意义的调查。

第四,无法管理拓展的活动(Edelson,Gordin & Pea,1999)。为了达到开放式探究的最终目标,学生必须能够组织和管理复杂的、扩展的活动。在教师方面,学者从教师信念和教师实践两个层面展开讨论。在回顾 K-12 环境下项目化学习实现的研究时,Ertmer 和 Simons(2006)认为,改变教师对课堂角色的认知是以学生为中心的教学方法。Thomas(2000)根据对 PBL 实施研究的回顾得出结论:现有的证据表明,教师们发现项目化学习的设计与评估具有挑战性。Hertzog(2007)与 Marx 等学者(2004)认为项目化学习实施过程中的挑战不仅仅局限于教学的主体,学校的环境(如地区和国家教育政策、教师流动性和学校文化)也会影响其发展。

(三)项目化学习的有效应用

为了有效应用项目化学习,学者们在实践方面也展开了广泛研究。Thomas(2000)、Ravitz(2010)均研究了项目化学习的设计原则,强调了项目化学习设计中的关键问题。Solomon(2003)做了项目化学习的入门指南,旨在有效开展项目化学习。Capraro 等人(2013)则探讨了项目化学习在 STEM 教学中的应用。Stoller、Legutke 和 Thomas 学者针对项目化学习过程分别提出了 10 个步骤和 7 个步骤(引自高艳,2010)。

二、国内研究现状

20 世纪 90 年代末项目化学习传入我国,德国安内莉泽·波拉克女士(1995)启发了我国项目化学习的发展,洪长礼学者(1998)介绍了项目化学习在成人教育中的应用。除此之外,项目化学习还被应用到企业培训中,张彦通学者(2000)也指出项目化学习的成功对我国的教育教学改革具有借鉴意义。为进一步了解项目化学习的研究现状,笔者选取中国知识资源总库 CNKI 作为研究数据的来源,以"项目学习""项目教学""项目化学习""基于项目的学习"为关键词,对我国 2000—2022 年的项目化学习文献进行检索。在学科视角方面,通过对以上文献的阅读与分析,发现国内对项目化学习的研究主要是从教育学的视角展开,探讨项目化学习对教育理念与教育模式的影响,认为项目化学习有利于立德树人的落实与学科教学的融合。在社会建构主义视角方面,研究者发现学习的本质就是一种社会现象(王勃然,2012),项目化学习最终要让学生与周围的人和事物建立关联,帮助学生了解这个社会,成为社会的一员。

在研究方法方面,关于项目化学习的研究主要是理论性的研究,采用的研究方法多为文献分析法,通过查阅网站,收集期刊、书籍等文献资料,把握研究现状,进而结合自身观点探析项目化学习的概念、特征、设计与实施问题等,进而论述项目化学习的运作机理与实践意义。一些学者采用问卷调查的方法来把握项目化学习的实施现状,陈玲玲等(2017)通过问卷调查的方式对高校项目教学模式的建设现状进行分析调研,从教师、学生、教学方式三个方面提出对策。王勃然(2012)在学生中进行了大学英语项目化学习,并对学生学习成就的满意度展开调查,从而肯定了项目化学习的重要作用。案例分析也是了解实施现状的重要方法,但是相关文献只是对教学案例的呈现,没有进行细致的分析,只是简单说明教学的效用与反思,没有深入探讨案例的过程。为了明确具体学科实施项目化学习的情况,一些学者采用实验研究法,设置实验组与对照组,关注学生的投入与成效(孟夏,2020),比较两者的学科知识与综合能力的发展情况(陈燕君,2020),但是项目化学习成效的显现需要较长的时间,如果实施时间不充足会影响到实验的结果。

在研究内容方面,关于项目化学习的研究呈发展趋势,包括大学、高等职业教育与普通中小学教育,部分学者还结合具体学科进行应用研究。研究内容主要是以下几个方面:项目化学习的理论研究、教学设计研究、教学过程研究、实施应用研究与效果评价研究。

(一)项目化学习的理论研究

在理论研究层面,学者们主要从项目化学习的定义、特点等方面进行。学者们对于项目化学习都有自己的认识,有人认为项目化学习是一种教学方式,也有人认为是一种学习模式。学者们一致认为项目化学习的特征决定了其具有深远意义,它是围绕某个项目,利用各种资源,在真实环境中内化吸收,可以锻炼学生的知识与技能,重视学习共同体的建设(高艳,2010),在真实而具体的学习情境下(刘云生,2002),注重学生创新能力和主动性的培养(宗亚妹、李建启,2013)。

(二) 项目化学习的教学设计研究

在教学设计研究方面,主要是针对学科课程和跨学科课程进行。以项目为载体,以实践性为主线,项目化学习使得学生的主体性得到充分体现(陈旭辉、张荣胜,2009),既要注重教学目的和任务,又要注重课程设计与学生的基本能力相适应(施瑾,2007)。金可泽(2020)在美国对 STEM 课堂教学进行了观察研究,该课堂进行了跨学科项目化学习的设计,学者从任务设计、问题驱动和应用评估三个方面并结合案例解析项目设计要领。更多的学者是以学科为背景进行设计,朱柏树等(2019)与史鹏园、刘玉荣(2020)分别就物理与化学学科展开设计。

(三) 项目化学习的实施应用与效果评价研究

更多的学者们将项目化学习与各种学科、学段、教学模式、教学环境等相结合,多集中在高职院校与大学,涉及学科广泛,既有文科,也有理工科。在教育信息化的背景下,学者们还采用翻转课堂的组织形式开展项目化学习(朱荣等,2016),基于项目化学习理论建构创客课程(申静洁等,2019)来培养学生的创新能力,优化学习效果。项目化学习的评价方式也会与传统教学方式不同,项目化学习的评价以素养为导向,要根据实际情况设计具体的评价工具(蒋梦琪、石伟平,2016),实施多元评价(张华燕,2013),而且评价是要贯穿项目始终的(陈素平,2020)。

(四) 项目化学习过程研究

项目化学习过程指的是项目化学习的教学过程,教学过程是理论的实现。项目化学习的教学过程与传统的教学过程在教学内容、教学评价等方面都存在着较大差异。项目化学习更注重以学生为中心,学生才是课堂的主人,并且鼓励学生合作学习,教学评价也不是单一地看学生成绩,强调的是学生的项目过程和成果,更多地关注学生的能力。国内外学者对项目化学习过程的研究众多,划分阶段也不相同,在核心概念部分已做详细陈述,该部分不再赘述。之后出现的项目化学习过程步骤划分也基本是以这六步骤为基础进行合并与分解的。随着社会的发展,教育的需求也发生着变化,对项目化学习过程的研究也不断深入。

第一,一些学者会将项目化学习与其他教学模式相结合,总结出适合两者的教学操作流程。李丽君(2009)将项目化学习与自主学习模式相结合总结出选择主题、创设情境、围绕专题、自主建构、成果展示、优化建构、综合评估、总结提高的教学流程。方凌雁(2006)与胡雷(2015)均将项目化学习与翻转课堂教学模式相结合,并对项目化基本流程做了相应调整。李金梅(2021)则将项目化学习流程总结为"三阶段"与"五环节"应用到综合实践活动课程中。如火如荼发展的 STEAM 教学也具有跨学科的属性,并且也注重以学生为中心,两种教学模式的理念有许多相通的地方,一些学者便将项目化学习与 STEAM 教学相结合,张辉蓉与冉彦桃两位学者(2020)探索了 STEAM 教育理念的数学文化项目学习模式建构,从教师的"确定多学科项目主题与目标"到"评价反馈总结提升",从学生的"明确所需完成成果作品"到"成果作品展示汇报分享",从教师与学生层面对整个教学流程做了详细介绍。

第二,现在是一个教育信息化的时代,教育与网络的结合是教育发展的趋势。冯秀琪、朱玉莲(2003)与王勃然(2010)研究了基于网络的英语项目化学习的教学模式。张娜(2019)利用云平台进行项目化学习过程的研究,初步形成了云平台支持的项目学习的教学设计:包括前期准备、项目设计、修改反馈三个阶段,并对这三个阶段细分,划分教师与学生在整个教学过程中的活动。

第三,一些学者注重学科项目化学习的研究,将项目化学习应用到英语、物理等教学中,形成了特定的操作流程。除此之外,夏雪梅(2020)在学习素养的视角下从教师层级分析了项目化学习的中国建构,结合中国实际探索出符合我国国情的项目化学习过程,指出项目化学习的关键过程,包括研制实施方案、入项探索、知识与能力建构、合作探究、形成与修订成果、出项与复盘,并详尽地分析与点评一些教学案例,认识到建构主义在项目化学习过程中发挥着重要作用,认为学习不是孤立地训练各种认知能力,不是被动地、机械地获得已有的知识和技术,而是基于学习经验的再迁移和创新应用。

第二章

学校项目化学习课题研究概况

伴随着"义务教育阶段学生良好学习方式养成教育研究""基于学生良好学习方式的 M-LABS 心愿课程建设与实践的研究"两个课题的循序开展,在过去二十年里,我校一直以国家育人目标为准则,深度而适切地执行着国家的各项教育方针与政策。

近年来,在政策引导下,项目化学习已成为基础教育深化课程教学改革、落实实践育人要求的重要方向。2021 年,我校又以区级重点课题"以真实问题为导向的中小学跨学科项目化学习的实践研究"为主导,展开了新一轮的教育探索,以学习方式的探索为主线,寻找课程与教学改革的良策,指向学生新时代素养培育的核心。

第一节 研究缘起

项目化学习是教育变革的大势所趋,也是建设高质量教育体系的必要之策。而项目化学习所特有的结合社会生活中的真实问题情境、跨学科、生活化、体验式的学习活动,明确对接国家新课程方案与课程标准的诉求,摆脱束缚课程教学"知识至上"的绳索,为把握课程的育人取向,实现课程的育人功能,最终实现高质量教育体系提供了良方。

项目化学习激发了学校变革活力,是启动教与学真正变革的密钥,是全方位提升教育教学质量的有力抓手。现有学校教育正在面对新的挑战:如何准确把握学科整体育人观并将其真正落地?如何真正促进学科实践和综合学习设计?在综合学习的前提下,如何在保证教育公平的同时让每一个孩子都能获得符合自身发展特点和需求的成长?项目化学习为此种种挑战提供了切实可行的变革思路。

一、项目化学习紧密服务于课程教学目标

(一)连接生命、生活和生态

真实性情景连接了生命、生活和生态的世界,为学生提供了一个更加热情且充满创意的学习环境。学科知识与实际生活情境相融合,使学生能够更深刻地体验和理解所学知识在现实中的应用,激发学生对生命、生活和生态的浓厚兴趣。

(二)指向学科素养

项目化学习致力于引导学生达成对核心知识的深刻理解,通过情景化问题引导学生思考,使其看到问题的本质,帮助学生形成可迁移的思维方式。这种学习方式不仅有助于学生学科素养的全面提升,更能够帮助学生在跨学科的学习中形成更为综合的认知。

(三)不断产生问题

项目化学习的核心价值在于对问题的持续不断的探求。学生在项目中不仅

仅是知识的接收者,更是问题的提出者和解决者。通过不断追问自己,学生逐渐形成独立的思考模式和价值观念,建构起个体独特的精神世界。这种学习方式培养了学生的批判性思维和创造性思维,使其在学习过程中真正成为思考者和实践者。

二、项目化学习与学校培养学生目标契合

(一)获得真实学习的意义

真实学习的意义在于将学习与人生的深刻目标相联系,追求人与世界更好地相处,完善自我,建立良好的人际关系,以及维护人与自然的和谐关系。通过真实学习,学生不仅仅是获取知识,更是培养面向未来的人生价值观念,认识到学问与生活的内在联系,从而更加深刻地理解学习的本质和意义。

(二)有能力在不同的情境间进行迁移

在不同情境中创造性解决问题的能力是未来最重要的核心素养。项目化学习注重培养学生的跨学科思维和综合运用知识的能力,使其能够灵活地在不同情境中应用所学知识,解决实际问题。这种能力的培养不仅有助于学生更好地适应未来社会的变革和挑战,同时也提升了学生的创造性和创新性,为其未来的发展打下坚实基础。

三、项目化学习有助于促进教师专业发展

(一)促进教师教学方式的变革

项目化学习作为一种创新性的教学方式,推动了教学理念的变革。不仅仅关注学生眼前的分数,更注重培养学生的学习内驱力和问题意识,使其具备解决问题的一般思路和策略。这种变革不仅在教育目标上有所提升,更在教学方法上带来创新。教师将不断探索新的方式方法,致力于激发学生的学习热情,培养他们更为全面的能力,使其更好地适应未来社会的需求。

(二)促进师生关系的生态性

项目化学习有助于构建更为生态的师生关系。教育不仅仅是知识的传授,更是一种关系的建构。通过项目化学习,教师和学生在问题解决的过程中形成更为紧密的合作关系,促进师生之间的互动与共同成长。好的学校和课堂就像一个生态系统,其中师生关系得以良好发展,为教育提供了更为有益的土壤。

（三）促进教师自我反思增效

项目化学习要求教师具备问题意识，通过反思评价和不断追求提高，更好地运用项目化学习的方式。教师在实践中易于形成自己的实施策略、方案、路径，并通过反思将其转化为案例或论文，这有助于教师形成更为系统和深入的教学理念，提升自身的教学效能。这种自我反思的过程不仅促进了教学质量的提升，也使教师在专业成长中不断迈向更高的水平。

第二节　研究概念界定

在我校"以真实问题为导向的中小学跨学科项目化学习的实践研究"课题研究中，有几个重要概念界定如下：

一、真实问题

所谓真实问题，即在真实学习情境下出现的问题。这种问题一般直指学科核心概念或学生真实需求。本课题中"真实问题"指的是以学生为主导的、出于学习需要的问题，这类问题一般包括真实情境、真实任务、学习支架、真实路径、真实评估这几个要素。

二、跨学科

跨学科（cross-disciplinary），百度百科释义为教育学术语，是与交叉科学（interdisciplinary）在同等意义上使用的，因此，许多人也称跨学科为交叉科学。具体而言，是指专门学科的综合科学含量，每一门科学都有它的跨学科性（包含其他的科学范畴）和跨学科发展。跨学科项目化学习的关键概念，是基于两个及两个以上的学科核心知识，统整出指向这几个学科的概括性概念。跨学科概念能帮助学生将不同科学领域中相互关联的知识组织成连贯的、条理清晰的基于科学的对客观世界的认知。

我校课题中跨学科的概念是以某学科为主体学科的"跨学科"，即基于某一主体学科的核心知识，在某一概括性概念（或大概念）的引领下，帮助学生将不同学科领域的知识连贯成统一的整体，突破与解决多个学科的核心知识，从而形成跨学科学习素养。

三、项目化学习

《义务教育项目化学习三年行动计划（2020—2022年）》中指出："以创造性

问题解决能力为导向,以项目化学习的实践和研究为着力点,培育项目化学习实验校 100 所左右,覆盖全市所有区。"文件中标明,所谓项目化学习,是以校长为核心的教育教学团队,在学校活动领域、学科领域和跨学科领域,设计真实、富有挑战性的问题,引导和指导学生在一段时间内持续探究,尝试创造性地解决问题,形成相关项目成果。项目化学习与基于问题的学习、探究性学习一样,都是一种以问题为驱动注重持续性的深入探究的学习方式。区别在于,项目化学习需要解决某个问题,产生可见的公开成果,引导所有参与者和公众对成果进行评论和分析,成果的修订、完善、公开报告的过程被看作学习的重要组成部分。基于问题的学习和探究性学习并不特别强调成果,最后的结论可以是开放的。

我国学者对项目化学习的定义主要分为基于项目的学习和基于问题的学习。基于项目的学习的界定以夏雪梅、李梅等为代表。夏雪梅基于学科解释项目化学习,认为项目化学习以某一学科为切入口,关注学科的关键知识与能力,并用驱动性问题作为指向,以解决问题为主要方法,联系学科与生活、学科之间的联系与拓展,学习结束以项目的形式展示对知识的创造与深度理解。李梅则从认知视角对项目化学习进行研究,将项目化学习定义:以实现有意义的学习为目的,让学生主动获取解决项目中的问题所需要的知识,在这个过程中,学习者领域知识及技能的获得与思维发展融为一体,最终习得专家技能。郭芬云、刘静认为项目化学习是基于项目的学习,具备了许多其他学习方式所不具备的优势,并且合理解决了分科与综合、知识与能力的矛盾。

基于问题的学习的界定以熊顺聪、谢宇松等为代表。熊顺聪认为,在以目标和问题为导向的基础上,为知识的学习和应用建构合适的场景,为学生的学习与认知提供可行性的路径的学习模式是项目化学习。并且从以知识科学重构的角度提出了提升项目化学习成效的有效途径。谢宇松认为,项目化学习是以问题为核心,学生解决问题并围绕问题持续研究,调动自身的知识和能力解决问题并生成项目作品,在这个过程中深度理解知识和学习过程。董艳、张媛静等人认为项目化学习是一种建构主义的教学方法,学习过程中设置驱动性问题,遵守合作性探究、多元评价等原则,学生通过真实情境进行学习,进而发展学生发现和解决问题的能力。

本课题对"项目化学习"的概念内涵主要参考夏雪梅博士的说法,且进一步认为项目化学习的主要特征是真实情境(真实的学生学习、真实的生活情境、真实的学科思维/情境)、深度理解、系列探究活动、由观念物化的产品。

第三节 研究意义

项目化学习已经广泛应用于我国的基础教育实践。将项目思想引入基础教育课堂，体现了如下实践意义：

一、对中小学生现有学习方式的改良

我校有关课程建设的问卷调查中，有一项关于学习方式与教学方式内容的调查，超 70% 的学生认为学校现有大部分课程的学习方式是"教师讲、学生听"，且在持这一观点的学生中超 73% 的人认为"喜欢"并"接受"这种方式。这个答案告诉我们两个事实：一是大部分学生长期习惯于被动接受学科知识，不愿主动探索，根源因素或许在于"心理安全"（由问卷质性分析得出）；二是我们必须做出改变，在校内实施更加积极的学习方式或教学方式的探索，打破现有壁垒，给学生展现更优学习方式带来的积极影响，从而引导中小学生逐步掌握更加积极的、有利于学科知识与身心健康的、有利于关键能力与必备品格发展的学习方式。

二、聚焦于真实问题的跨学科实践

根据《上海市教育委员会关于印发〈上海市义务教育项目化学习三年行动计划（2020—2022）〉的通知》（沪教委基[2020]44 号）中的明确要求，我校作为第一轮入选"上海市义务教育项目化学习三年行动计划"的实验校，应积极研制和实施项目化学习的行动计划实施方案，推进义务教育教与学方式的变革，着力培养学生创造性解决问题的能力。因此，我校作为一所九年一贯制学校，随着新中考改革"跨学科案例分析"的相关影响，基于跨学科的、带有项目化学习特征的实践活动逐年增多，其中不乏小学、初中多个学科、多项案例的尝试。然而现有的跨学科项目化学习，还未做到真正围绕真实情境或真实问题的展开式研究，因此难以做到对教师的引导以及对学生学习力的有效评估；同时现有的一些带有跨学科项目化学习性质的活动大多聚焦于学科核心素养的培养，未直接指向学生解决问题之能力的提升。因此，以"真实问题"为出发点以及跨学科学习的纽带，集中教师团队力量，发现与挖掘校园真实问题情境下的实践活动，能够着力聚焦于带有典型跨学科项目化学习特征的学生实践活动，从而指向学生问题解决能力的培养。

三、培养学生解决真实问题的能力

项目化学习方式旨在培养具有逻辑连贯思维及解决真实问题能力的学生。通过对本课题的研究与实践，可以有效挖掘基于九年一贯制学校特有的校园真实问题及事件，着眼于相关中小学项目化学习的活动实践方案的设计，通过有效的组织与实施，逐渐形成中小学生围绕真实问题进行的科学思维方式，加强学生相关思维能力与处理解决问题的能力。这不仅有助于学生在课堂中获得更有深度的学习经验，也为他们未来面对现实生活中的问题提供了更为全面的准备。

四、提高教师专业研究能力

当前形势下，项目化学习如火如荼，国内正开展着轰轰烈烈的实践与研究，然而并没有在所有课堂大量普及。原因在于大量一线教师尚未受到专业培训或缺乏项目化学习的实践能力与研究氛围。我校旨在通过项目研究与实践引领，以培训领先、边培边教、边学边教的方式，促使教师快速掌握项目化学习的指导思想与实践技能，在具体问题事件情境中提高项目化学习与研究的专业能力，强化教育教学素养，形成更为全面的教育视角。这有助于建立更具创新性的教学模式，提高教师的教育教学水平。

五、形成深度思考、真实学习的氛围

我校占地面积40多亩，现有学生3000多名，校园风景优美精致，校园布置文明有爱。然而校园空间有限，学生人口逐渐饱和，在面临学生密度增加、教育问题频发的现实状况下，以项目化学习方式为培养抓手，以"发现校园里的真实问题"为驱动性问题，为学生创设一个学科知识与生活情境相辅相成的生态场所，为学生提供更丰富、更深入的学习体验，培养学生围绕真实问题深度思考的能力，促发高阶思维，激发他们对知识的兴趣和对学习的积极态度，就显得尤为必要。

第二章

学校项目化学习课题研究设计

学校课题"以真实问题为导向的中小学跨学科项目化学习的实践研究"的设计，以"跨学科"为研究核心，各部分成员承担基于学科的项目化研究。依据学科核心素养的要求，结合课程内容和学校教育活动，积极设计、实践探索项目化学习活动，旨在紧密结合学科课程，激发学生学习兴趣，提高学生自主学习和实际问题解决的能力。对于一线教师而言，相对于传统学科的教学方式，实施好"跨学科的项目化学习"并不是一件容易的事。学校的做法是"项目化学习先行，而后定性"，期待为学生提供一个更为开放、灵活的学习环境，使其能够更好地应对未来的挑战，成为具备创造力和实践能力的综合素养型人才。

第一节 研究目的

当下,项目化学习作为一种创新性的教学模式备受关注。本课题旨在从理论和实践层面全面探讨基于真实问题的中小学跨学科项目化学习,并明确其在教育领域中的理论支撑和实践内涵。

一、理论层面

1. 明确项目化学习的教育定位

通过系统性的研究,我们旨在揭示基于真实问题的中小学生项目化学习的理论基础和实践内涵。在多方面深入了解相关理论依据的基础上,以求更能明确项目化学习在教育中的定位,发掘其在创新实践、问题解决、团队协作等方面的独特优势。

2. 项目化学习有利于提升综合素养

通过将学生置于真实问题的解决环境中,项目化学习不仅注重学科知识的传授,更强调学生批判性思维、创新能力、团队协作和实际问题解决能力的培养。这种教学方式有助于打破传统学科边界,激发学生的学习兴趣和动机,使其更好地适应未来社会的复杂性和多元性。因此,通过关注中小学生基于真实问题层面的实践要素,我们致力于从理论层面揭示项目化学习对学生认知、情感、社会交往等综合素养的培养作用。通过深入挖掘,我们可以更好地理解如何培养具备创造力和适应力的新一代学生,为教育领域的发展提供重要的启示和方向。

3. 提炼有效实践经验

深入挖掘并提炼有效的实践经验,不仅有助于完善教育教学方法,更能够为未来发展方向提供有益的启示与思考。通过深度分析与案例整理,我们计划提炼并总结基于真实问题的中小学项目化学习的实际操作经验,包括项目设计、学生参与、团队合作等方面的实践内涵。通过这一过程,我们将更好地理解项目化学习的核心要素,为教育实践提供更为实用和可操作的指导,促使学生在学习中获得更为深刻和全面的发展。

4. 优化人才培养机制

通过跨学科项目化活动的设计,具体关注实施与评价过程,优化核心素养时代指向教师专业素养与学生关键能力和必备品格的义务教育阶段人才培养机制,从教师培训、学校管理支持、学科整合、评价机制、家校合作、社会资源、信息化支持等多个层面进行探讨,提供更为专业、有效和可持续的支持,力求培养出更具创造力、适应力和综合素养的未来社会人才。

二、实践层面

1. 有效经验的文献综述与总结

文献综述是深入研究并总结先前相关研究和实践经验的重要步骤,对于项目化学习的有效经验的梳理与总结尤为关键。在过去的研究中,许多学者和教育实践者已经积累了丰富的关于项目化学习的经验,这些经验涉及项目设计、学生参与、团队协作、评价机制等方方面面。通过深入挖掘这些文献,我们能够系统地了解项目化学习的演变和发展,理解其在实际实施中所面临的挑战,同时汲取成功的经验以指导今后的实践。通过文献综述的方式,我们聚焦于项目化学习的有效经验,揭示项目化学习在教育创新中的关键成功因素,以期为教育实践提供更为明晰和可操作的指导,促使项目化学习在培养学生创新力和综合素养方面发挥更为显著的作用,为未来的教学设计和实施提供有力支持。

2. 跨学科项目化学习的活动设计

通过深入研究活动设计的理论基础,设计我校中小学各子课题的跨学科项目化学习活动,开展基于真实问题导向的中小学生项目化学习及评价,归纳相关做法、活动经验及活动评价等,旨在揭示如何有效地将不同学科融合于项目中,达成跨学科项目的基本共识,形成基于真实问题解决的、中小学通用的跨学科项目的评价标准。通过活动设计,我们可以激发学生对多学科之间关联性的兴趣,培养他们的创造性思维和协同合作能力。通过综合各个学科的资源,跨学科项目化学习可以培养学生更全面的知识结构和更强大的问题解决能力,帮助学生在解决问题的过程中获取更为综合和深刻的认识。在这一引领教育创新的背景下,跨学科项目化学习的活动设计将成为提高学生综合素养的关键路径。

我们期望推动学生在项目化学习中获得更为全面的发展,这也将为教育模式的创新提供有益的借鉴和启示。

第二节 研究内容与创新点

一、研究内容

（一）基于学生个体驱动及生活高度相关的校园真实问题的研究

1. 校园真实问题的调查方法

本课题中，通过调研法、访谈法、观察法、归纳法等，将项目化学习活动中的一些基本问题加以分析归纳，得出基于落实学校教育理念的、与育人目标切实相关的、与学生个体与校园生活密切相连的校园真实问题库，具体包括：语言交往类问题、身体接触类问题、艺术审美类问题、逻辑探究类问题、社会实践类问题、人文哲学类问题、科技探索类问题等七类。

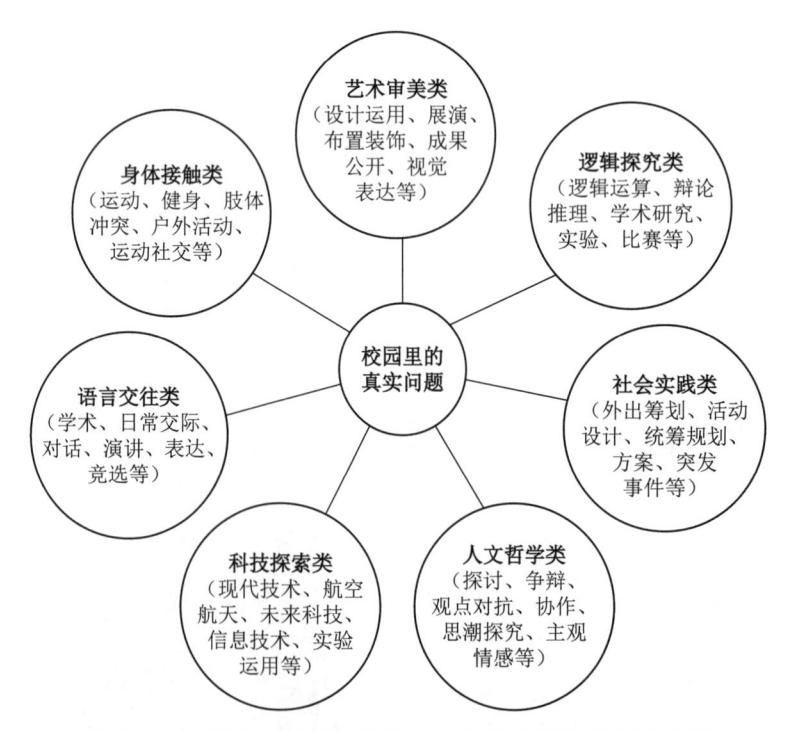

图 3-1 中小学一贯制学校学生关心的"真实问题库"分类图

2. 校园真实问题的来源分析

基于义务教育阶段核心素养培养的基本逻辑与目标指向,结合当下时代背景下的育人目标,以及综合素养评价改革指导意见、"双减"后的家校社合育理念等,研究分析校园真实问题的有效来源及具体成因。分析其解决路径对学生学习及问题解决能力的培养与促进作用,推导出一个校园环境下的真实问题及其对策脉络框架,厘清真实问题的教育价值与对待方式。

(二)跨学科项目学习要素及评价标准的研究

本课题围绕真实问题下的跨学科项目化学习的四大要素展开研究。

1. 真实问题驱动的研究

对真实问题的归纳整理、归类与分析,以及真实问题在跨学科项目化学习中的驱动发生与作用意义等,展开翔实有序的探究,形成一套校园真实问题研究的实践方案。

2. 学习任务的设计

在真实问题导向下,以某一学科为主学科的跨学科项目化学习的具体任务的设计,包括问题情境、概念驱动、学习方式、学习目标、学习成果、评价依据等一系列与项目学习成果化有关的活动性任务的研究。主要基于中小学七个学科(小学数学、小学英语、小学自然、小学美术、中学语文、中学科学、中学美术)以及德育融合课程展开。

3. 学习成果的研究

在真实问题驱动下,中小学生跨学科的项目化学习可能产生的成果及其状况、形式、评价的设计与研究,是本课题研究内容中重要一项,也是项目化学习的关键要素。本课题通过一系列跨学科项目化学习活动的设计与实施,产生一系列相关的、有质量的学习成果,并归纳得出成果经验,形成一套项目化学习活动设计方案及其资源数据包。

4. 学习评价的研究

真实问题导向下的中小学生参与或设计跨学科项目化学习的行为该如何评价,是基于单一学科的学科素养达成的支点之上还是综合考评学习成效,以何种标准来评定学生的学习表现,是本课题重点研究的内容之一。

同时,本课题建立了跨学科项目化学习核心成员小组及各自子课题研究团队,通过研究达成跨学科项目的基本共识,形成基于真实问题解决的、中小学通用的跨学科项目的评价标准。

（三）形成"插电式"跨学科项目化学习活动模块化框架

借鉴已有的有效跨学科项目开发经验，结合真实问题导向，以八大学科（载体）作为主学科——小学英语、小学数学、小学美术、小学自然、中学语文、中学科学、中学美术、德育融合，在中小学 STEM 项目、中小学校园画展策划项目、小学英语戏剧项目、初中创意写作等项目中开发探索一定数量与质量的跨学科项目。比如小学英语组张纯、丁爱华老师团队，多年来一直坚持将英语学习与戏剧创演结合起来，开展创编剧本、自制道具、舞台布置、活动组织、登台表演等项目化活动，培养学生英语语言运用和解决真实问题的能力；再如美术组白云云老师团队为七年级学生设计并开展"做一本书"的项目化学习活动，学生需要调动多学科知识和经验，通过设计文案、材料筛选、手工制作、图稿绘制、装帧设计、宣传导览等，培养整合知识和经验，提高创造性地解决问题的能力；初中语文组刘鹏老师组织学生选择教材中的课文进行改编，开展剧本创作、剧本排练、班级演出等活动，学生以"点滴篇""随想篇""无题篇"等为主题结合活动开展创意写作活动，提升写作信心和表达能力。

以"七大学科＋德育融合"作为主学科的跨学科项目的设计开发，在研究过程中逐步完善基于学校现有跨学科项目化学习活动特点的、符合育人目标的"插电式"、将来可连续"外接"不同学科的跨学科项目化学习模式框架。

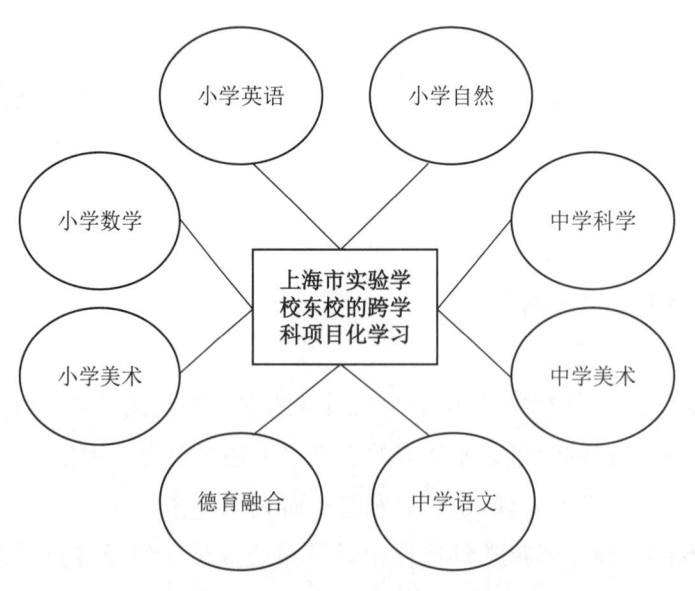

图 3-2　"插电式"跨学科项目化学习模式框架基本图

（四）形成中小学跨学科项目化学习的实施要则

结合实施项目化学习的黄金标准,开展真实问题导向下的相关跨学科项目的实施研究,聚焦关键环节,重点归纳中小学各跨学科项目的实施要则,归纳相关方法与途径。通过多个跨学科项目化学习子课题的开展与推进,归纳中小学实施项目化学习的逐项经验,尤其是九年一贯制背景下的共性要素——培育机制、必要途径、合理方案、有效策略、积极评价。

（五）促进教师专业能力的提升

通过开发和实施跨学科项目,凝聚及带动一部分教师成为总课题及子课题核心成员,发挥学科优势与跨学科项目设计素养;通过实施与评价等,摸索并形成跨学科项目教师专业能力评估模型,总结依托项目促进教师专业发展的可行路径。

二、创新点

（一）完善了以科研课题为抓手的队伍建设模式

我校自立校以来一直坚持科研立校。但近年来,随着学校新进教师逐渐增多,且一大批教师面临退休,"科研立校"这一特色逐渐被冲淡,教师们的整体研究实力有所下降,科研热情与研究水平有待加强。

为此,我校坚持打造有力的科研管理队伍,保证市、区级重点课题不间断在研,以此作为学校工作的得力锚点。现阶段,学校已逐渐分化出见习教师、0—5年教龄的青年教师、35周岁以下"青椒"教师、骨干教师、高端特色教师等梯队,形成"插电式"教师专业发展模式。不同层次的教师,培养方式与培养实效不尽相同。为带动队伍的整体增长,以学校的龙头课题为抓手,把见习教师和0—5年教龄教师划分为一个梯队,以"项目化学习工作坊""沉浸式学习"的形式推进课题研究,重在培养跨学科项目化学习的种子教师,孵化基于学校真实问题的年轻项目;把35周岁以下教师推荐给各子课题组,由子课题组长负责带队安排,计划子课题的研究进程,重在充实基层研究队伍,培养项目化学习设计与实施的教学人才;把骨干教师和特色教师划分为一个梯队,以课题为引领,孵化教师个人特色课题,重点挖掘基于学校龙头课题的分支研究,拓宽课题的研究深度与广度。如小学英语骨干教师苏涛老师2021年区规划课题"单元视角下小学英语项目化作业设计与实践"、初中地理骨干郭庆云老师2021年区规划课题"生命科学跨学科教学资源的开发与实践"（区结题优秀）、初中美术学科带头人白云云老师2023年市级课题"中小学美术跨学科学习的表现性任务设计与评价"等，皆是围绕学校龙头课题展开的、基于现实情境需求的分支深度研究。

由此，学校以龙头科研课题为抓手，建设与打造教师队伍的特征与做法愈加清晰与明确，逐步完善了具有科研内涵特色的队伍建设模式。

（二）开创了"以点带面"的学校课程与教学变革新格局

项目化学习作为一种新型学习方式，目的是变革学生学的方法，进而影响教师教的方法，并由此打开由传统教学控制的、不利于学生身心健康发展的一部分中小学课堂。然而，变革何其难，尤其是自上而下的改变，很容易让课程教学变革流于形式。因此，本课题在立项之初即采取了"小而美"的研究方式，即每个学段选择1—2个学科优先尝试探索，待初尝胜利果实后，再推广到更多适宜进行项目化学习的学科。

由于这种在某学科进行初体验的方式运用得当、成效明显，因此，在课题组管理加持下，核心组成员在每月一次的例会上交流项目化学习的实践经验，加速形成了核心团队与项目化学习子团队的研究力量，逐渐实现本课题的预期目标之一——"形成符合实验东校育人特色的插电式、模块化项目化学习框架"。

（三）创新了以项目化学习的形式解决校园真实问题的思路

对校园来说，每天产生无数丰硕的教与学成果，也存在着成百上千的问题。若是归类，学校问题无外乎课堂上的问题与课堂外的问题。为此我们在开题报告中曾提出，本课题将重点研究与育人目标切实相关的、与学生个体与校园生活密切相连的校园真实问题库，包括七个种类：语言交往类问题、身体接触类问题、艺术审美类问题、逻辑探究类问题、社会实践类问题、人文哲学类问题、科技探索类问题。

基于此，课题组成员通过各类丰富多彩的项目化学习活动，分别解决了一些校园真实问题，局部实现了学习方式与教学方式变革的目的，实现了从知识到素养的迁移。如小学数学学科现已全部启用晚看护时间普及项目化学习，培养小学生具有数学素养特征的学习习惯，把数学学理知识运用在如手账制作、存款取款、制作线路图、计算购物预算等方面，帮助学生解决日常生活中的问题；初中语文学科充分借助写作教学，把语文与音乐、美术、科技、道法、历史等学科高度结合，引导学生用写作表达观点、以观点评判时事，解决认知与判断的问题，学会在校园中运用批判性思维看待事物;初中美术学科借助"校门改造工程"打造"改造类"校园项目化系列学习,通过出入项活动,充分发掘学生的创意,让改造系列服务东校学子,让学生的思想和行动真正解决校园现存的各类问题,实现学生有成就感的成长。

第三节　研究方法

一、文献法

在课题的准备阶段,首先进行广泛的文献搜集,包括国内外有关真实问题、跨学科学习和项目化学习的研究论文、学术著作、教育政策文件等。通过仔细阅读和分析文献,建立对相关领域的理论框架,明确研究的理论基础。在后续的研究阶段,定期查阅最新的文献,以确保研究保持前沿性。

二、调查法

在课题准备阶段,采用问卷调查、面访等方式对学校中的七类"真实问题"进行深入调查。通过数据收集,详细了解问题的种类、学科涉及、学生兴趣等情况,为建设真实问题库提供翔实的现状数据。调查结果将为后续项目设计和实施提供实际基础,并在研究中发挥支持和验证的作用。

三、行动研究法

在课题实施阶段,采用行动研究法,根据子课题团队的具体情况和研究目标,进行详细的计划、实施、观察和调整。每个步骤都进行系统性的记录和分析,以确保研究的科学性和可操作性。通过行动研究,研究者将直接参与到项目的设计和实施中,不断调整方案,以提高项目的有效性和可持续性。

四、案例研究法

在案例研究阶段,选择具有代表性的中小学跨学科项目化学习案例,对其进行详尽的调查和分析。关注项目的目标设定、结构设计、内容呈现、教学方法和评价机制等方面,以获取成功经验和教训。通过对多个案例的深度研究,形成对跨学科项目化学习模式的全面理解,为本课题的实践提供具体的借鉴和指导。

五、经验总结法

在课题准备阶段,搜集本校中小学项目化学习的相关资料,提炼经验,为课题方案的设计、后续开发与实施提供参考;在课题实施阶段,及时总结子课题组各类跨学科项目化的实践成果与研究经验;在课题总结阶段,运用本方法,整理分析课题研究资料,撰写专题总结。

第四节　研究路径

从本校 2020 年底成为"项目化学习百所市级实验校"始，即思考如何在校内推进项目化学习的问题，尤其是本校属于九年一贯制学校，我们既要思考学习方式的变革对课堂、学生带来的积极影响，又要防备学习方式变革的不彻底、不成功对学业质量的影响，甚至是项目化学习操作不当而引起的不必要的负面评价。鉴于此，学校采取"学科试点"制度，小步走、不停步。

一、学科试点

探索之初，学校选择在相对低利害的小学数学学科、英语学科、自然学科和初中科学学科、美术学科中进行项目化学习试点推进工作。在成立试点学科之余，做了这样几件事：一是选择学科核心组成员，组建校级项目化学习核心团队；二是组织理论学习，由校图书馆统一购买夏雪梅博士的项目化学习系列专著，成员自主学习并实践运用；三是在开展了一轮项目化学习的基础上，积极申报区级重点课题，成功立项 2021 年浦东新区重点课题"以真实问题为导向的中小学跨学科项目化学习的实践研究"（立项号 2021A05），该课题已通过区中期审核，成绩优秀，将于 2024 年 6 月结题。

二、制度建立

学科试点开始的同时，涉及跨学科项目化学习核心小组工作的相关制度陆续建立。在研究过程中，几项制度起到了决定性作用。一是定期交流制度。以核心团队和课题组成员为主，定期举办校级交流分享会。分享目的主要有两点：在交流案例中分享经验，在提炼经验中总结规律。二是绩效奖励制度。为了保障相关教师的合法权益，激发他们的研究动力，学校在市、区绩效的鼎力支持下，严格落实相关绩效奖励制度。除上级依据年度考核情况（学校于 2021、2022 年度分别获得考核优秀）拨付的项目化学习专项绩效奖励之外，全校所有在项目化学习活动中有所贡献的教师，均享受学校教科研奖励制度和各项评优活动的优待。

三、学科扩容

在本校经历了两轮试点推广之后，由于适时交流经验、保存积极做法、及时推广辐射（校内＋校外），项目化学习在课堂内外的积极表现逐渐被越来越多的学科教师"看见"。此时学校适时抛出橄榄枝，吸引更多的学科加入了项目化学习探究的队伍。这些学科包括小学美术、小学信息技术、初中语文、初中历史等。在开始探索项目化学习之后，这些学科都拥有至少一个在研课题，充分显示了本校前期试点项目化学习的积极影响，以及这些学科进行项目化学习深度探索的决心。

除以上三个实施步骤之外，本校在推进项目化学习过程中还有一些其他方法予以辅助。比如设立学校种子教师库——把一些未加入区级种子教师队伍的项目化学习后备师资纳入校级种子库，积极寻找合适机会送教师们外出参培学习，及时了解项目化学习的发展趋势；以科研课题促项目化学习发展——借助市、区各级各类课题立项的机会，帮助大批教师孵化属于自己或学科团队的科研课题，从校级项目到市级课题再到与高等院校合作的诸多项目，确保教师们在各自所属的研究团队中积极探寻项目化学习的可能性；以科研写作发表为重点助推教师们孵化成果——充分发挥学校发展部的科研力量，结合一些合作项目如"写作能力提升计划"（与上师大世承学院合作），借力科研专家和学术大咖，手把手帮助教师学会科研写作并积极踊跃发表。这一点，是许多学校容易忽视或不易把握的环节，恰是这一点，带给本校教师研究项目化学习的后续动力与学术自信。

第四章

学校项目化学习的学科探索

学科项目化学习的首要特征是学科属性，指向学科核心概念的整体理解，所以必须基于课程标准；体现大单元设计理念和要求，由单维度知识综合走向多维度知识、能力、情感态度价值观融合；彰显用以致学，把学科内容与社会实际结合起来，打破课堂教学与课外实践的藩篱，实现理论与实践对接，突出真实性实践；强调成果导向，调动已有知识、能力、情感，在实践中创造性解决问题，并通过作品或表现来呈现已经达成的预期目标或学习结果。

基于此，我们以创造性问题解决能力的培养为导向，以创造性解决问题能力评价的行动研究为着力点，积极探索学科项目化学习的校本实施路径和创造性问题解决的学习方式变革之道。

培育项目先行者。鼓励某一门学科或者某一位教师先行尝试，在项目实施中发现问题，在解决问题中总结经验。由资深教师现身说法，为其他教师提供指引，鼓励更多成员参与其中，营造实践项目的研究氛围。

关注教师成长性。从学科角度对课程进行规划，明确各个学科实践项目的实施要点，形成实践性项目推进的常规步骤。

保障研究持续化。寻找学科之间的融合点、校内外资源的融合点、家校合力的融合点，提升资源使用效率。在实施过程中，从学科、学校、学生和教师等维度出发，降低准入门槛，让每个教师都可以适度参与。从学科专业特色出发，整合相关资源，着力打造项目支持体系，确保实践性项目推进过程中有支持、有保障。

第一节　基于语文学科的项目化学习的实践探索

　　融入跨学科学习的语文学科项目化学习,是指通过驱动性任务,在真实情境中渗透语文学科的知识,融入学生的生活经历,构建起学科之间的联系,借助合作互动的探究方式,让学生在有意义的情境中学习和运用语言文字,实现整体性的语文学习,提升思考、讨论、表达、反思的能力,从而提升核心素养。

一、创设教学情境,发挥任务驱动作用

　　语文教师实施项目化学习的主要目标是创设积极的教学情境,帮助学生自觉地投入语文学习过程中,并以项目化学习任务驱动学生思考和探究,为学生创造更多自主学习和小组合作探究的机会,提高学生的学习主动性。基于此,教师可以将问题作为驱动学生思考的有力武器,让学生在问题情境中明确项目化学习目标,积极思考问题,并大胆实践。

二、优化学习过程,实现知识的拓展延伸

　　在实施项目化学习中,教师要注意根据学生的认知特点,指导学生运用恰当的学习方法,要注重优化学生的学习过程,特别要进行学习方法和技巧的引导,让学生学会确立学习目标,并根据学习目标制订项目化学习计划,进而学会选择开展实践探索的方式和方法。此外,教师还要通过反馈和评价,引导学生对学习过程进行反思。

三、与生活密切联系,组织项目化学习实践活动

　　语文教学不能只局限于课本,也不能只注重学习现成的理论知识,而要达成理解和运用的教学目标。因此,教师还必须注重学生的实践和体验,让学生能够把学习的知识应用到实践中,并在实践中不断发现、解决问题。教师可以对语文教材进行透彻的分析和把握,挖掘整合教材中的生活化教育内容,设计实践活动主题,并让学生在实践活动中提高语言技能和实践能力。

第二节　基于数学学科的项目化学习的实践探索

开展项目化教学,不仅能提升教学趣味性,还有利于学生综合能力和思维品质的提升,能够有效锻炼学生的团结协作能力、创造能力、统筹协调能力、执行能力和动手能力,实现高质量教学目标。

一、围绕核心知识,设计驱动问题

问题是数学项目化学习的起点,问题的质量对后续项目的落实有着直接的影响。因此,教师在设计问题时应从不同的角度出发,有所侧重地筛选知识,将数学核心概念引入具体的情境中。学生可以利用所学内容进行深度思考,培养创新意识,在构建与创造的过程中加深对理论知识的理解。教师在设计驱动性问题时应注意以下三点:

第一,将数学知识与现实生活结合起来,保证问题的真实性,并涵盖本课的核心概念。

第二,设计问题时要融入趣味性因素,激活学生的学习动机,使其主动参与到课堂互动中,营造活跃的学习氛围。

第三,注重学科关联性。项目化学习能将跨学科、跨领域的碎片化知识整合起来,这就要求教师在设计问题时打破单元的限制,引导学生综合运用所学内容分析并解决问题。教师在设计问题时,不仅要有主驱动性问题,而且需要结合项目具体内容设计次驱动性问题,并循序渐进地帮助学生高效完成学习任务。

二、确定学习目标,设计项目环节

在数学教学中引入项目化学习,教师要根据学科的核心概念、学生的基本学情、数学的育人目标等多个方面综合设计学习内容,使学生明确自己的学习方向,保证项目化学习的实际效果。基于此,教师在教学中可以将项目包含的数学知识具体化:

第一，识别学科概念。这也是项目化学习的基础。学生要对数学的核心概念形成初步的认知，在驱动性问题中总结出相应的学科知识，并用数学思维加以思考，准确描述驱动性问题的考查范围。

第二，利用所学内容解决实际问题。学生在分析的过程中要明确需要用到的知识和方法，并通过合理的途径验证自己的解决方式是否正确。另外，设计项目环节时，教师还要考虑学生对新旧知识关联性的构建，在实践中提升学生数学知识的应用能力。

第三，建立共同的评价标准。学生在自评或者评价他人时要制定相同的标准，明确说出点评的依据，以此完善项目化学习评价体系。

第四，实现数学学科的育人价值。学生作为课堂的主体，要用理性的思维思考问题，勇于质疑，发表不同的意见和观点，秉持实事求是的态度。

三、选择学习资源，进行检索分析

要想保证数学项目化学习的实效性，就要选择有效的学习资源。教师在这个过程中要发挥自身的引导作用，为学生提供学习支架，如思维导图、知识清单等，鼓励他们利用课余时间在互联网中搜索相关内容，拓展自己的学习范围，开阔眼界；教师还要让学生以合作探究的方式与同伴分享自己的劳动成果，通过不断交流加深对课程内容的理解。思维导图可以直观地呈现本课的重点内容，在制作时要考虑学生的认知特点等实际情况。知识清单能够帮助学生解决驱动性问题，促进课程内容的吸收消化，并详细展示项目化学习的过程与结果。因为学习任务涉及很多领域的知识点，在收集信息时会用到统计图表等工具，学生可借助信息技术提高学习效率，促进数学思维的灵活发展。

四、开展多元评价，提升关键能力

评价是项目化学习中的关键环节，应更加关注学生完成项目时的表现，而非最终结果。表面性的评价比较看重理论知识的应用，这就要求学生进行独立分析，利用现有的知识积累进行深度思考，并通过自己的实际行动展示学习成果。在数学项目化学习的评价中，可以借助评估框架呈现学生各个方面的综合表现，以此保证评价的全面性和科学性。首先，教师在教学中要将评价贯穿整个项目，将学生的学习目标完成度以及解决问题的方案完整记录下来，真正意义上做到

"教学评一体"。也就是说,教师在讲课之余,还要观察学生的课堂表现,包括他们的听课状态、回答问题的积极性、做题准确率以及最终呈现的问题方案等,让学生意识到学习过程和成果一样重要,在课堂中要严格要求自己的行为举止,全身心投入项目化学习中,以此保证评价内容的完整性。其次,评价的主体既可以是教师,也可以是学生,学生的自我评估很重要。项目化学习结束后,教师要鼓励学生自我反思,对项目进行打分,阐述自己的闪光点和不足之处,而后让学生与同伴展开交流,从不同的视角分析自身存在的问题,促进个人综合素养的全面提升。沟通能让学生对自己的实际情况有清晰的认识,在思维的碰撞中不断挖掘个人潜力,提升创造能力和批判思维等数学关键能力。最后,教师要注意评价语言的使用,以激励性话语为主,根据项目化学习中的具体表现加以点评,避免敷衍式评价。针对性语言可以帮助学生树立自信心,在多元的评价中切实保证项目化学习的有效性。

第三节 基于英语学科的项目化学习的实践探索

近年来伴随全球范围内对全球素养进行研究实践的不断深入,项目化学习作为培育素养的一种重要手段得到了国内众多学者的不断关注、研究和实践。开展项目化学习的核心价值在于重视学习方式的设计,建立起一套以"做中学"为核心,实现事实性知识、方法性知识和价值性知识内容不断内化和内生的机制。

2020年颁布的《高中英语课程标准》将英语学科核心素养归纳为语言能力、文化品格、思维品质和学习能力四个维度。

一、培养学生的语言能力

每个项目从主题的选择和驱动性问题的确立,到小组成员的任务分工和协作规划,再到为学生搭建有效的学习支架,每个阶段项目活动成果的汇报和展示都富含培养学生语言能力的机会。首先,项目初步设计思路与各环节规划阶段,主要涵盖对项目主题的讨论、驱动问题的确立、活动方案的规划设计及各阶段成果的展示等,均需通过语言进行沟通和交流。其次,小组成员任务分工和协作阶段,主要包括组织活动实施、成果交流分享和对成果的评价与反思等环节,也体现着培养语言能力的重要性。再次,搭建学习支架过程中,需要有效激活学生的先有概念,架构学生已有生活体验与项目活动间的桥梁。概言之,语言运用能力贯穿于项目化学习任务完成及成果展示的全过程。

二、濡养学生的文化品格

项目化学习活动源于学生的真实生活情境,是由学生共同商议决定并进行实践的一种系统性学习探究活动,其为语言的自然习得和主动建构提供了有效载体,能激发学生在真实情境中赋予活动意义的潜能。项目活动通过对语篇所蕴含的文化因子进行剖析和梳理,获悉其深层内涵,同时也能较为深刻地理解语言背后的文化意蕴。在项目活动中既要输出中国优秀文化元素，涵养文化自信，更要有效挖掘对中国文化的适切表达和解读，让语言的文化育人功能融合于对语言知识和学科特点的准确把握之上。基于此，项目化学习在涵养学生的文化品格方面存在着巨大的教育契机。

三、提升学生的思维品质

项目化学习对学生思维品质的提升主要表现在三个方面。第一，在项目主题的选择和驱动问题的提炼过程中，学生集思广益，各抒己见，打破个体认知局限，思维的场域不断拓宽。第二，随着项目活动实施的不断深入，学生在对具体项目问题的多次分析解读和最终解决的过程中，思维的深度不断拓展。第三，学生在对项目活动进行设计、统筹安排和具体实践过程中，不断发现新问题，进而建立主动探索的机制，最终对项目主题形成整体观照。

四、培养学生的学习能力

项目化学习对学生学习能力的培养提升主要表现为学习活动方式多样化、学习素材资源多元化和学习过程体验多模态化。学习产生于多重互动之中，学习者通过自己的先有概念解码现实和接收信息，项目化学习活动能够为学生提供达到他所设定目标的情境，学生的自主学习能力在先有概念重组过程中得到不断强化。总而言之，项目化学习契合课改发展的时代背景并能有效促进学生核心素养的融合发展。

第四节　跨学科项目化学习的实践探索

教师在设计跨学科项目化学习的时候要遵循跨学科立场和学科立场,并通过项目建立起学生自己的跨学科立场分析的能力。如博伊克斯·曼西拉博士所描述的跨学科教学原则,教师要支持学习者通过对真实问题空间的整体感知,来建立自己跨学科学习的目的,并进而获得对每一个所跨学科的学科洞察力和综合能力。因此,跨学科项目化学习的整体设计逻辑应该呈现出从真实而复杂的问题到澄清问题中的不同学科视角再到整合学科视角形成新理解,反哺真实世界和学科世界的过程。

一、提出跨学科的真实问题

跨学科项目化学习的关键是提出跨学科的真实问题。跨学科项目化学习的本质问题和驱动性问题都带有跨学科的特征,比如本质问题"如何艺术地呈现自然之美",就需要科学、艺术等学科的整合介入。跨学科项目化学习的驱动性问题往往比较复杂,带有强烈的社会关怀性。新兴的研究领域可以成为跨学科驱动性问题的原型,如地区研究、环境研究、城市研究、文化研究等;人类和社会发展中的重大关键问题也带有跨学科的性质,如可持续发展问题、脱贫致富问题等。这样的问题是复杂的、系统的,单一的学科不足以处理。跨学科项目化学习的驱动性问题也可以来自设计者有意识的建构,比如要求学生用物理模型表现历史中的文明兴衰理论。

二、选取可用于问题解决的指向各学科核心素养的知识和能力

跨学科项目化学习的设计需要对所跨学科的核心素养及其所包含的知识和能力进行分析。这一分析至少包含三层含义:首先要明确真实问题包含哪些学科;其次,这些学科中与真实问题有关的知识与能力是哪些;最后,这些学科的知识与能力是如何统整地作用于跨学科的问题解决的。跨学科项目化学习需要清

晰地列出所跨学科的核心素养及其包裹的核心知识和能力,将其作为学习和评估的目标。如果没有对驱动性问题所跨学科的知识和能力的考察,教师设计和学生所学将是混沌一片。

问题和各学科知识与能力之间的双向调整和优化在跨学科项目化学习中是很常见的。这表现在,很可能一开始只是一个混沌的跨学科问题大领域,通过确认各学科课程标准和教材单元,再返回去优化驱动性问题。随着项目化学习的深入推进,也可以在原有的学科分析基础上再纳入新的学科。比如在考察海滩水治理的项目化学习中,开始是作为生物、地理、化学的跨学科项目提出,但是在实施过程中,学生发现人类历史上有类似的经历,可以用人文、历史的眼光去研究,产生了新的视角,为了"人"的需求去开发海滩还是保留海滩原貌,学生要做出抉择。这样的项目演化就会带来类似真实世界中的科学、人文视角的冲突。

三、学习不同学科的知识持续深入地解决问题

跨学科项目化学习需要学习并综合运用不同学科的知识和能力持续深入地解决问题,形成问题解决的逻辑。学生在跨学科项目化学习中,需要有机会对上述的不同学科深入学习和探究,以此产生学科间的创造性关联,而这种关联是通过问题解决的逻辑形成的。问题解决的逻辑使得各学科的组合是灵活的,在某个阶段的问题可能重点只需要 A 学科,到下一个阶段的问题需要 B 学科,再下一个阶段需要 C 学科。当然,也有可能在第一个阶段就同时需要这三门学科。在跨学科项目化学习的设计中,持续深入地学习学科知识、解决问题还意味着要让学生拥有从不同学科专家的视角去看待和分析问题的经历。如雷普克所说,跨学科中的视野选取要求我们用学科专家的眼光看待世界,哪怕是模拟的,哪怕只是一小会儿。比如在保护生态环境资源的前提下如何脱贫致富的项目中,学生如果能够像生物学家从环保的视角来看待问题,对问题的理解将会不同,而学生从生物学家、政治学家、经济学家不同的专家视角模拟的经历,通过不同视角的观点碰撞,将能够促进学生更深入地理解。

四、形成整合性的项目成果和新理解

跨学科项目化学习要形成整合性的项目成果和新理解。跨学科学习中的新理解的形成需要整体思维,理解相关学科的观念与信息如何互相关联,检验来自

每一门学科的见解,哪怕这些见解互相矛盾,但会丰富我们对问题的认识,并能建立起创造性的联系。在跨学科项目化学习中,新理解反映在项目成果中,项目成果的形成要超越项目中单独所列的学科知识,发现学科间的共识,或是重新解读互相矛盾的学科视角,或是整合学科中互补的部分,并将这种新理解用创造性的方式聚合与可视化。区别于学科项目化学习,跨学科项目化学习的项目成果体现的不是学科特征,而是跨学科的特征。

第五节　基于活动的项目化学习的实践探索

活动项目化学习从学生身边的学习和生活中的真实问题出发,具有很高的开放性,蕴含着学科和跨学科项目的萌芽。从关注学生如何创造性地解决日常的真实问题出发,提出问题、理解问题到形成初步成果、交流讨论,并最终完善。传统的活动内容设计,主要是对主题内容进行线性安排,根据时空顺序罗列进度。而真正带有项目化学习意味的活动设计,是一种新型知识观下的系统设计,是对"主题如何形成问题""学生和知识与能力之间的关系"与"学生和学生之间的关系"的整合,各要素融会贯通、各环节环环相扣,形成闭环。

一、活动项目化学习的本质特征

活动项目是学生从身边的学习和生活出发,对日常情境中的真实问题进行探索,富有创造性地解决问题的项目。

（一）活动项目化学习面向学科但又不是学科项目化学习

活动项目化学习的目标不是获取学科知识,而是观察和剖析生活中的问题,在经历创造性问题解决的过程中完成思维的进阶。而学科项目要求学生深度理解学科核心知识,在探究中运用学科关键能力,在出项成果中体现学科核心素养,落实国家课程的高质量实施。活动项目对知识和能力的建构的要求并不高,无需精准对标学科单元目标,有更大的包容空间。总体来说,学科项目关注学科素养的培育,而活动项目指向学习素养的养成。

（二）活动项目化学习涉及不同学科但又不是跨学科项目化学习

活动项目和跨学科项目在某种程度上"长"得很像,都会涉及不同学科的知识和能力,内容相对比较宽泛,形式都很多样,都会触及学习和生活中的真实问题。两者最大的区别是项目目标不一样,活动项目重在培育学生创造性思维、系统分析能力的养成,而跨学科项目要回应不同学科的教学目标。另外,在问题解决过程中,对某一个专业问题到底要探究到什么程度,也是辨别活动项目和跨学科项目的途径。活动项目的探究可能会运用到专业的知识和能力,但只要达到"为我所用"的程度就行,而跨学科项目对专业问题的探讨则要对接教材单元目标,甚至超越单元目标。

二、活动类型的项目从哪里来

（一）从本校原有的传统活动或特色活动中改造而来

本校有不少以主题形式开展的富有特色的活动,如一年一度的科技节、读书节、体育节、艺术节等;有不少传统活动,如跟中国传统节日有关的新年游园会、端午节、中秋节、重阳节、儿童节,跟爱国主题有关的迎国庆活动等。这些主题活动跟活动项目有一定的相似性,具有改造的基础,如都聚焦一个主题,都会围绕这个主题设计一些活动,都追求活动内容和形式丰富多彩。但本质的区别是,主题活动侧重学习体验,形式热闹而深度不够,而活动项目则会设计问题,侧重对问题本身的深度分析和讨论,最终既解决问题又形成成果。

（二）从校本课程或拓展课程中转化而来

在同质化的课程体系下,各校各班都有相应的常规活动,在特定的时间和主题下需要完成对应的内容。有跟环境保护有关的主题,如低碳环保、节能减排甚至热门的碳中和;有跟献爱心有关的主题,如关爱特殊人群、资助贫困学生等。这些课程可以向活动项目转化,以问题来引领探究,把操作流程转换成子问题分解和创造性地解决问题的过程。

（三）从社会现实的困境中思考而来

跟进社会热点问题,比如垃圾分类、光盘行动或营养膳食、劳动教育等,这些问题是大家共同面临的,没有现成的答案,没有统一的标准,但却是不同学段的学生都可以探究的。因为问题有普遍性,所以解决的方法就有高价值;因为问题比较庞大,所以不同的人可以从不同的切入点寻找富有创意的解决途径。这类项目资源可以从不同时期国家和社会面临的不同问题里筛选,用项目化学习的方式去设计,用小项目撬动大问题,促使学生像专业人士那样思考,培育社会责任感。

（四）从孩子的好奇心中孕育而来

孩子天然有好奇心。他们对身处其中的世界有无穷的"为什么"。这种原始的好奇和真实的疑惑,是生发活动项目的"蓄水池"。所以,孩子自身在看世界的过程中生成的问题就是探究世界最好的起点。孩子随时随地发出的疑问中,有些可以直接作为活动项目的驱动性问题,有些可以改造成驱动性问题,有些可能只是某个驱动性问题的引子。真正站在儿童立场的教师和家长,如果有意识去捕捉孩子随时闪现的"为什么",就可以孵化出很多有意思的项目。

第五章

项目化学习的研究成果

几年来,我们步履不停,对项目化学习的研究热情不减,以解决一系列校园中的真实问题为出发点,不断开展阶段性总结反思。我们也收获了很多:打造了校园真实问题库,建构了跨学科项目化学习的设计要素与评价标准,提炼了具有育人特色的项目化学习框架,丰富了师资队伍培养模式,明晰了教育内涵的深度变革……

未来,我们会一直坚持下去。无论是项目化学习还是其他宝贵的教育教学改革新形式,我们将在条件允许的情况下积极实践、创新发展,努力为全校师生打造一个助力共同成长、彰显教育生态的理想校园。

第一节　项目化学习的成果概述

立项至今,课题组全体成员积极开展中小学各年级组、教研组的科研工作,投入大量人力物力,积极钻研项目化学习对学校课程变革与教师教学行为、学生学习成效的影响。在不断深入的过程中对项目化学习开展进行有益探索和深度思考,积累重要实践经验的同时,收获了如下重要成果。

一、成长赋能,实现学生个性化追求

项目研究的终极目标是为了在教学转型变革的过程中,受教育者即学生能够实现个性化成长、满足发展需求。实施项目化学习之后,近年间学生在科创、艺术方面的市、区级获奖数量呈现爆发式增长,由原来的年均 20—30 项增长到 60—70 项,20 余人次获得"浦东小院士""宋庆龄发明奖""艺术金奖"等殊荣。除此以外,全校近 90% 的学生不同程度地参与了各个学科项目化学习活动,产生了深度学习的特征,表达出对学科学习的喜爱与向往。如五年级学生在参与小学数学"王小东求职记"的项目化学习时,变身招聘师、路线设计师、引导员等职业角色,切实领会了校园与生活相互打通的乐趣。八年级学生在参与初中美术"校门改造计划"的项目化学习时,动用各种学习资源,掌握与领会了设计美化生活、美化社区的技巧与魅力。不少八年级学生基于该项目,在初中学业水平综合测评过程中,填报了有关"校门改造计划"的点滴过程与学习收获,以各种形式表达了对项目化学习的喜爱。以上种种,都体现了项目化学习对学生学习状态的改变。基于此,学校于浦东新区 2021 年度项目化学习绩效考核中荣获"优秀"。

二、激活潜能,成就教师团队专业发展

对于项目化学习而言,最难的是培养一批能够执行项目化学习教学任务的教师团队。基于此,在本项目立项之初,课题组针对该难点,邀约专家如上海市

教科院夏雪梅博士、华师大安桂清教授、浦东教发院老院长顾志跃教授、华师大张俊华教授等长期坐镇学校的项目研究工作，同时邀请教发院科研室俞莉丹、殷凤两位专家持续指导项目组的过程研究。在培训、教学、项目设计、案例撰写、案例研究等多管齐下，交叉进行的过程中，我校逐渐形成了一批能够胜任小学数学、小学英语、小学自然、中学科学、中学语文、中学英语、中学美术、小学德育等学科与活动的执教者，打造了属于实验东校的项目化学习核心团队的师资力量。

同时，本项目的研究与开展也吸引着更多的学科与教师加入进来，这些教师成为项目化学习团队力量的一分子。近两年，学校教师在项目化学习方面的成就斐然，其中，教师个人区级教科研课题14项，从不同角度契合学校龙头课题的研究，开展同核异质研究；教师个人市级青年课题一项：初中英语学科张毅老师"指向文化意识的初中英语项目化学习的设计与实施——以'中国城市'主题为例"被立项为2022年市级青年教师课题；市级2—5年教龄课题一项：初中科学学科乔丹璇老师"科学学科项目化学习中驱动性问题的设计研究"被立项为师资培训中心2021年青年实践课题。近两年，学校教师在各类刊物上发表项目化学习方面的文章近三十篇；同时，学校教师在各级各类评比中脱颖而出，2021、2022、2023学年教师获奖数总体达到近300项。以上种种体现了课题研究对教师专业发展的助力作用。

三、内容研发，生成特色项目化学习案例

开发出一定数量的、高品质的中小学跨学科项目，是本课题的研究内容之一。迄今为止，学校已开发、收获了一批基于校情需要与学生成长需求的中小学跨学科项目，并在各级各类平台上进行了分享与推广，形成了可复制、可推广的项目化学习案例资源库。如：小学数学《王小东求职记》《小记者养成记》《我们的十岁生日》《一起来游泳吧》《校园地图》《二十年校庆贺卡》，小学英语《Four Seasons》《My Family Book》《Plant Artist》《My Favourite Things》，小学自然《生物进化主题展览会》《疫期吃出免疫力》，小学体育《小小教练员》，初中英语《中国城市》，初中科学《设计水净化器》，初中美术《纹饰探秘》《校门改造计划》等项目。每一个项目都包含严谨的项目设计、项目方案、项目实施、项目评价、出项等内容，充分满足素养时代的教育需求，初步形成了基于本校学情的项目化学习课程或活动的特色模块。

四、创新探索,打造项目化学习评价框架

在新课程方案、新课标的影响下,基于深度学习的理念,课题组在评价研究方面,结合学校育人目标——培养学生成为"乐群、博雅、尚美、善思"的少年儿童,围绕学校"三生"教育理念,初步形成了跨学科项目化学习的评价框架。

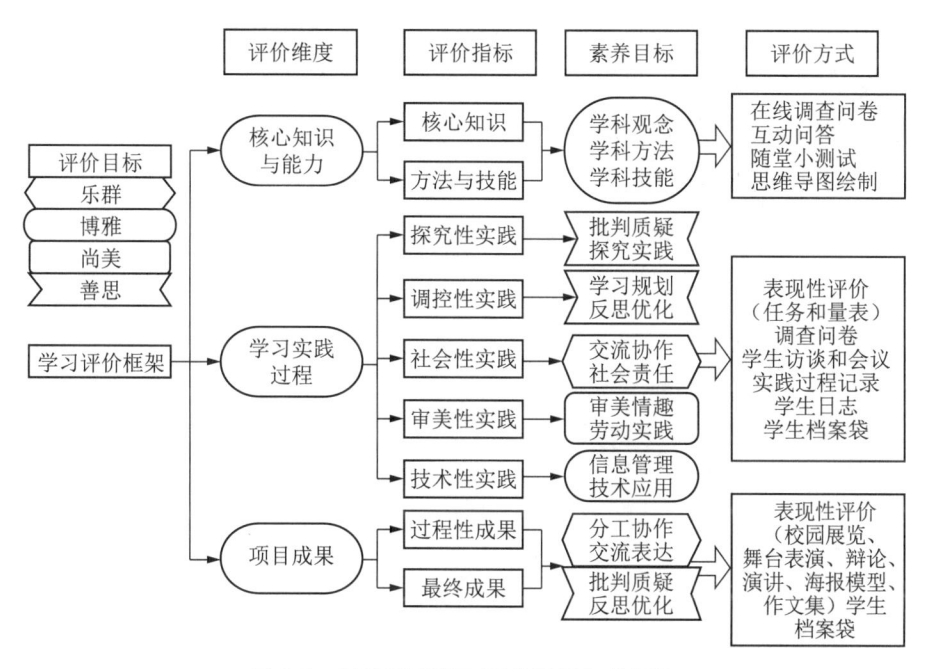

图 5-1 现阶段学校项目化学习评价框架

如图所示,"评价维度"指的是学校在实施项目化学习过程中普遍遵循的评价内容,主要分为"核心知识与能力""学习实践过程"和"项目成果"三部分;"评价指标"指的是在实施项目化学习过程中,每一块内容具体的评价依据,如"核心知识与能力"分为"核心知识""方法与技能"两部分,具体情况由学科视情况决定;"素养目标"指的是不同的素养培育方向,指向学校育人目标"乐群、博雅、尚美、善思"的达成;"评价方式"是指为了实现上述目标的形成,各维度分别采用较为合适的评价方式如问卷、测试、表现性评价等。

这套评价框架指导着学校中小学各学科的项目化学习,在不同的结构、内容等领域发挥着巨大作用,会继续在后续实践中不断丰富、创新。

五、氛围浓厚,形成良好的科学研究机制

学校在 2020 年底成为上海市首批项目化学习素养实验校,从那时起,基于各个学科的积极尝试与实践,项目化学习对学生的影响已渐渐呈现积极的色彩:学生越来越热爱参与项目化学习课程与活动,越来越擅长在项目化学习中找到适合自己的角色与任务,并热情投入。基于此,学校教师越来越多地参与到项目化学习中来,除了项目核心学科组之外,初中历史组、道法组也纷纷加入项目化学习的队伍,积极探索项目化(式)的特色作业。许多学科教师不仅在教学上踊跃尝试,在科研工作方面也有较好的发展。整个学校在原来较好的科研基础上形成了更浓郁的科学研究氛围,积淀了具有实验特色的学术味道,2021年被评为浦东新区科研基地学校,2023年成为上海市"提升中小学(幼儿园)课程领导力行动研究项目(第四轮)"实验校。

第二节　凝结:源于学生实际生活和日常学习的校园真实问题库

学校为有效推进课题开展,前期以备课组为单位,要求每组按其所教学科每单元提炼至少1个基于学生学习需求的真实问题,并收集汇总,形成学校"真实问题库"。如此,以汇聚的各种真实问题为基,我们在研究中打造一个与学生需求紧密相连的问题环境,能充分融合学科内容,让学生得到全面发展。

一、真实问题的特征

对于以真实问题为导向实施项目化学习的教学而言,真实问题是其核心和灵魂,对项目的顺利开展有着至关重要的作用。在项目化学习中,真实问题是源于真实生活情境,从现实中抽象而来的关于本质的问题,存在以下关键特征:

(一)真实性:凸显真实情境,源自现实世界

在项目化学习的各种定义中,"真实性"是一个重要特征。我们收集的问题是源自现实世界的真实问题,要最大限度还原或者模拟问题出现的真实情境。

(二)激趣性:激发探究兴趣,持续学习热情

真实问题作为项目化学习开展的第一步,必须要能激发学生对于探究问题、解决问题的兴趣,并能使这种热情和兴趣在整个项目过程中持续保持,推动学生在完成项目任务中深度学习。

(三)价值性:指向概念理解,体现研究意义

有价值,意味着向学生提出的问题包含着丰富的有待探究的知识内容。一方面,问题应对达成课程目标有促进作用,要包裹核心知识,指向概念理解。另一方面,问题的价值还在于建立起问题与已有知识和经验的联系,引发学生进行思考、辨析,产生迁移应用和创造的意义。因此,设计的真实问题应当要促使学生深度理解相关概念,并将知识技能融入现实生活,让学生意识到这个问题对他们有实际意义。

（四）挑战性：激发内在动力，引发高阶认知

素养时代所倡导的项目化学习不仅限于知识的呈现或应用，更追求在解决问题、完成项目的同时，实现对概念知识的深度理解。这就要求，我们的真实问题应当具备挑战性，是一个能激发内在动力，使学习从浅表走向深层，使思维从低阶上升到高阶的问题。挑战性可以着眼于哪些点呢？夏雪梅、刘潇通过相应的研究将真实问题情境的挑战性分为三个水平：记忆为低阶水平，理解、应用为中阶水平，分析、评价、创造为高阶水平。这也为我们设计有挑战性的真实问题指明了方向。

二、真实问题的设计要点

（一）采用探究空间大的"劣构问题"结构

从问题的结构上来讲，开展项目化学习的真实问题往往是一个"劣构问题"，本身充满着不确定性和开放性，可以为学习者搭建多向度的探索空间，导向多维度的产品产出，而非简单地用"是"或者"不是"来回答。因为项目化学习是最大限度地模拟现实，但现实问题通常较为复杂，不是轻易能够解决的，且大多没有标准答案，甚至在当下无解。而问题的结构性越差，学生感受到的难度就越大，需要的支持就越多。因此，"劣构问题"能激发学生主动地查找资料、提取信息、分析推理、给出证据，培养学生的高阶思维。根据美国知名教学设计专家戴维·乔纳森的研究，劣构问题的特征有如下几点：问题来源于日常生活或是对真实场景的模拟；对问题缺乏明确的界定，问题的构成存在不可知的部分；难以确定哪些规则和原理是解决问题所必需的；难以确定解决问题的方法和步骤，需要通过尝试不同的解决方案去寻找最佳的解决办法。

（二）贯穿项目全程产生成果

项目成果是项目目标的载体，也是对真实问题的回应，但这两者在项目中不是"头"和"尾"的关系。真实问题贯穿于整个项目，作用于全程产生成果，而不限定于最终成果。项目化学习的历程，是持续探究解决真实问题的历程。真实问题的解决过程，往往是一系列由核心问题和子问题组成的问题链的解决过程。核心的真实问题对应总任务和最终成果，由核心问题拆解出的子问题则对应相应的子任务，在被解决的过程中产生相应的子成果，这样就构成了层次深入、循序渐进的问题情境解决体系。

(三) 引导学生投入项目探索

有效的真实问题不是简单的传令,必须重视开展过程,强调过程结果,有效驱动学生投入项目探索。

1. 深层理解问题,奠定入项基础

学生只有将真实问题和自身产生联系,深入理解做该项目的意义、背景、价值,才会产生解决该问题的强烈愿望,自发地代入到项目任务中去。所以,在入项阶段,教师首先要着力于帮助学生深层理解真实问题,促使他们更快地投入问题情境。当某些问题对学生来说虽然很"酷",但具有一定的深度和难度时,由于认知的局限学生可能无法理解其中蕴含的意义,因而无法持续性地探索项目与回应问题。这就需要教师搭建一定的学习支架,建立学生与项目之间的关联通道,引起学生对真实问题的共情与共识。

2. 拆解细化问题,有序推动进程

在问题解决过程中,由于在自身知识、能力水平等方面存在差异,学生面对问题起始状态和目标状态存在差距,往往需要将问题分解成若干子问题,通过解决一系列子问题来获取最终的探究结果。所以,启发引导学生对真实问题进行拆解细化,是一个很重要的教学环节,这将帮助学生厘清思考的路径,明确研究的步骤,从而有序驱动进程。在拆解问题的过程中,教师应给予学生探索空间,充分鼓励和关注学生对子问题的自我生成,以确保问题处于学生的"最近发展区"。教师在指导学生拆解真实问题时也要心中有大方向。

3. 反思评价问题,促进项目完成

在项目开展过程中,师生需要对真实问题的解决情况做好反思评价,以了解项目的实施成效,促进项目的有效完成。反思评价的内容包括学生学习的内容、项目执行的有效性、项目成果的质量、项目中遇到的问题及解决方案等。教师可以指导学生设计相应的评价量表,从激发兴趣和学习动机、符合认知基础、关注认知差异、增长知识和能力等多方面对项目进行综合评价。通过反思评价,教师可以了解项目的实施成效,以此来判断基于真实问题的课堂教学的实效和价值,研究这一真实问题在实施过程中的可行性,促进对真实问题的定向优化。此外,学生能够在师评和自评中不断地修正对项目的研究认识,寻找自身不足,发现存在问题,从而优化学习方式,完善项目成果,促进学习项目的有效完成。

(四)将自我、知识与真实世界紧密连接

我们要深刻地认识到,项目化学习要锻炼和培育的是学生在复杂情境中灵活的心智转换,是一种包含知识、行动和态度的"学习实践"。所以,当我们通过真实问题引导学生做项目时,除了要实现终极产品的产生,还要关注"做"背后的意义,即树立有意义的价值导向。我们要借助真实问题指导学生在投入项目的实践体验中,将项目背景知识、设计、创制、测试、完善和评价等"学"的环节相融合,不仅实现对核心知识的深度理解与可视化表达,更要将自我、知识与真实世界紧密连接。我们要以此引导学生实现"老师想让我做"到"我自己想做"再到"社会需要我做"的转变,使学生关注现象、问题背后的原因,挖掘和感悟其中蕴含的个人价值与社会价值,并不断地主动学习、掌握知识,学会学习和思考。

第三节　建构:基于学科的跨学科项目化学习的设计要素与评价标准

跨学科项目化学习强调学生围绕来自真实情境中的、复杂的开放性问题自主地开展较长时间的探究,最终建构起对知识的理解并提高自身的必备品格和关键能力。以实践为基,在深入的过程,我们探究出如下关于跨学科项目化学习的设计要素与评价标准。

一、设计要素

在开展跨学科项目化学习时,需考虑以下三个设计要素。

(一)问题设计

以真实问题为导向的跨学科项目化学习,要与真实生活情境联系起来。跨学科项目化学习的问题设计,需要将抽象的和概念化的本质问题转化为真实情境中的具体的驱动性问题,让学习变得更加真实自然,以此激发学生的内驱力。

一方面,问题需涉及不同学科,蕴含多个学科的知识,同时紧密联系生活,有实用价值。另一方面,跨学科问题的表述应当基于现实情境,有所聚焦,让学生置身于相关的语境中,能够使学生对问题产生浓厚的学习兴趣。

(二)学科识别

跨学科的项目化学习,到底应该"跨"哪些学科呢?首先,需要识别出问题解决到底涉及哪些学科。对于跨学科项目问题所涉及学科的识别,关键在于区分"潜在相关学科"与"最相关学科"。"潜在相关学科"与所设计的问题之间并非有直接的、明显的关联;"最相关学科"与问题之间有着直接且密切的关系,而且这些学科所提供的关于问题的信息对于让学生形成全面认识而言是不可或缺的。跨学科项目问题的解决需要识别"最相关学科",而非"潜在相关学科"。就实践操作层面而言,需运用系统性思维来对问题进行分解。分解的方式能够帮助教师快速定位"最相关学科",并识别一些会被忽视的其他相关学科。将问题分解为不同子问题，可以清晰地看见不同子问题反映的各学科的关键概念，然后从中寻找结合点，这样教师就能够将特定学科与问题解决关联起来。

（三）内容整合

跨学科项目化学习绝非机械式的学科拼盘或是浮于表面的学科实践活动，而是能够表征各个学科之间的内部关联，让学生通过真实而有意义的问题探讨，去体味和感知置于情境脉络中的知识。因此，教师要思考：如何基于学科，致力于打破学科边界，探寻学科间的知识关联，最终实现学科整合？

跨学科整合本质上是课程统整。课程统整可以有多种取向，但当统整涉及具体学科内容时，不同学科到底从哪些方面进行统整，即"跨"学科中应包含哪些内容，仍需厘清。从实践来看，常见的有三种类型：跨学科知识、跨学科能力以及跨学科知识与学科能力。

跨学科知识是指一个项目涉及不同学科的核心知识。学科知识的"跨"要求基于课程标准，对不同学科核心知识点进行梳理，形成不同学科知识图谱，在此基础上提炼学科核心知识的上位概念，寻找不同学科知识之间的内在结合点。

跨学科能力是指一个项目涉及不同学科的核心能力。有些项目实际上并不涉及具体的学科知识，但从课程标准来看，这些项目涉及不同学科的具体能力，或者比学科知识更上位的学科核心素养。

跨学科知识与学科能力是指一个项目既涉及某一学科知识，又涉及另一学科能力。有些项目问题的解决需要基于某一学科的核心知识，同时又需要借助另一学科的核心能力。但值得注意的是，"跨"学科的三种类型并非机械的，教师可根据问题解决的实际需求进行"跨"学科的整合设计。

二、评价标准

跨学科项目化学习在评价时既要关注不同学科学习目标的达成，也要关注学生跨学科能力及素养的评估，让教师的教和学生的学、教师的专业素养和学生的综合素养能突破单一学科的局限。

（一）指向学生知识储备的诊断性评价

诊断性评价作为一项在活动前期开展的重要举措，旨在深入了解学生的学科知识水平，便于教师提供有针对性的指导。通过诊断性评价，教师能够细致地描绘出学生的学科现状，识别潜在的学科交叉漏洞，了解学生在问题解决、团队协作等方面的优势和挑战,以更好地制定教学策略、个性化辅导计划,从而在跨学科项目中实现更有效、有针对性的学习体验。这种诊断性评价不仅是为了了解学生的知识水平,更是为了引导学生在项目学习中的个性化成长,培养其全面素养和跨学科能力,确保每个学生都能够在跨学科项目中充分发挥潜力。

(二) 指向学生探究过程的过程性评价

跨学科项目化学习开展的过程就是不断反思、自我建构和自我发展的真实过程。过程性评价不能单纯地理解为只关注学习过程而不关注结果,相反,过程性评价关注学生在项目探究过程中的过程性结果,从而作出及时的反馈与指导。在跨学科项目化学习中运用过程性评价主要有两个方面的原因。

一是学生在学习过程中可能采取不同的学习方式,这会导致学习结果存在差别。过程性评价恰恰关注学生学习过程中的学习方式,通过对不同学习方式产生的结果进行评价,引导学生走向深度学习。

二是学生在学习过程中可能出现的非预期结果。过程性评价将关注学生的整个学习经验,肯定学习过程中出现的有价值的学习结果(尽管这些学习结果有可能不在预期目标内),从而增强学生学习的积极性,丰富学生的学习经验。过程性评价包括学生自评、互评,教师评价,专家评价与家长评价,通过各种原始数据、活动记录表、调查表、访谈表等方式,对学生在跨学科项目实施中的认知、行为、情感等表现进行更真实、更全面的评价。

(三) 指向学生复杂能力的表现性评价

服务于培养具有独立地选择和决断问题的认知及行为能力的心智自由者这一目的,表现性评价成为一种备受推崇的评价方式。在跨学科项目化学习中应用表现性评价,要求教师立足于关注学生在问题解决即项目探究不同阶段中的真实表现,以评价学生知识与技能的掌握程度、复杂问题解决能力、批判性思维以及社会性技能等多种复杂能力的发展状况。传统的纸笔测试方式往往局限于对学生学习过程中的浅表性知识进行评价,而表现性评价则对学生的深度学习与高阶认知的评价更有优势。同时,表现性评价中的表现性任务实际上与跨学科项目化学习中的学习任务融为一体,使得评价成为一种自然学习的过程,而不是额外的或是外在的"监控"。

第四节　提炼:具有育人特色的九年一贯制学校项目化学习框架

作为九年一贯制学校,在实践研究中,学校以创造性问题解决能力的培养为导向,以创造性解决问题能力评价的行动研究为着力点,积极探索学科项目化学习的校本实施路径和创造性问题解决的学习方式变革之道,形成如下项目化学习框架,为今后不断丰富项目化学习探索打下坚厚基石。

一、学校项目化学习的基本特征

(一)依据国家课程标准,梳理知识体系

我们遵循国家课程标准,对学科知识体系进行系统梳理。通过深入剖析标准的要求,确保学科知识的全面涵盖,为学生提供坚实的学科基础。以项目化学习的方式,通过有序整理和组织,使学科知识更具深度和实际应用性,为学生提供更富有启发性和实践性的学科教育。这种对知识体系的梳理不仅符合国家教育政策的要求,也为学科知识与项目化学习的融合提供了战略性的支持,旨在培养具备全球竞争力的学生,使其在未来的发展中能够更好地适应多样化的挑战。

(二)统整单元教学,经历探索过程

我们通过整合单元教学,促使学生进行跨学科探索性学习。单元教学作为一种教学组织形式,不仅能够提供系统性的学科知识传递,更能激发学生的学习兴趣,培养他们的综合能力。通过对单元教学的有机统整,教师能够在学科知识的传授中注入更多的灵活性和实践性,使学生更好地理解和应用所学内容。教育是一个不断变革和发展的过程,而在教学实践中不断探索,教师也能更好地理解学生的需求和学科的发展趋势,在探索中培养学生批判性思维和解决问题的能力。

(三)关注生活逻辑,创设真实情境

我们注重将学科知识融入真实生活情境中,以激发学生的学习兴趣。通过

贴近生活的问题情境，学生更容易理解并应用所学的知识。教育不再仅仅是知识的传递，更应关注学生对真实生活的理解和应用。通过关注生活逻辑，教育可以更好地贴近学生的实际需求，使学科教学更具有实际意义。创设真实情境是将学科知识与学生的生活紧密结合的一种手段。通过真实情境的打造，学生能够在教学中感受到学科知识的实际运用，培养解决实际问题的能力。这种教学方式不仅能够提高学科教学的吸引力，也能够激发学生的学习兴趣，使其更主动地参与学科学习过程。

（四）贴近学习实际，提炼学科知识

我们强调学科知识的实际运用，鼓励学生在解决实际问题中提炼和巩固知识。这有助于培养学生的实际应用能力和解决问题的技能。贴近学习实际，教育可以更好地使学科知识融入学生的生活和未来职业发展中，实现知识与实践的有机结合。提炼过后，学科知识能够更好地服务于学生的实际需求，培养学生运用所学知识解决实际问题的能力。这种教学方式不仅能够增强学科教学的实用性，也能够激发学生对知识的主动探究和应用的热情。

（五）立足素养本位，激发学习动力

我们以培养学生的综合素养为出发点，注重发展学生的个性特长。教育更着眼于培养学生全面素养，使其具备更强的适应力和综合素质。通过立足素养本位，教育能够更好地引导学科教学服务于学生的全面发展，使学科学习不再是一种被动接受，而是成为学生自发探索、实践和应用的过程。这种积极主动的学习态度将有助于培养学生终身学习的习惯，提高他们在未来不断适应社会变革的能力。

二、学校项目化学习的实践路径

（一）深化真实生活的情境与问题——项目化学习的起点

现在的教育要关注学生未来所要面对的真实世界，真实的生活是不分科的。我们在面对生活中的诸多问题时，解决的路径不是唯一的，更不是某一门学科的知识可以解决的。因此，在课程的核心素养中强调"真实"，要在真实情境中解决复杂的问题，跨学科项目化学习就必须以真实的生活中的情境问题，来唤醒学生学习的内驱力，促使学生享受挑战，潜移默化地形成"大概念"，打通学科内和学科间的学习，联结学校教育与现实世界。

项目化学习的情境创设有很多,根据不同的项目主题,有角色体验代入,有产品设计驱动,有思辨争议引入等,情境是多元的。我们在教学设计中,思想应具有开放性、挑战性、创新性,要迭代深化"真情境",让学生主动进入情境解决问题。

(二)驱动关联递进式的学习任务——项目化学习的过程

项目化学习旨在培养学生整体思考问题的思辨能力、创造性解决问题的能力,前提是要对整个问题有大局观——以大单元中的"大概念"统整整个项目化学习。教师要给予学生充分的话语权、选择权以及充足的时空,为学生提供学习支架,并在进程中分解目标与任务,精心设计递进式的关联任务,培养学生的进阶性思维、结构化思维,让学生在跨学科的广阔情境中学知识、用知识,在跨学科的实践活动场域中提升多学科协同解决问题的迁移能力。

(三)促进元认知发展的全程评价——项目化学习的终点

项目化学习的驱动性问题来自真实的生活情境,因此,第一,评价任务要反映真实生活中解决问题时的关键能力;第二,评价任务是真实的、公平的,让学生通过评价提升自主学习能力。指向素养的项目化学习的评价应多为表现性评价、真实性评价等质性评价,作用是作为学生成果的展现,帮助学生检测目标是否达成,形成反思,促进元认知的发展。项目化学习的成果评价应反映学生对整个问题解决探索的结果,包含相关学科知识、能力与必备品格,即素养。

第五节　成长：项目组教师的专业能力提升与教师专业发展

随着新时代教育观念的不断更新，学校面临着更高层次的要求，既要关注学生的全面发展，又要关心教师队伍的专业能力提升。项目化学习作为一种创新的教学方法备受关注，不仅为学生提供了更多元的学习体验，又为教师的专业发展提供了广阔空间。

学校项目化学习探究强调围绕真实问题展开，通过跨学科项目实践，培养学生的综合素养。这一理念贯穿于整个过程，而教师作为引导者和组织者，不仅需要具备丰富的学科知识，更需要具备跨学科的综合素养和创新意识。在这一过程中，学校项目组全体成员秉持着专业的态度和认真负责的精神，为项目的顺利进行付出了辛勤努力，也取得了令人瞩目的成就。

一、跨学科知识实现融合

项目化学习的实施要求教师具备跨学科的知识融合能力。这不仅仅要求教师具备扎实的学科知识，更需要他们能够理解各学科之间的关联性，促使学生形成更为全面和深刻的认识。跨学科知识融合的过程中，教师需要与不同学科的老师协作，共同探索如何将各自领域的知识进行有效整合。因此，无形之间教师拓展了知识边界，更提高了跨学科协作能力。只有具备更广泛的学科知识，才能够在教学中进行跨学科的引导。

二、教学设计内容不断创新

项目化学习要求教师设计能够引发学生主动思考和实践的教学活动。教师在项目设计中需要考虑学科知识的有机结合，合理设置问题，激发学生的兴趣。通过这一过程，教师也逐渐提升了教学设计的创新性，使教学更贴近学生需求，更具启发性。

三、个人领导力得到提升

项目化学习通常以小组形式展开,要求学生在团队中合作解决问题。教师在这个过程中既是团队的引导者,又是学生学科知识与方法的参谋者。如此,教师的团队协作能力与领导力也相应得到了提升,能更好地抓住工作重心,高效完成任务,实现团队目标。

四、问题导向意识有所提高

项目化学习注重通过解决真实问题来获得知识。教师在项目中扮演引导者的角色,需要具备问题导向的教学方法,引导学生主动提出问题并寻找解决方案,使其获得更为深刻的理解。如此一来,教师不仅培养了问题导向教学能力,也在实际过程中提高了解决实际问题的能力。

在核心素养的导向下,教师需要审视自身的教学理念,更新自己的教学方式,终身学习,与时代同步,项目化学习则为学校的教师专业发展提供了新的视角与动力,推动着教师专业发展的全面提升。

参考文献

[1] 余胜泉,王阿习."互联网+教育"的变革路径[J].中国电化教育,2016(10):1—9.

[2] 张志欣.教育变革中的终身学习:历史使命、政策关键与本土实践——基于第七届国际成人教育大会和2022教育变革峰会的思考[J].成人教育,2023,43(12):1—8.

[3] 吴宇玉.为素养而教:活动类型项目化学习的设计与实施[J].上海教育科研,2022(10):31—36.

[4] 舒俊波,周爱芬.以学科项目化学习推动育人方式变革[J].中学语文,2022(17):44.

[5] 赵雯.指向跨学科整合的语文学科项目化学习——以"写观察日记"为例[J].小学教学研究,2022(27):90—91,96.

[6] 王庆霞.中学英语听说项目化学习设计基理探微[J].林区教学,2023(10):74—77.

[7] 牛学文.历史学科项目化学习设计与实施[J].中学历史教学,2023(02):51—53.

[8] 夏雪梅.跨学科项目化学习:内涵、设计逻辑与实践原型[J].课程.教材.教法,2022,42(10):78—84.

[9] 霍新威.初中语文教学中项目化学习的应用意义、程序与策略[J].新课程研究,2023(20):86—88.

[10] 赵凤鸣.基于项目化学习的初中教学单元教学设计研究[D].海口:海南师范大学,2023.

[11] 闵洁.小学数学项目化学习教学实践与思考[J].启迪与智慧(上),2023(09):74—76.

[12] 王秀丽.项目化学习中驱动性问题的设计[J].教育视界,2023(38):

69—73.

　　［13］崔春华.让跨学科项目化学习真正"跨"起来［J］.教育视界,2022(22):69—73.

　　［14］张艳萍.大单元视域下跨学科项目化学习的教学探究［J］.小学语文教学,2023(23):18—19.

第二部分　实践探索

总论

1 聚焦核心素养：
项目化学习评价的设计与实践
——以上海市实验学校东校为例[①]

初中科学学科　仇虹豪

一、指向核心素养的项目化学习评价研究的必要性

（一）"聚焦核心素养"课程建设的实际要求

2022版义务教育课程方案明确了"聚焦核心素养"的课程建设基本原则，在当前基于核心素养的课程改革的背景下，项目化学习是学校教育中课程改革的重要载体，让学生在解决真实驱动性问题、完成项目任务的过程中发展核心素养。探索新型评价模式是基于核心素养课程发展直面的挑战。[1]核心素养在项目化学习中的落地也离不开与其相适配的学习评价，《义务教育课程方案（2022年版）》明确指出："创新评价方式方法，注重动手操作、作品展示、口头报告等多种方式的综合运用，关注典型行为表现，推进表现性评价。"[2]那么，如何在项目化学习中评价学生的核心素养呢？用什么方式支持和促进学生在项目化学习中发展核心素养呢？这是我们在进行"聚焦核心素养"项目化学习课程建设时必须直面的问题。

（二）推进学校项目化学习研究的内在需求

项目化学习是当前学科教学中学习方式转型的重要载体，项目化学习旨在让学生在解决真实问题、完成综合性项目任务的过程中发展核心素养。上海市实验学校作为市级首批百所项目化学习实验校，承担着项目化学习方式的推进实践，尤其是聚焦九年一贯制学校跨学科项目化学习的探索任务。但是我校在项目化学习实践过程中会有这样的疑问：项目化学习对学生的核心素养发展真的有成效吗？因此，为了让项目化学习的设计与实施不是流于表面，还

[①] 本文在2023年浦东新区教育评价改革优秀案例评比中获得二等奖。

需要与其相适配的学习评价体系来支撑。系统多元的学习评价一方面是检验学生各阶段项目化学习效果、推进整个学习进程的重要策略，另一方面也能激发学生学习动力、帮助其有效调控学习过程。学习评价是我校项目化学习研究中的一个重要环节。在新中考改革、双减政策、五项管理、各学科新课标等教育政策的指导下，项目化学习评价方面的研究符合学校"三生"教育理念以及我校"乐群、博雅、尚美、善思"的课程目标；与此同时，项目化学习评价研究顺应师生共同发展需求，旨在促进学生的个性化学习，推进我校教师的专业发展。

二、指向核心素养：项目化学习评价框架设计

我校项目化学习评价研究立足于《义务教育课程方案（2022年版）》和各学科新课程标准中的评价建议，根据项目化学习的特征，在教学中设计并实施形式多样、主体多元、致力于学生核心素养发展的学习评价。我校项目化学习评价体系的构建，一方面要基于项目化学习整体设计思路，另一方面还要考虑项目的具体实施过程。因此除了对在项目中需要掌握的核心知识进行评价外，还要评价学习实践的整个过程和项目成果，进而引导学生深度、持久地学习。学者夏雪梅将项目化学习评价分为核心知识、学习实践过程、项目成果三个维度。[3]我校以此作为参考，基于对学生核心素养内涵的分析和我校"乐群、博雅、尚美、善思"的课程目标，设计了如图1的项目化学习评价框架，并对项目化学习素养、评价方式等方面进行说明。

在这个评价框架中，学习评价体系的一级维度为抽象指标，分别为核心知识与能力、学习实践过程、项目成果。二级评价指标是具体评价点，将每个一级指标分解为更为具体的二级指标，使评价内容更加细化，让项目化学习评价体系具有更好的操作性和实用性。每个二级指标指向学生不同维度核心素养的发展，并且用丰富多样的评价方式开展学习评价，充分发挥以评促学的作用。

三、聚焦核心素养的项目化学习评价体系的实践与成效

为了分析我校构建的项目化学习评价体系的实用性和操作性，本文结合"学校20周年校庆"活动中的各学科项目化学习实践进行具体的阐述。2024年是上海市实验学校东校20周年校庆，学校将要怎样庆祝这一盛事呢？以下我校从

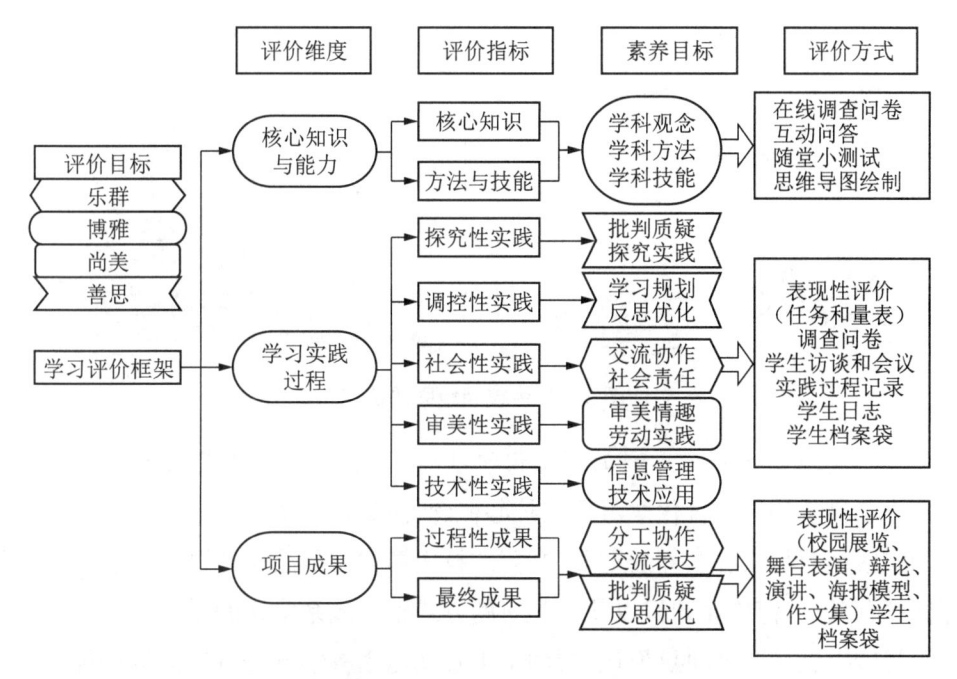

图 1 上海市实验学校东校项目化学习评价框架

学习评价的不同视角介绍基于这一真实驱动性问题的四个项目化学习案例,这些基于学科的项目化学习中构建评价形式多样、评价主体多元的学习评价,致力于在项目探索实践中落实学生学科核心素养的发展。

(一)基于小学数学学科的项目化学习——手绘学校地图

《义务教育数学课程标准(2022年版)》"评价建议"中指出:发挥评价的育人导向作用,坚持以评促学,以评促教。我校三年级数学项目化学习"手绘学校地图"基于课程标准设计,整个项目的评价核心是"素养导向"。本项目结合数学学科核心素养和驱动性任务的要求,设计了六个评价维度:绘制项目完整性、位置比例合理性、数学知识迁移程度、整体的美观程度、团队合作融洽程度、项目情绪投入程度,并根据三年级学生的特点,定性评价和定量评价相结合,通过自评、互评、师评等多样化的方式引导学生在项目化学习中的深度学习。"手绘学校地图"项目中以素养为导向的学习评价,引导学生在项目探究的过程中进行科学性的调查、设计方案、制作初步的学校地图。此外,学习评价引导学生在项目探索中进行实践反思,将效果平平的草图改进优化成图文并茂、位置比例科学的校园地图(见图2)。

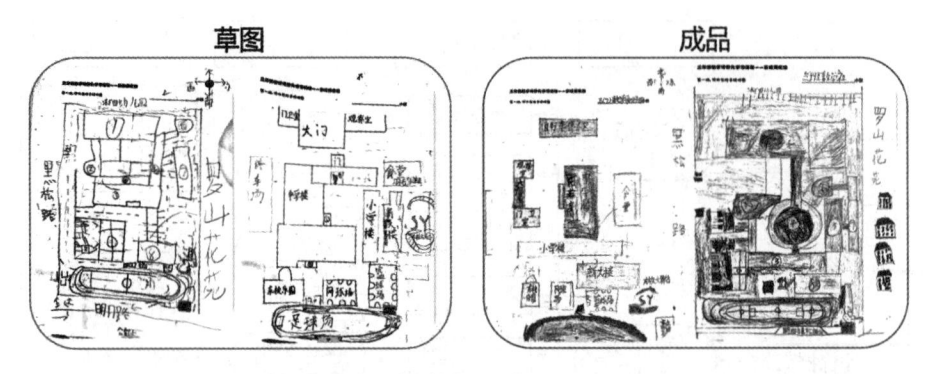

图 2　学生校园地图的优化

（二）基于小学科学学科的项目化学习——校庆博物馆展品设计

小学科学学科项目化学习聚焦核心概念，注重培养学生的核心素养，科学精神和实践创新是核心素养的重要内容。"校庆博物馆展品设计"项目致力于在新课标的背景下，把单元知识以项目学习的方式整合成系统化的学习内容，并把单元学习转换成一个个项目模块，帮助学生发展运用科学方法解决问题的能力，促进科学核心素养的发展。本项目的驱动性问题是"如何为学校校庆设计并制作主题展品"。该项目中学习评价核心是"评价过程即学习过程"。在主题知识学习的过程中，为提升学生分析调查、整合信息的能力，教师设计了评价单引导学生进行科学性的主题调查。在设计展品时，教师设计过程性的学习评价引导学生合理分工、有效协作，有的放矢地根据评价量规的要求设计"生物进化"主题展品。此外，本项目的成果评价量规清晰明确地呈现了学生制作的"生物进化"展品的效果，以及小组合作和展品推介等方面达到的目标，通过这种表现性评价引导学生不断在实践中反思、优化项目成果和展示过程。本项目的成果展示采用班级展示和校园大众评审相结合的方式（见图 3），指向学生科学态度与责任的养成，在制作展品的过程中，提升学生获取信息、整合信息及团队协作的能力，在展品交流的过程中，让学生感受到不同生物的进化史，培养学生的环保意识，提升学生的主人翁意识以及服务学校的责任感。

（三）基于初中语文学科的项目化学习——书写校园之美

初中语文作文主题的项目化学习"书写校园之美"是对初中写作教学的整体设计。我校刘鹏老师对初中 6—9 年级的语文教材内容进行了细致的分析和整合，梳理出了 6—9 年级语文教学中有关写作的 47 个教学核心知识，建设一整套序列化的写作教学体系（见表 1）。

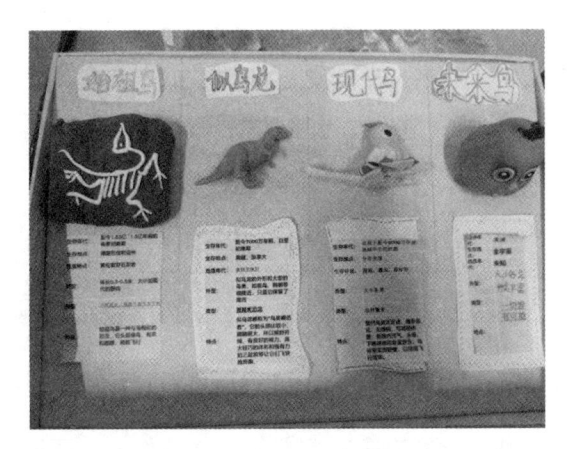

图3 校园大众评审

表1 6—9年级写作教学框架

	第一单元	第二单元	第三单元	第四单元	第五单元	第六单元
六上	热爱生活，热爱写作	多彩的活动	＿＿＿让生活更美好	笔尖流出的故事	写感受最深的人或事	我的拿手好戏
六下	家乡的风俗	让真情自然流露	心愿	插上科学的翅膀	学写倡议书	有你，真好
七上	热爱写作	学会记事	写人要抓住特点	思路要清晰	如何突出中心	发挥联想和想象
七下	写出人物的精神	学习抒情	抓住细节	怎样选材	文从字顺	语言简明
八上	怎样写消息	学写人物小传	学习描写景物	语言要连贯	说明事物要抓住特征	表达要得体
八下	学习仿写	说明的顺序	学写读后感	撰写演讲词	学写游记	学写故事
九上	学写小诗	表达观点要清楚	议论要言之有据	学习缩写	论证要合理	学习改写
九下	学习扩写	审题立意	布局谋篇	修改润色	/	有创意地表达

本项目的学习评价核心是"基于证据的表现性评价"，构建的写作整体评价量表设计了中心内容与材料选择、语句表述和思路与结构这三个一级指标，并匹配12个二级指标（见表2）。此评价量表为学生评价、修改作文提供了具体的思维路径和实践支架，让学生养成修改作文的习惯，并且掌握写作策略。

表 2　写作整体评价量表

评价维度	评价指标	等　　第	简要评价与分析
中心内容与材料选择	题意把握准确		
	材料符合题意		
	中心明确		
	材料与中心关系密切		
语言表述	用词准确		
	语句通顺		
	语意连贯		
	表述得体		
思路与结构	结构完整		
	顺序合理		
	层次清晰		
	详略得当		

（四）基于初中美术学科的跨学科项目化学习——校门改造计划

初中美术学科项目化学习"校门改造计划"的学习评价核心是"基于证据的表现性评价"，本项目的跨学科活动的设计分别根据各学科标准，设计方案撰写、校门图纸设计、建筑模型制作和工程预算规划、设计创意展示，分别对应课程标准中美术、语文、数学、物理、劳技、道法的相应核心知识（见图4）。

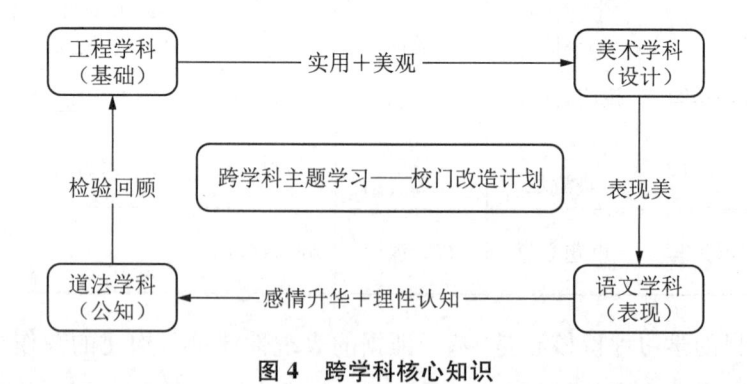

图 4　跨学科核心知识

"校门改造计划"项目设计了系统化的评价，从评价内容、权重和档案袋三个维度落实。评价内容是根据每个活动特点度身定做，图纸设计和模型制作是学习重点,所以各占30%权重。整个项目化学习结束,每位学生都有一个包含访问谈话表、调查记录表、文案、图纸、模型、展板、预算调查单、方案展示视频、小组讨论记录、单元学习调查问卷等内容的学习表现档案袋,这些过程性成果和评价是鼓励学生深度的项目探索和问题解决的有力推进器。基于证据的表现性评价引导学生不断推进项目进程。特别是在图纸设计和模型制作环节,我校学生基于目标明确的表现性评价量规优化项目图纸,将粗糙的草图转化成制作精良的设计成图,并将电子设计模型转化成乐高或者纸质实物模型(见图5)。

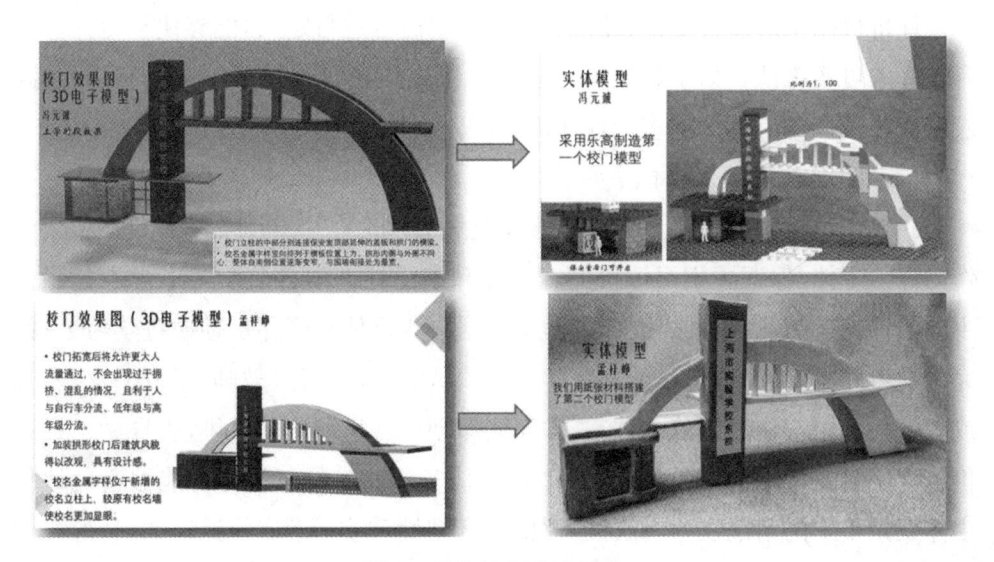

图5 学生校门设计作品

四、聚焦核心素养的项目化学习评价的特色

在项目化学习中,系统多元的学习评价既是检验学习效果的有效策略,又能激发学生产生积极的内部学习动机,帮助学生有效调控自己的学习过程。那么,上海市实验学校东校项目化学习的评价设计与实施如何指向学生核心素养的发展呢?有何亮点和特色呢?

(一)构建聚焦核心素养的项目化学习评价模型

项目化学习有其独特的学习特征,因此传统学习评价模型并不适用,其评价设计既要指向核心素养,同时需要基于项目化学习的整体设计以及具体的项目实施过程。[4]我校设计并实施的项目化学习评价体系以核心素养为导向,综合分析项目化学习的各大核心要素,一方面聚焦核心知识再建构过程,对学生知识的掌握和思维方法的发展进行评价,另一方面着眼于学生的项目实践过程、关注公开成果的形成与展示,最终形成贯穿整个项目的全程学习评价体系。项目化学习的设计与实施指向核心素养的落地,因此评价体系的设计需要围绕核心素养。[5]核心素养导向下的项目化学习评价体系的构建,一方面要基于核心素养的内涵,另外还要考虑项目的具体实施过程,评价学习实践的整个过程和项目成果,进而引导学生深度、持久的学习。

(二)形成聚焦核心素养的多元性评价机制

评价机制是对评价主体、评价方法等重要内容进行定义,能够使学习评价具有较好的可实施性。为了让项目化学习评价体系在实践过程中更具实用性,我校形成了聚焦核心素养的多元性评价机制。

1. 项目化学习评价主体多元化

我校项目化学习评价主体除了教师之外,还将学生、同伴、外部专家和大众作为评价主体,保证了学习评价的客观性和多元性。项目化学习中学生是积极主动的评价参与者,因此需要引导学生根据自我评估和同伴反馈改进学习表现、完善项目作品,进而对自己的项目学习实践负责任。同伴、教师、学校公众、专家或者(模拟)用户作为评价主体,一方面能够创设真实评价的氛围,引导学生在评价进程中自主学习与反思优化。另一方面,多元主体参与的评价能够避免评价主体视角单一的情况发生,保证了评价的客观性和多元性。[6]无论如何,形式多样、评价主体多元的项目化学习评价最终指向学生核心素养的发展,即在真实问题的驱动下进行一系列的项目探究实践。我校将致力于设计并实施一套符合学生个性发展需要的学习评价标准,呈现一幅彰显师生心智自由生长特点的校园生态景象,在项目化学习评价研究的道路上走得更高更远。

2. 项目化学习评价方法多样化

核心素养导向下的学习评价引导学生的自主探究,旨在让其成为心智自由的学习者,因此主要采用表现性评价、形成性评价等新型评价方式。此外,项目化学习中要对知识掌握进行评测,需要利用纸笔测试、练习等传统的评价方式了解学生科学观念掌握情况。传统评价与新型评价相互整合,共同促进核心素养在项目实践中的落实。

(1)形成性评价

形成性评价是在项目实施过程中收集学生实践过程的信息,并为其提供及时的学习反馈,进而推进项目进程、引导学生不断调整优化的评价方式,它在项目化学习中主要发挥着三个作用:学生相关信息的收集和运用、学习反馈、促进教与学。[7]因此我校项目化学习实践中,充分利用贯穿整个项目进程的线上问卷调查、互动问答、小组互动研讨、组间研讨会、项目日志等形成性评价方法推进项目进程,助力学生项目任务的达成。

（2）表现性评价

表现性评价是在尽量合乎真实的情境中,运用评分规则对学生完成复杂任务过程表现/结果做出判断的一种学习评价方式。[8]项目化学习中表现性评价的形式十分丰富,例如纸笔任务、产品制作、口头表达和角色扮演等。但是无论是什么形式,表现性评价强调真实情境下的问题解决,展示其完成项目任务过程中对所学知识和技能的迁移和应用,引发学生核心素养的表现,进而对其素养发展水平进行评价,并在此过程中促进学生核心素养的发展。

参考文献:

[1] 中华人民共和国教育部.义务教育课程方案[M].北京:北京师范大学出版社,2022:3—5.

[2] 钟启泉.基于核心素养的课程发展:挑战与课题[J].全球教育展望,2016,45(01):3—25.

[3] 夏雪梅.项目化学习设计:学习素养视角下的国际与本土实践[M].北京:教育科学出版社,2018:55.

[4] 王云.项目化学习的评价设计[J].上海课程教学研究,2021(04):59—65.

[5] 夏雪梅.指向核心素养的项目化学习评价[J].中国教育学刊,2022(09):50—57.

[6] 朱洪军,伍祥,朱伟杰.项目化学习过程性评价模型的设计与实践[J].计算机教育,2021(06):159—162.

[7] 周琳,周文叶.形成性评价:促进学生自我调节学习能力的养成[J].上海教育科研,2020(2):53—57.

[8] 周文叶.表现性评价的理解与实施[J].江苏教育,2019(14):7—11.

第一辑

语文

2 跨学科项目化学习古诗
——以《惠崇春江晚景》为例

小学语文学科 丁 蕊

一、跨学科学习主题分析

进入 21 世纪,我国的教育课程不断改革,并最新颁布了《义务教育语文课程标准(2022 年版)》。本次语文课程标准明确规定了核心素养的四个方面——文化自信、语言运用、思维能力和审美创造。近年来,经过不断修正和推广,核心素养理念已成为我国基础教育的新热点,成为深化基础教育课程,改革、落实素质教育目标的关键内容。核心素养强调的是对真实、复杂性问题的解决能力。核心素养概念的提出所带来的一个教育重要变革就是要以核心素养为指引和依据来选择学习内容,解决"学什么"和"怎么学"。

基于此,作为培养学生核心素养的重要途径,项目化学习在中小学得到较广泛的实践探索。项目化学习,是指学生围绕来自真实情境的、具有一定挑战性的项目主题,在精心设计任务与活动的基础上,进行较长时间的开放性探究,最终建构起知识体系和提高自身能力的一种教学模式。

身处信息化时代,仅靠单一学科知识无法解决复杂问题,所以,跨学科项目化是项目化学习的主要类型之一。跨学科的定义很广泛,但总的来说,就是强调两门及以上学科学习的实践性和社会性,凸显课堂学习的真实性与综合发展。不同学科有不同的侧重点,但育人的总体目标是一致的。依据各学科新修订的课程标准,比对归并各学科相通的目标,融合整理适应学生跨学科素养培育的新目标,找出其共性,这种共性就是跨学科素养培育的融合目标。而跨学科项目化学习就是要打破一味地传授知识,尽可能地让学生自主思考,开拓思路,更关注学生新思想和新理解的生成。

二、确定项目化学习文本

（一）适合跨学科项目化学习的文本

以语文学科为例，课文文体多种多样。统编版语文教科书除了精读课文，很多单元还安排了一篇略读课文。略读课文对文段字词的赏析和生字识记的要求没有那么高，课题下还有开放性的学习要求，非常适合进行项目化学习。有一些单元安排了口语交际板块，而口语交际的内容往往都是选自生活中实际发生的情境，可以引发学生讨论、思考，最后解决问题，显然也很符合项目化学习中"解决真实问题"的概念。除此之外，古诗也是非常适合进行跨学科项目化学习的内容。第一，古诗课文形式特殊，用的是古汉语，语句含蓄精炼，内容距我们的时代较久远，有深入探究的价值。第二，古诗课文的课后学习要求往往有"想象画面"这一条，将古诗变抽象为具象的过程中，学生会产生一系列问题，解决的过程就是一次项目化学习的展开。[1]第三，统编版语文教材的特点之一就是配图色彩鲜明、栩栩如生，将文字与绘画结合，学生可以感受古诗的丰富内涵，符合核心素养中有关审美创造的培养。

（二）选择《惠崇春江晚景》的原因

同样是做古诗项目，不同年级的大概念、鉴赏能力、相关知识都不同，每一首古诗学习的切入点也不同，因此，选择一首合适的古诗开展跨学科项目化学习尤为重要。

《惠崇春江晚景》是统编版语文三年级下册《古诗三首》中的一首，这首诗是宋代诗人苏轼为惠崇的画所做的题画诗，诗歌语言精练，节奏鲜明，韵律和谐。这个单元的语文要素之一是试着一边读一边想象画面，课后的学习要求也有这一条。《惠崇春江晚景》全诗用白描手法简洁地写出了最富有春天气息的景物，理解诗歌意思并不难，很适合引导学生进行项目化学习，利用一些语文学科之外的知识深入探究诗句描绘的画面。而且，布置预习作业后，有学生关注到了注释中"题画诗"这一词语，在理解古诗题目时好奇地提出疑问："什么是题画诗？"这就是真实问题。这首古诗本身就是作者苏轼为《春江晚景》这幅画所做的诗，学生要靠自己的想象补充来充分了解诗中的意境。教师简单解答这个问题后再稍加引导，就是一次非常自然且合适的项目化学习。

同时，三年级下学期的学生已经具有了一定的古诗学习能力和鉴赏能力，能够通过诗中的景物感受到自然美。三年级的自然课也已经简单介绍过气温的变化,学生根据常识了解了一些动植物的习性和生长规律,有进行项目化学习的基础。关于美术课,学生已经掌握了简单的风景画法,对事物的结构和色彩也有了基本的掌控能力。

鉴于以上背景,我选择了《惠崇春江晚景》进行跨学科项目化学习。针对这首古诗,我制定了以下教学目标:

1. 有感情地朗读古诗并背诵;

2. 借助语文书上的插图和注释,联系自然知识,理解诗句的意思;

3. 了解故事所描写的景色,从中感受自然美和语言美,以小组为单位用配画的形式表现"我眼中的《春江晚景》图"。

三、设计跨学科学习的核心问题与问题链

在项目化学习中,可以围绕注释中提到的"题画诗"先引出《春江晚景》这幅画,再请同学交流自己眼中的《春江晚景》图是什么样子的。这个问题是推进项目进程的核心问题。学生很容易会提到诗中的景物,教师再出示书上的插图,请同学们对照古诗观察并谈谈自己的发现。有些学生会敏锐地发现插图中没有河豚。教师顺势质疑:"为什么画中没有,诗中却会提到呢?"引发学生思考,并且告诉大家惠崇的原画作已经遗失了,并没有流传下来,由此引出任务:你眼中的《春江晚景》图是什么样的?

在这个主问题下,学生会冒出许多子问题,比如"画上到底有没有河豚?""蒌蒿是什么样子的?它长在什么季节?"等等。教师引导学生分小组后围绕核心问题讨论,可以针对诗中景物往下引出一系列的问题链,如"春天到了江水先变暖是什么原理""每年桃花的花期大概是什么时候"等等。有一些问题如"为什么鸭子会最先知道水变暖了"就涉及对诗句的理解。要解决这类问题,探究"春江水暖鸭先知"背后的原因,没法简单地用一两句话回答,需要联系自然和语文学科展开思考和调研。这个核心问题的设立和解决引起了学生的兴趣,促使学生不断地追问,利用不同学科的知识解决问题。

四、跨学科学习结构图

跨学科项目化学习古诗的主要流程:

(一)引入新课

（二）初读古诗，学习生字

（三）提出核心问题，交流问题链

（四）下发学习单，阐述项目化学习要求

（五）各小组讨论分工

五、关键过程与学生学习表现

  三年级的学生虽然有一定的组织和学习能力，但是第一次进行跨学科项目化学习，还是需要教师帮扶。因此要围绕核心问题，汇聚多学科的观点和任务，带动整合思考，进而上升到跨学科的深入探索。根据核心问题和相关问题链，学生可以结合自然、美术等学科进行主题探究活动。开始前，我先进行了探究前指导：通过查询资料，了解鸭子和河豚的习性特点；指导分组；下发记录表。接下来，学生根据课堂上的分组当场讨论组员分工，确定每个人的具体工作；记录问题、查找资料、绘制图画等。学生通过小组合作，运用自然课上学习到的观察方法，填写在观察记录表中。

  在第二课时的课堂教学中，结合诗句，自主理解其中的意境，感受春天的气息，品味作者喜爱大自然的思想感情。学完古诗以后，再运用美术课上学过的绘画方法，表达自己对春天的理解。

  无论是采用怎样的路径切入，跨学科项目在开展时都需要依据课程标准，对所跨学科的能力进行分析并设置评价，提升学生在所跨学科中的学习质量。[2]这里重点展开说一下成果评价，不仅可以根据学生对于诗句的理解进行评价，还可以看他配的画是否契合古诗的内容（诗中提到的竹林、桃花、江水等景物是否都体现在画中）。评价的方式不应拘泥于师评，还要结合自评和组内互评、各组互评，这样才能够达到评价主体多元化。

六、实施效果与反思改进

  这首描写春天景色的古诗，写出了春光的明媚及春天万物勃勃的生机。全诗语意浅近，诗意深远，含蕴有味，是适合儿童学习的好诗。课堂上我本来还担心学生难以自己组织、完成学习任务，但实际操作起来，学生的热情和积极性超乎我的想象。在课堂上讨论分工的时候，每组都会有一个或几个有领导力的学生主动分配任务，将项目组织起来。每个学生会根据自己感兴趣或者擅长的方面来选择任务,所以开展起来还是比较顺利的。

表1 任务评价表

小组名称			
小组成员			
姓　名		我的任务	
我最喜欢的诗句			
我对这句诗的理解			
我给自己的画评价 （几颗星）		我给自己的任务评价 （几颗星）	
小组内谁的画最符合诗句,为什么？			
哪个小组完成得最好,为什么？			
教师评价			
任　务			
诗句理解			
配　画			

原本的课堂教学注重引导学生由看到读再想,看画面、读古诗、想意境,这样一步步引导学生体会诗人表达的对春天的喜爱之情,然后让学生找出春天的词语来赞美春天。这样的教学确实可以让学生在读中悟,留给学生想象的空间,也能理解诗句的意思,但是始终缺少学生自主学习的影子。

而这种跨学科的学习贯穿了学生解决问题的全过程,看似无形,实则最后是对项目学习的成果进行评价。量化评价是项目化学习中重要的一环,在项目化学习开始前就要设计好评价的标准,要涵盖团队合作分工、知识的积累、问题的呈现、资料的收集、项目的展示等多个方面。

项目化学习对教师和学生来说,都是新鲜事物。大家都在摸索中前进。除了提前计划、安排合适的文本开展项目化学习,有时候教师还要把握学生在课堂上随机生成的真实问题,判断问题价值,开展项目化学习。项目化学习作为培养素养的一种重要手段得到了新的发展和实践。想让孩子转变学习方式,提升学习效率,一个很好的途径是开展项目化学习。总的来说,项目化学习强调的是学习的过程和合作共享。在项目化学习中的跨学科元素,则考虑到了学生综合各学科素养来解决问题的能力。不能否认的是,跨学科项目化学习的设计和实施都具有一定的难度,但是只要立足学科课程标准,基于跨学科概念,不断探究不断改善,一定可以设计出较为满意的学习项目。这样的学习,培养了学生学科核心素养和适应社会发展的关键能力,实践能力和创新精神都得到了提升。

参考文献:

［1］李亮,吴福雷,徐承芸.小学语文教学关键问题指导[M].北京:高等教育出版社,2016:86—89.

［2］夏雪梅.项目化学习的实施:学习素养视角下的中国构建[M].北京:教育科学出版社,2020:112—114.

3 任务驱动的单元整体教学

——以统编语文教材三年级下册第三单元《中华传统节日》为例

小学语文学科 赵涓

语文课程是综合性、实践性课程。综合性学习是小学语文课程的重要组成部分，也是培养学生语文综合运用能力、探究精神与合作意识的重要途径。

如今的语文课堂教学，主要是以单篇教学为主，缺乏单元教学的整体意识，无法实现单元学习内容的最优化。其主要原因在于学习内容之间不连贯，学生兴趣不大，学习与生活相脱节。《义务教育语文课程标准（2022年版）》强调"优化课程内容结构"，其目的在于通过优化教学内容组织形式来解决学习内容之间断裂的问题，提升单元整体教学实施效果。

学生通过两年的学习，已经初步具备了综合运用语文能力的基础。进入三年级，可以开展较多的语文学习活动。具体真实的任务情境，让学生在课堂学习和课外实践的活动中进一步学语文，拓展学习空间，调动和挖掘学习语文的主动性，从而进一步提升语文素养。

综合性学习可以分为大综合和小综合。三下和四下就是小综合单元，在单元体例上和普通阅读单元比较接近，主要的区别是把活动的提示穿插编排在课后，对活动提出具体的指导。同时，在《语文园地》前设置了《综合性学习》，让学生对活动进行总结和展示。

如何进行任务驱动的单元整体教学呢？笔者以统编教材三下《综合性学习：中华传统节日》为例谈一谈。

一、聚焦语文要素，明确任务指向

（一）落实语文要素

第三单元的人文主题：深厚的传统文化，中国人的根。中华优秀传统文化博大精深，内涵丰富。这个单元以弘扬传统文化为主题，编排了《古诗三首》《纸的发明》《赵州桥》《一幅名扬中外的画》4篇课文。这些课文分别从不同的侧面展示了中华传统文明,使学生深刻感受中华传统文化的魅力,体会作为中国人的自豪与骄傲。

本单元的语文要素是"了解课文是怎么围绕一个意思把一段话写清楚的"。主要是从学习表达的角度提出的,为学生进行"围绕一个意思把一段话写清楚"的写作提供方法上的引导。[1]

(二)确定任务主题

根据本单元的人文主题和语文要素,将本单元"综合性学习"的主题定为:传统节日我代言。

本单元的"综合性学习"在统编版教材中首次出现,要求学生主要围绕生活中的传统节日展开综合性活动。活动要求学生通过不同的渠道收集我国传统节日的相关资料,并且通过写节日过程和交流节日风俗的方式,展示学习的成果,引导学生热爱生活,观察生活,体验生活,促进学生运用单元语文要素"围绕一个意思把一段话写清楚"。

(三)解读文本教材

深入解读文本,了解课文是怎样围绕一个意思把一段话写清楚的。《纸的发明》第2自然段是按照时间顺序,将造纸术不断改进的过程写清楚的。《语文园地》中的"词句段运用",是按照造纸工序将蔡伦改进造纸术的过程写清楚的。《赵州桥》和《一幅名扬中外的画》这两篇课文的第3自然段都是通过列举的方法,并采用排比的修辞手法分别将"赵州桥十分美观"和"画上的街市可热闹了"这些特点写清楚的。

这就是学生学习的方法,思维的路径。我们要将这种方法迁移,落实到语文要素的教学中,培养学生的思维能力。

二、设置真实情境,推进项目实施

中华民族有着悠久的历史,文化传统深深镌刻在每一个中国人的血液中。学生在成长的过程中,都经历过传统节日,也初步了解传统节日的习俗。但是这些印象是零碎的,针对学生的实际情况,结合统编版语文教材《综合性学习》的单元编排,设置真实情景,搭建项目支架,进一步推进项目实施,在任务驱动下有效地进行单元整体教学。[2]

学校所处社区里国际友人较多,作为国际社区的一员,学生就更加需要进一步了解中华优秀传统文化,并在此基础上感受中华传统文化的魅力,树立民族自信心和自豪感。社区里国际学校也不少,学校经常会和国际学校互动。因此,本单元主题的设定不仅是单元人文主题的呈现,也是紧紧围绕学生的真实生活体验。

项目化学习强调学生学习的深度与创造性。本次综合性学习单元的项目化驱动主题设置为"传统节日我代言",学生在真实问题的驱动下,主动参与项目的深度学习,其过程充分体现出学生的自主性,每一个学生都参与活动,有自己的任务分工。

单元课文与《综合性学习》"活动提示"的要求"了解我国的重要传统节日"和"节日的习俗"相呼应。

(一)活动启动

《古诗三首》教学完成后,进入本次综合活动的启动阶段:第一次活动提示。《古诗三首》的第二道课后思考题要求学生说出三首诗分别写的是哪个传统节日及相应节日的情景。这个要求与"活动提示"的要求"了解我国的重要传统节日"和"节日的习俗"相呼应,在完成《古诗三首》的教学后,以表格的形式进行呈现,要求学生根据表格进行资料收集整理。

表1 项目任务

小组名称:		小组成员:	
节日名称		节日时间	
节日习俗			
节日来历			

在启动阶段注重结合本单元综合性学习的主题——传统节日我代言,引导学生打开思路,自主交流想要了解的节日。

(二)活动推进

学习完《纸的发明》和《赵州桥》之后,提醒学生进行学习成果的阶段梳理。这一阶段引导学生充分发挥小组合作的优势,在共同交流的过程中,分享各自的学习成果,优势互补,并定好展示方式,着手准备最后的成果展示。

学生一边学习课文,一边收集相关资料,开展组内交流汇报后,讨论梳理接下来的子项目的主题。学生前期通过请教家人长辈,观看视频,查询相关资料等途径,了解了中华传统节日的内涵丰富。在此基础上,请学生以小组为单位,思考子问题:如果请你代言传统节日,你会选择哪一个传统节日?你会从哪几个方面来介绍?你会以什么形式介绍?学生在任务驱动下,根据自己小组的情况,选择自己感兴趣的内容,承担相应的任务开展活动。

（三）活动展示

在"语文园地"教学后,安排综合性学习成果的展示和交流。本次展示活动分为两个部分:个人展示要求学生完成一篇作文,写一写自己家中过传统节日的过程或是节日里发生的故事;小组成果展示形式自选,可以是组内成员共同设计的小报,可以是诵读相关节日经典诗词,还可以是举办节日特色美食制作流程的交流分享会。

三、搜集整理资料,搭建项目支架

第一步:小组开展活动时,先选择研究主题,避免和其他小组重复。

第二步:教师提供项目研究策划模板,小组成员可以根据模板内容进行相关任务认领。

表2 项目策划

小组名称：		小组成员：		
研究内容	节日风俗	节日古诗	节日活动	节日美食
研究途径				
负责人				
记录方式	1 拍照　2 视频　3 小报　4 图画　5 其他			

第三步:小组内交流,组员是否碰到困难,寻求组内帮助。

活动推进时,教师全程关注,适时引导,并给学生一些建议。请学生选定项目主题,根据搜集到的资料、组员的特点,发挥各自特长。小组成员相互配合,团结合作,共同完成。

当今社会对学生的要求越来越高,学生要有团队意识,学会合作,适应社会的发展。在项目化的学习中,核心任务需要多名学生共同努力,合作完成。学生在合作的过程中,其思考辨析能力获得提升,团队合作精神得到锻炼,在同组队员的帮助下,自我意识进一步增强,也能更清晰认识到自身能力。

四、结合评价标准,分享项目成果

(一)评价有依据

在整个综合性学习的过程中,通过询问指导的方式去帮助学生开展相关活动。在教学过程中加强过程性的指导与评价,搭建沟通课内课外学习的桥梁,为学生的自主学习提供保障。[3]

学习任务的完成,不是单单靠纸笔能够检验的,而是要重点关注学生在开展活动当中综合性的表现。例如:学生是否能够积极主动参加小组项目活动,是否能够主动提出问题、解决问题,是否能充分地和小组其他成员进行交流;当其他成员提出想法和建议时,该生的看法如何……因此在项目化学习的过程中,我们要考虑到综合性学习单元的特殊性。

在项目化活动开始阶段,通过诊断评价,了解学生目前的知识能力;在具体项目教学中需要对学生进行有效指导;当项目结束后,根据学生的表现结果再进行总结。[4]同时,项目化的评价贯穿于整个单元始终,评价人员不限于教师一人,小组成员也参与其中。基于任务的设计旨在落实语文学科核心素养,所以评价是"学生自评""组员评价""教师评价"三方面共同评估的。

表3 评价量表

小组名称:		组员姓名:	
内容	学生自评	组员评价	教师评价
积极参与小组项目化活动	☆☆☆	☆☆☆	☆☆☆
认真倾听其他组员的观点并提出建议	☆☆☆	☆☆☆	☆☆☆
乐于分享自己收集的资料或研究成果	☆☆☆	☆☆☆	☆☆☆
小组项目化成果展示中参与程度	☆☆☆	☆☆☆	☆☆☆

(二)交流有成果

本单元的学习在任务驱动下最后需要形成有质量的成果,并且要在班级中进行展示。将学生的学习成果进行展示交流,可以激发学生学习的动力,培养学生收集资料、整理资料的能力。学生收集资料的过程就是将已有知识整合和迁移,切切实实提升学生语文综合素养。

小组展示时,展示的方式可以是小报,也可以是PPT,还可以是视频形式。组员分工合作,锻炼了学生的信息整合能力和团队合作能力。个人的展示是主题为"中华传统我代言"的习作展示,组员在小组里朗读自己的成果。其他组员以是否清晰明了地体现了本单元的语文素养"围绕一个意思将一段话写清楚"为评价标准。在评价其他同学的时候,也是自我学习的过程,并且能发觉自己的短处,取长补短,共同进步。对于交流的每位组员,也是展示自我绝佳风采的机会。

任务驱动下的语文单元整合学习,为当前语文课堂添砖加瓦。学生通过项目化学习能更全面更深入地参与合作学习,激发内驱力。教师通过项目化学习,可以改变以往老旧的教学观点,从学生的实际出发,以语文素养为核心,以单元目标为把手,以课堂教学为载体,通过持续的探究,对学科内容不断挖掘,运用创造,提升学生真实的学力。

参考文献:

[1] 施海燕.基于统编教材的项目化学习研究——以三年级下册"中华传统节日"为例[J].教学月刊小学版(语文).2021(05):42—46.

[2][3] 冯海伟.基于PBL的统编版小学语文综合性学习设计[C].2020年课堂教学教育改革专题研讨会(一),2022:520—524.

[4] 时珠平.综合性学习的项目化设计与思考——以三下"中华传统节日"教学为例[J].小学教学设计(语文),2022(07):59—62.

4 小学语文学科四年级项目化学习的设计与实施
——以四上口语交际课《我们与环境》为例

小学语文学科　屠维薇

一、研究背景

2022年4月,《义务教育语文课程标准(2022年版)》发布,标志着教与学的内容、方式发生改革。其中提到:"增强课程实施的情境性和实践性,促进学习方式变革。义务教育语文课程实施从学生语文生活实际出发,创设丰富多样的学习情境,设计富有挑战性的学习任务,激发学生的好奇心、想象力、求知欲,促进学生自主、合作、探究学习。"[1]

3—4学段的"梳理与探究"中写到,学习组织有趣味的语文实践活动,在活动中学习语文,学会合作。结合语文学习,观察大自然,观察社会,积极思考,运用书面或口头方式,并可尝试用表格、图像、音频等多种媒介,呈现自己的观察与探究所得;能提出学习和生活中的问题,有目的地搜集资料,共同讨论,尝试运用语文并结合其他学科知识解决问题。[2]

如何基于课程标准,利用现有语文教材,选择适合学生开展项目化学习的内容呢?

笔者关注到了统编教材四年级上册第一单元的口语交际课《我们与环境》。教材中写道:

围绕下面的话题和同学交流。

我们身边存在哪些环境问题?对人们的身体健康有什么危害?

为了保护环境,我们可以做些什么?

建议同学经过讨论选出十项简单易行的做法,印成《保护环境小建议十条》张贴在学校、社区等地方的布告栏里。同时还提出了口语交际的学习要求:

围绕话题发表看法,不跑题。

判断别人的发言是否与话题相关。

"环境问题"是当今世界全人类面对的大问题,如果仅仅在一节课上围绕问题和同学交流,很有可能"蜻蜓点水"。如果以此课作为项目化学习的内容,不仅能够提升学生对环境问题的了解、对世界的认知,同时也能使口语交际课所要求学生达到的语言表达能力得到更全面的锻炼与提升。

就这样,一个语文学科项目诞生了。

二、项目概况

(一)项目名称

我们与环境

(二)项目介绍

本项目基于四上第一单元口语交际课《我们与环境》的学习内容,围绕教材中的两个问题"我们身边存在哪些环境问题?""对人们的身体健康有什么危害?"以及驱动性问题"如何改善对人类有危害的环境?"引导学生进行深入探究。

(三)项目目标

1. 学习组织有趣味的语文实践活动,在活动中学习语文,学会合作。

2. 结合语文学习,观察大自然,观察社会,积极思考,运用书面或口头方式,并可尝试用表格、图像、音频等多种媒介,呈现自己的观察与探究所得。围绕话题发表看法,不跑题。同时判断别人的发言是否和话题有关。

3. 能提出学习和生活中的问题,有目的地搜集资料,共同讨论,尝试运用语文知识并结合其他学科知识解决问题,从而获得成功的体验,激发学生语文学习的热情。

(四)课时分配

此次项目研究共4课时。入项1课时,交流讨论1课时,撰写文稿1课时,出项展示1课时。

三、项目实施与成效

(一)入项

课上,教师出示塑料污染大地、污染海洋的图片,视觉冲击让学生意识到塑料污染已是严重的环境污染大问题。随后教师抛出问题让学生思考并讨论:我们身边还存在哪些环境问题?对人们的身体健康有什么危害?

学生提出了以下环境问题:

1. 雾霾现象,导致我们不能自由地进行户外活动。

2. 废水排放,污染了河道。

3. 家家户户私车出行,碳排放污染了空气。

4. 学校里浪费水、浪费粮食的现象很严重,等等。

教师总结:环境问题远不止同学们提出的内容,请大家现在上网查询一下。学生上网查询资料后在组内汇总,大家投票选出感兴趣的环境问题作为研究内容,项目小组就产生了。小组制订研究计划,设计子问题,并进行任务分配。

(二)推进

下面,以一个小组的项目"十亩之间一颗良心"为例,呈现整个项目的研究过程。

该小组的驱动性问题:如何让身边的人都能做到节约粮食?

第一阶段:学生提出了如下子问题:

1. 粮食对于人体究竟有多重要?

2. 我国粮食的产量如何,是否能满足人民的需求?

3. 目前,全社会浪费粮食的现象到底有多严重?

探究过程:学生自主查阅资料,了解相关情况,课上进行小组交流讨论。

通过查阅资料,学生了解到粮食对于人体十分重要。在我国古代的医学圣典《黄帝内经》中就写到"五谷为养",告诉人们,五谷是人体每天食用的主要食物,而果、肉、菜是作为补充。而在《诗经》中也写到了稻粱对老百姓的重要性。

通过阅读各类资料,学生知道了我国现在的粮食亩产量是唐代的7倍之多。因为杂交水稻之父袁隆平和他带领的研究团队的贡献,我们的粮食的增产量不断攀升。同时,学生还知道了作为粮食大国,我们的粮食供应竟然才属于"紧平衡"状态,放眼世界,粮食不足人口占比的数据在不断攀升。在这样的情况下,社会上浪费粮食的现象非常严重,饭店、食堂每天倒掉的食物一桶又一桶。

这一阶段的学习,学生提出问题,有目的地搜集资料。同时,学生阅读了大量的不同领域、不同文体的文本,有古文,有调查报告,有新闻……夏雪梅教授在《项目化学习的实施:学习素养视角下的中国建构》一书中写道:"让学生知道各类文本的阅读方法,而不仅仅是用读语文书的方法去读多样的文本,这是语文学科素养的关键之一。"[3]

第二阶段:学生进行校外采访,校内调查,了解身边人浪费粮食的情况,课上进行小组交流。

子问题:我们身边浪费粮食的现象究竟如何?

学生的调查分为在线调查与线下记录两个方面。

在线调查的对象分两类,一类是本校学生,一类是小区居民。学生先设计调查问卷题目,由于从未设计过调查问卷,他们先从网上搜索其他调查问卷样本进行学习,再进行设计并输入电脑。随后,学着用问卷星软件制作电子问卷生成二维码。接着,让教师将二维码发给每个班主任,再由班主任发给学生家长,让学生完成问卷。学生还利用晚饭后小区居民散步、跳广场舞的时间,在小区里请居民扫二维码填写问卷。部分居民不理解活动的意图,学生不厌其烦地解释,获得了居民的信任。最后,共搜集到学生问卷 859 份,居民问卷 109 份。

线下记录环节,学生在学校选取了 1—8 年级各一个班级的学生,利用中午,每人到一个班级记录该班光盘的情况,由于项目组只有四人,所以又邀请了班级其他四名同学协助调查。

通过调查问卷和现场记录,学生了解到:学生对光盘行动的赞成态度要好于成人;劝阻意愿,学生是成人的三倍;浪费粮食的人数占调查人数的半数及以上。根据学生拍摄的一个班级中午盒饭回收桶的情况。他们发现,学生对光盘行动赞成度较高,劝阻他人光盘的意愿也较高,但是,自己光盘的数据却很低。通过调查也知道了学生在学校不能光盘的原因有三个:不好吃,饭量大,时间紧。

这一阶段的探究,学生学会了制作网页版调查问卷及纸质调查表,信息技术能力得到了提升。同时,动员居民完成调查问卷的过程中,人际交往能力得到了提升。一位学生去中学部调查班级光盘情况的时候,中学生不准他查看班级的回收桶。眼看就要完不成任务了,这位学生灵机一动,等中学生都进了教室,走廊里只剩下食堂阿姨在整理回收桶时,上前去和阿姨沟通,顺利地调查到了该班级的光盘情况。

第三阶段:我们可以做些什么,才能让身边的人节约粮食?

探究过程:汇总资料,撰写演讲稿,制作 PPT,练习小组 ted 演讲。

首先,学生们将搜集的所有资料汇总在一起,并且从中选择可用的素材,放进演讲稿中。

由于四年级学生从未写过演讲稿,因此,教师用一节语文课的时间,教学生如何撰写演讲稿,教学生如何演讲。

教师告诉学生演讲稿不同于学生经常写的记叙文。它通常包含三部分内容:一是开场白,这部分内容是要引出下文,引起听众的思考,通常会用提问设问的方法,在演讲开头时一定要达到镇场的效果。第二部分是正文,往往会引用生动的事例来证明想要表达的想法。同时要注意各个段落之间的过渡和承接,这样听众才能听得明白。第三部分是结尾,结尾往往有深化主题的作用,可以用归纳法来阐述观点,可以引用一些格言警句增加演讲的感染力,也可以提出新的问题,引发听众更多的思考。

随后小组练习演讲,不断修改。

(三)出项

小组 ted 演讲。到了出项的时刻了,全班所有的项目小组都围绕各自感兴趣的环境问题,用演讲的方式呈现调查研究的结果。其中一个小组在班级的演讲会中表现突出,同时他们也报名参加了炫动卡通卫视举办的"少年非常道"电视演说大赛,将他们调查研究的成果呈现给更多的人。出项是一个项目小组研究的高光时刻,几位同学从没想到,语文课上的项目学习能够让他们走上电视,能够给他们带来更高更广阔的舞台,他们内心的激动与满足无法形容!

(四)评价

在本项目评价的部分,采用的方式是自我评价、小组互评。对于项目化学习的评价,更多的是要采取针对项目的过程性评价。为此,教师在项目设计方案之初就把设计评价作为很重要的部分。本项目的评价内容贯穿了项目的四个阶段,除了对每个阶段的研究任务进行了评价设计,还放入了一个重要的内容——口语交际课学习目标的达成评价。因为本项目是以口语交际课作为载体,所以整个项目的研究过程,一定要时刻关注学生相关能力的形成,这是语文学习的重要内容。

四、研究思考

夏雪梅老师的《项目化学习的实施:学习素养视角下的中国建构》一书中写

道:"学科项目的来源覆盖最上位的课程标准以及学生的学习难点。"[4]本项目的设计体现了《义务教育语文课程标准(2022年版)》的理念,增强了课程实施的情境性和实践性,促进了学习方式的变革。将一节口语交际课,拓展成一个有情境的项目活动,让学生调查研究,最终达成学习目标,这就是一种学习方式的变革。《我们与环境》这节口语交际课的难点是什么呢?笔者认为就是做到"言之有物,言之有理",如果没有广泛的阅读,深入的调查研究,学生很难深入了解环境问题,那么学生的发言与表达也只是流于表面。项目化的学习给学生提供了丰富的资料,从而让他们"言之有物,言之有理"。

总结项目实施的整个过程,有以下收获:

(一) 促进了学生学科关键能力的提升。

首先,项目化学习的过程,时时凸显口语交际课的特点。两个阶段中都安排了学生围绕问题进行讨论的环节。同时,将口语交际课的要求作为评价点融入评价表中。其次,学生的阅读写作能力、语言表达能力得到了提升。学生从阅读语文课本、阅读文学作品拓展到阅读新闻、阅读调查报告、阅读经典书籍,形成了阅读不同文本的能力。让学生知道各类文本的阅读方法,而不仅仅是用读语文书的方法去读多样的文本,这是语文学科素养的关键之一。撰写演讲稿、演讲,呈现了语言运用表达的过程。

(二) 促进了学生学习素养的形成。

自主探究能力。根据"我们与环境"这一大主题,选择自己感兴趣的小主题,并和组员达成共识,整个活动的各个环节的设计都是小组讨论决定。查阅资料,阅读各类文本,这部分学习都是个人在家中、图书馆中独立完成。

合作能力。以东校少年队为例,四位学生性格迥异,优势不同。有的学生固执倔强,有的学生宽容大度,他们在活动中互相包容,发挥了各自的特长,形成一股合力。

沟通与协调能力。在校内外调查的过程中,学生们学会如何与别人沟通,获得对方信任,如何通过沟通解决突发情况。

认识自我价值。学生们通过这次项目活动,树立了很强的自信心。尤其是其中一位同学,平时热衷于上课发言、课后阅读书籍,但是不喜欢做作业,经常少做、漏做或不做,学习成绩一般。但是,在整个项目过程中,他每天都快速完成学科作业,尽快参与项目活动。以往的他个性倔强张扬,教师的批评提醒基本不接受,但是项目结束后,大家发现他竟变得温和了,变得彬彬有礼了。笔者认为,他应该是在活动中认识到自己价值,抑或是在与同伴的合作中看到了别人的优点,以此反观自己,从而有所领悟。

学习的目的不就是不断发现自己,不断成就自己吗?为了孩子的美丽童年和美好未来,让我们一起来参与这一场有意义的学习变革!

参考文献:

[1] 中华人民共和国教育部.义务教育语文课程标准(2022年版)[M].北京:北京师范大学出版社,2022:3.

[2] 中华人民共和国教育部.义务教育语文课程标准(2022年版)[M].北京:北京师范大学出版社,2022:11.

[3] 夏雪梅.项目化学习的实施:学习素养视角下的中国建构[M].北京:教育科学出版社,2018:104.

[4] 夏雪梅.项目化学习的实施:学习素养视角下的中国建构[M].北京:教育科学出版社,2018:160.

5 基于统编教材单元视角的项目化学习研究
——以统编语文教材五年级上册第八单元《推荐一本书》为例

小学语文学科　吴　丹

把项目化学习引入单元教学,可以促使教师关注单元语文要素,整合单元训练重点,突破单元教学难点,充分利用教材内外的语文学习资源,引导学生围绕语文要素开展综合实践活动,发展核心素养。

《推荐一本书》处于统编语文教材五年级上册第八单元"读书明智"。从单元选文《古人谈读书》《忆读书》《*我的"长生果"》和口语交际《我最喜欢的人物形象》、习作《推荐一本书》看,本单元属于"实用性阅读与交流"和"整本书阅读"学习任务群。基于对单元整体内容的理解,结合"学段要求"中"阅读与鉴赏""表达与交流"的要求和"实用性阅读与交流"学习任务群第三学段的"教学提示",本单元学习的 KUD 目标[1]如下:

K(学生将知道):

1. 如何选择好书,如何解决读书中遇到的问题。

2. 可以从别人的经验中学习阅读策略和方法。

U(学生将理解):

作家的读书经历、读书感悟、读书方法等,对我们读好书、多读书有很强的指导意义。

D(学生将能够):

1. 梳理自己常用的阅读方法,积极运用课文中学到的读书方法。

2. 条理清楚、重点突出地推荐一本书。

一、单元视角下项目化学习的驱动性问题

本单元有大量的具体问题,如:你认为什么样的书才是好书?你从读书中悟

出了哪些道理？你喜欢哪种读书方法？为什么？……将这些具体问题聚合起来，结合上述 KUD 目标，最终可确定本次项目化学习的驱动性问题——"如何推荐一本书"。

挑战性问题可以促进学生对文本的深入理解，并激发学生的思考和探索。在阅读项目化学习中，挑战性问题通常需要学生进行分析、推理、比较、评价等多种认知过程，因此可以帮助学生在学习过程中形成一种积极主动的阅读态度，提升其对阅读的兴趣和热情。

二、单元视角下项目化学习的设计与实施

（一）确定书籍

1. 文本学习

忆读书	
① 冰心认为什么样的书才是好书？	用自己的话说一说。
②（出示第 9 自然段）作者把哪些书进行了比较？	《西游记》——内容精彩 《封神榜》——内容烦琐 《水浒传》——栩栩如生 《荡寇志》——索然无味
③ 在作者心里更能打动人心的书是什么呢？	结合冰心阅读《三国演义》两次哭的经历发现，"语言文字质朴，富有真情实感"的篇章更能打动人心。
④ 在冰心眼中，还有哪些也是好书？（勾连前文 2—8 自然段）	能激发阅读兴趣的，能让人开视野的，能让人明白道理的，有助于写作的……都是好书。

2. 讨论交流

以"我的选书理由"为主题分条陈述自己选书的理由，结合本单元所学讲述自己在选书时的思考和判断——"什么书才是值得推荐的好书"。

最终大家达成共识：值得推荐的好书应该具备以下几个方面的特点：

（1）内容丰富。好书应该具有深度和广度，能够让读者获得丰富的知识和阅历，拓宽眼界。

（2）富有价值。好书应该能够对读者产生意义深远的启示或者为读者提供有用的帮助。

（3）语言优美。好书应该具有流畅的文笔和深刻的内容结构，能够迅速吸

引读者并带给他们愉悦的阅读体验。

（4）有代表性。好书应该是其所属领域里的代表作品，具有一定的影响力和知名度，被广泛认可，具有较高的学术价值和实际运用价值。

综上所述，值得推荐的好书应该是内容丰富、富有价值、语言优美、有代表性的，能够带给读者深刻的启示和体验，对其产生积极的影响，达到其阅读和成长的目的。

（二）阅读书籍

1. 文本学习

忆读书

（1）根据表格用自己的话叙述作者的读书经历。

（2）竖向观察表格，说说自己的发现。

① 阅读的时间很长。七岁到1980年，80年的阅读时间。

② 阅读书目多而丰富。补充原文片段，了解冰心阅读的其他书目。鲁迅先生也曾告诉我们："读书就像蜜蜂采蜜一样，倘若叮在一处，所得就有限。必须如蜜蜂一样，采过许多花，才能酿出蜜来。"

③ 阅读方法多样。猜着读、反复读、对比读、归类读、挑着读等读书方法。

④ 阅读感受独特。

古人谈读书

《论语》	好学、勤问、虚心、默而识之
朱熹	心想、眼看、口诵

---

2. 选择依据

推荐美国作家莫提默·J.艾德勒和查尔斯·范多伦的《如何阅读一本书》，充分利用网络资源，找出适合自己或自己喜欢的阅读方法。

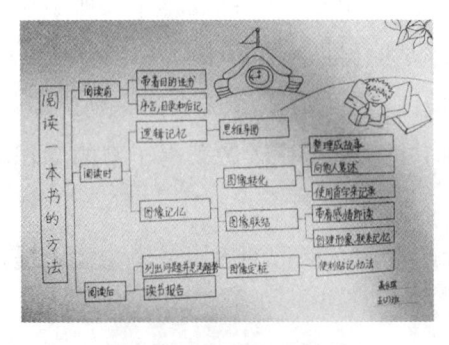

聂乐琪《如何阅读一本书》 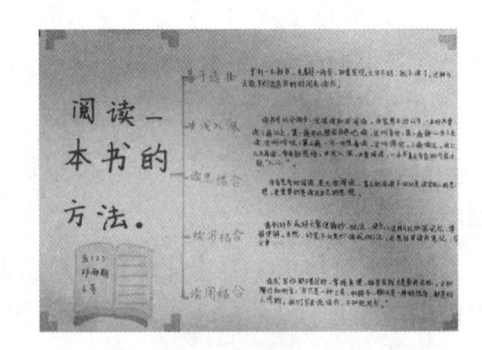　　**邓雨萌《如何阅读一本书》**

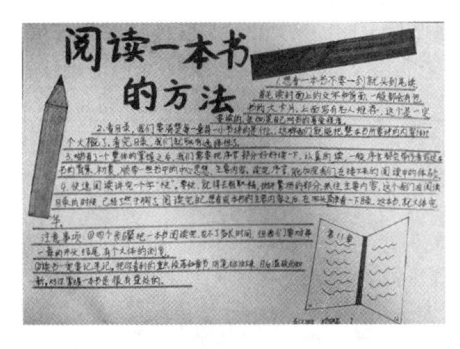

邓明辰《如何阅读一本书》 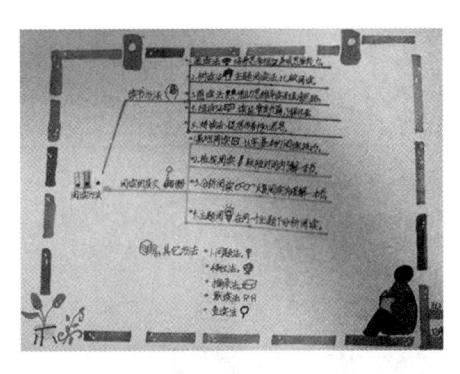　　　　　卫璋涵《如何阅读一本书》

毋笛《如何阅读一本书》 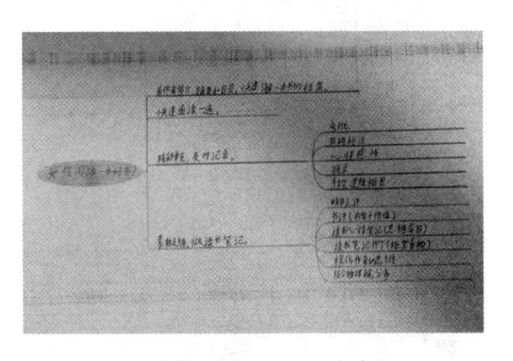　　　　　　周政乾《如何阅读一本书》

3. 自我评价

我的阅读方法	我的读书效果
我会根据上下文猜测不理解的词句	☆☆☆☆☆
我会跳过不影响理解的内容	☆☆☆☆☆
我会联系生活理解词句	☆☆☆☆☆
我会借助上网或影像资料帮助理解	☆☆☆☆☆
我还有其他的小妙招：	

（三）介绍书籍

1. 文本学习

> 我的"长生果"
> 1. 回顾《忆读书》梳理信息的方法，出示表格。
> 2. 小结。阅读一篇文章，可以按照叙述线索进行信息的梳理。比如按时间顺序，从人物、事件等方面展开，以表格或关系图等形式进行呈现，以便更好地掌握文章内容，介绍时更有条理。

3. 了解阅读对写作的促进作用。作者写了自己读书的经历，还写了自己两次作文的事例，读书和写作之间是什么关系呢？这部分是和学生的学习生活密切相关的部分，阅读时可以重点看，介绍时可以重点写。

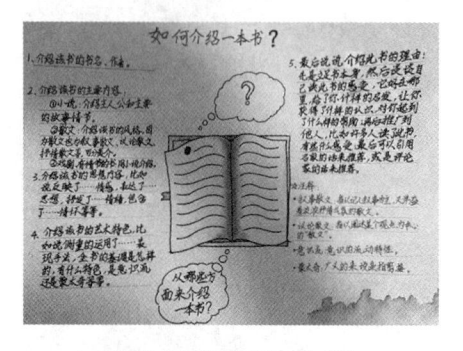

毋笛《如何介绍一本书》 　　　　　　　聂乐琪《如何介绍一本书》

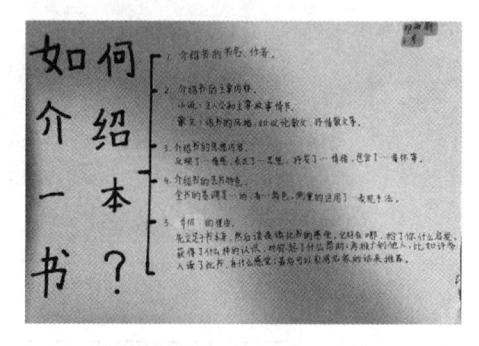

邓雨萌《如何介绍一本书》 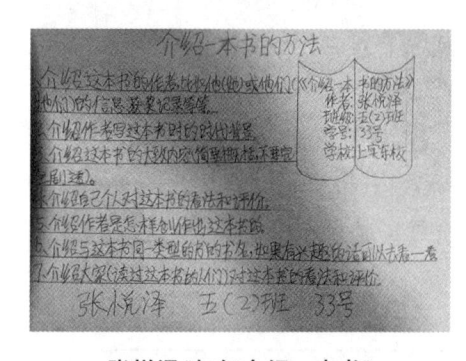　　　　　　张悦泽《如何介绍一本书》

卫璋涵《如何介绍一本书》 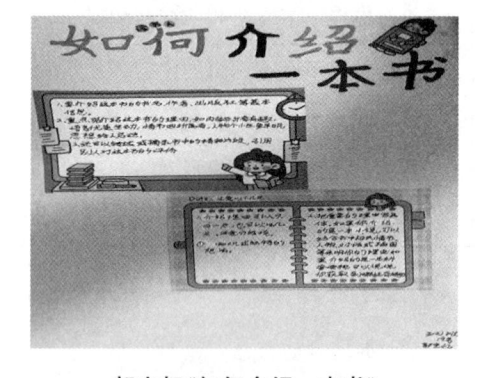　　　　　　郭宝忆《如何介绍一本书》

（四）推荐书籍

1. 了解理由

（1）只有一本书的基本信息是无法吸引同学们来阅读的，我们还需要用充足的推荐理由来吸引他们。习作要求中已经给大家提供了一些方法:可以从哪些方面推荐一本书呢?

（2）根据学生的回答梳理推荐理由:内容新奇有趣、语言优美生动、情节曲折离奇、人物个性鲜明、思想给人启迪。

2. 文本学习

口语交际
（1）创设情境,激发兴趣
交流自己认识的影视作品中的人物,说出喜欢的理由。
（2）明确目的,学会交际
① 观察表格,除了介绍人物外,还介绍了什么?（人物的出处,分条列举自己喜欢的理由）

人物	出处	喜欢的理由
哪吒	动画片《哪吒闹海》	1. 年纪小但武功高强,能变出三头六臂…… 2. 见义勇为,敢于担当。有一次,他救了被龙王欺负的老百姓……

② 讨论并总结交流要求:说话条理要清楚,声音要洪亮,要介绍出处和喜欢的理由。
（3）合作探究,尝试交际
① 仿照例子,把你喜欢的人物形象的相关信息填写在表格里,理清思路。
② 把自己喜欢的人物形象分条介绍给小组内成员,阐明理由。
③ 每个小组推选出一位同学,向全班展示。

3. 选择理由

我们在给一本书写推荐理由时可以选择一点,也可以选择几点。你最想写的理由是哪一点或哪几点呢?在学习单上进行选择,并在旁边打上"√"。

推荐理由	我的选择
内容新奇有趣	
语言优美生动	
情节曲折离奇	
人物个性鲜明	
思想给人启迪	
……	

4. 具化理由

(1) 以推荐《青铜葵花》为例,学习如何把"人物形象鲜明"这个推荐理由写具体。

(2) 借助目录,引导学生了解《青铜葵花》里的九个故事:《小木船》《葵花田》《老槐树》《芦花鞋》《金茅草》《冰项链》《三月蝗》《纸灯笼》《大草垛》,并选出最能凸显人物形象,也是同学最熟悉的故事——《芦花鞋》。

(3) 梳理故事《芦花鞋》中青铜的形象。

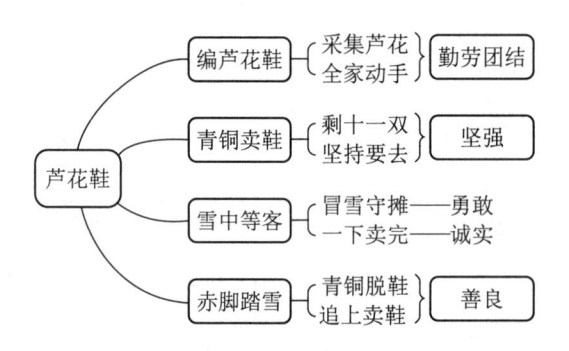

```
               ┌ 编芦花鞋 ┤ 采集芦花  ┤ 勤劳团结
               │          全家动手
               │
               ├ 青铜卖鞋 ┤ 剩十一双  ┤ 坚强
芦花鞋 ─────┤          坚持要去
               │
               ├ 雪中等客 ┤ 冒雪守摊——勇敢
               │          一下卖完——诚实
               │
               └ 赤脚踏雪 ┤ 青铜脱鞋  ┤ 善良
                          追上卖鞋
```

(4) 出示例文,引导学生交流把推荐理由写具体的方法:先简介包含主要人物的故事情节,特别写清楚主要人物的表现,再写自己对他的感受;也可以先写对主要人物的感受,再写相关的情节;还可以一边写感受一边写情节。

《芦花鞋》写了青铜一家编织了 101 双芦花鞋,在一个大雪天,青铜不顾家人的劝说坚持去镇上卖芦花鞋,他在大雪中坚持守摊,还细心地把落在芦花鞋上的雪拍打干净。青铜的勤劳、勇敢、执着、坚定,让我感受到他小小年纪却尽力为家人分忧的责任感。从镇上人的语言、动作、神态的描写中可以看出他们对芦花鞋由衷的喜爱,但青铜并没有因为他们的喜爱而涨价,他是多么纯朴与善良啊!而青铜忍受着寒冷脱下脚上的芦花鞋,为了不让一位买不到芦花鞋的人失望,宁可自己赤脚走在雪地上,我被青铜的憨厚与善良深深感动。文中还有很多细腻又温暖的细节,读着读着你的眼前一定会出现一位栩栩如生的少年形象——青铜!

此环节为学生搭建三个支架。第一个支架——表格,让学生选择一个或几个推荐理由,给学生开放和自由的选择;第二个支架——思维导图,以推荐《青铜葵花》为例,先梳理这本书包含了哪几个故事,再选择最能凸显人物形象的《芦花鞋》,梳理出它的故事情节,最后请学生结合思维导图把推荐理由说清楚,为后面把理由写成一段话作好铺垫;第三个支架——例文,从学生评价—发现方法—教师小结,让学生直观感知怎样把理由表述清楚。一步步化整为零,逐步引导,让学生有法可依。

（五）习作实践

毋笛《推荐一本书》

聂乐琪《推荐一本书》

刘锡朋《推荐一本书》

李泽睿《推荐一本书》

范明勋《推荐一本书》

卫璋涵《推荐一本书》

（六）反思收获

1. 介绍一本书和推荐一本书，学生觉得差不多是同一个任务。其实"介绍"更侧重故事本身的线索、内容、语言、情节、人物，作者的写作方法等，是让听者知道有这样一本书；"推荐"更侧重理由，引用书中的内容是为了佐证自己的推荐理由，有分析，有感悟，是希望得到听者的共鸣，并且也去阅读。

2. 在阅读活动中，阅读是为文化积淀，为思维训练；写作是为内容整合，为思维输出。在经过反复阅读、理解、思辨之后，教师充分利用各种具有特定目的、对象和情境的写作资源，引导学生写作。写作正是项目成果的物化，它指向核心知识的深度理解。

3. 时间允许的话还可以增加和读书相关的综合实践活动。如"藏书展""书香少年访谈""腰封设计大赛""好书漂流"……

参考文献：

[1][美]托马斯·H. 埃斯蒂斯，[美]苏珊·L. 明茨.十大教学模式[M].盛群力，徐海英，冯建超，译.上海：华东师范大学出版社，2020：35—44.

6 名著阅读项目化学习的设计与实践
——以名著《西游记》为例

初中语文学科 吴 燕

一、引言

2016年秋季开始,统编初中语文教材成为统一教材,名著阅读开始占据空前重要的地位,每册书安排2部"名著阅读"和4部"自主阅读"篇目,初一至初三年级共有36部名著。统编教材对名著阅读的重视,给语文教学提出了新的要求,也使语文教学面临新的挑战。[1]在当前名著阅读越来越成为语文教学重要内容的形势下,我逐步开始以课堂实践为探索,开展名著项目化学习,引导学生养成良好的自主阅读习惯,提升持久阅读兴趣,掌握基本阅读方法,发展阅读、思考、表达等关键能力。

如何让初中语文名著阅读真正转向动力阅读、快乐阅读、深度阅读?设计项目化驱动方式是一大有效途径。本文以《西游记》项目化学习为例,展示活动设计和实践操作,具体诠释项目化学习带来的重要意义。

《西游记》整体教学设计是按照初中名著阅读指导"分层—迁移"范式建构的,制定了四个能力分层阅读教学目标:基础感悟、知识积淀、策略应用和心智成长。教学过程分为四个课段,每个课段大概1—2课时,通过教学活动来实现这四个目标。

二、名著阅读项目化学习的设计背景

统编初中语文教材七年级上册安排了名著导读《西游记》精读和跳读板块,旨在培养学生阅读整本书的能力和兴趣。[2]《西游记》对于初一的学生来说不算陌生,在小学阶段很多学生已经读过绘本或者看过影视作品,对于作品的故事情节有一定的理解,阅读的难度在于如何有计划地读完长篇小说,教学的难度在于如何深入地理解人物。鉴于此,我们会教学生运用精读和跳读的方式通读全书,在阅读指导课上运用活动法完成学习目标,运用项目化学习的方式完成各项活动,运用有效合作等团队力量带动个人的阅读能力发展。

三、名著阅读项目化学习的目标

体现学科核心知识与学习素养的目标设计,是学生在一段深度学习经历中的重要指标。本次项目化学习的重点是能准确复述经典故事情节,深入分析师徒四人的人物形象及执着精神。难点是培养学生发散思维能力,通过故事情节多角度分析人物形象,准确评价人物。

因此本次《西游记》名著阅读项目中,具体环节以及相关目标是这样设计的。

基础感悟:通过举办"阅读达人"评选的活动,理清西天取经故事的主线,了解降妖除魔的精彩故事。

知识积淀:通过"阅读达人方法分享"活动,学习精读和跳读的方法,讲述最喜欢的取经故事,跳读不感兴趣的部分内容。

策略应用:通过设置"读者见面会"的真实场景,同学们分别站在作者和读者的不同角度,呈现作者和读者的面对面,探讨主要人物的性格。

心智成长:通过"荐书会"活动,说说这部名著的价值何在,结合自身的经历写一段推荐语。

四、名著阅读项目化学习的实施过程

(一) 基础感悟

在第一个环节中,我先进行了情景导入,播放了西游记主题曲《敢问路在何方》,营造教学氛围,让学生在音乐声中进入本书的学习氛围。

不了解作者就不可能很好地了解他的作品,第二个环节,我请同学们自告奋勇来简单介绍一下作者以及本书的写作背景。

1. 作者的家庭环境。吴承恩出身于一个由书香门第败落下来的小商人家庭,自幼敏而多慧,博览群书。

2. 本书的创作基础和文体形式。吴承恩在民间传说、话本、戏剧的基础上,创作了举世瞩目的神话小说《西游记》。这是中国古代浪漫主义小说的代表作,充满了奇情幻想。

3. 本书成书时期的社会背景。吴承恩生活在明代弘治到万历时期。当时,

宦官专权,奸臣当道,皇帝迷信方士,宠信道士,正是明代统治阶级荒淫腐朽,社会矛盾日趋尖锐,政治十分黑暗的时期。当时的吴承恩敏锐地感受到了一股反抗封建制度的新气息——时代在呼唤着斩邪除妖的英雄出现,这为他创作《西游记》打下了思想基础。

4. 本书思想体系。《西游记》系统地反映了中国道、释、儒三教合流的思想体系,将道教的天上、地狱和海洋的神仙体系与佛教的西天糅合到一起,并同时执行"世上没有不忠不孝的神仙"的儒教思想。其书中神仙体系的描绘正是作者当时生活的明朝政治社会的缩影。

第三个环节就是故事梗概和主要内容了。我以小组合作的方式请同学们事先合作完成了一份读书报告PPT,请负责的小组长上来交流,不完整的地方其他小组补充,经过交流我们总结出了:

(1)故事梗概

这本书讲述了唐僧师徒四人西天取经的故事。东胜神洲傲来国有一座花果山,在花果山的山顶耸立着一座仙石,仙石吸收了日月精华,产下了一个石卵。几十年后,那石卵破裂了,从里面蹦出一只石猴。石猴身手非凡,十分勇敢,闯入了那凶险又神秘的水帘洞探索了一番,发现水帘洞里并没有危险,反而十分美丽,还有各种家具。

石猴的胆量和勇气征服了众猴,也因此成了众猴之王,而水帘洞也成了众猴的安居之所。后来,石猴四处拜师求艺,费了九牛二虎之力来到西牛贺洲,得到了菩提佛祖的提点,学会了七十二般变化和筋斗云,得名孙悟空。归来后,又到东海龙宫去借宝物。说是借,实则是硬抢,通过一番大闹,得到了稀世之宝——"如意金箍棒"。这如意金箍棒可大可小,重达一万三千五百斤。得到宝物之后,孙悟空又去了阴曹地府,把自己的名字从生死簿上勾划掉了。

孙悟空认为自己非常厉害,于是又飞到天上大闹天宫,玉皇大帝大发雷霆,却又奈何不了,就请来如来佛祖,将孙悟空压在了五指山下。

五百年后,一位叫唐三藏的僧人路过五指山,救出了孙悟空,孙悟空也答应一路保护唐僧,跟着他一起西天取经。在西天取经的路上,唐僧又收获了两位徒弟,分别是沙悟净和猪八戒,并且降伏了白龙马。一路上,一行人闹了不少矛盾,但是每一次都和解了。在途中,唐僧多次被妖怪抓走,孙悟空他们想尽办法,每一次都救出了唐僧。唐僧师徒四人一路上历经了九九八十一难,他们不畏险阻、勇往直前,最后在雷音寺取得了真经。

(2) 师徒四人的性格特点

孙悟空:积极乐观,本领高强,爱好自由,疾恶如仇,不怕困难,敢于斗争,这在取经路上斩妖除怪的斗争中展现得最为充分。

猪八戒:憨厚纯朴,吃苦耐劳,面对妖怪从不屈服,对事业缺乏坚定的信念,遇到困难就畏缩动摇,爱占小便宜,嫉妒心强,好搬弄是非,贪财好色。

沙和尚:个性憨厚,忠心耿耿。他不像孙悟空那么叛逆,也不像猪八戒那样好吃懒做、贪财好色。自他放弃妖怪的身份起,就一心跟着唐僧,正直无私,任劳任怨,从未动摇过。他谨守佛门戒律,踏踏实实,谨守本分。

唐三藏:信守宗教信条的佛教徒,无原则的慈悲,胆小懦弱,有时误信谗言,颠倒是非。

白龙马:本是西海龙王三太子,因纵火烧了殿上明珠,而被西海龙王表奏天庭,告了忤逆,玉帝将其吊在空中,打了三百下,不日遭诛。后因南海观世音菩萨出面才免于死罪,被贬到蛇盘山鹰愁涧等待唐僧取经。白龙马的性格特点是沉稳,耐得住性子,任劳任怨,赤胆忠心,关键时刻挺身而出。

(二) 知识积淀

在这一环节中,我组织同学们来到图书馆,我们围成一个圈,通过"阅读达人方法分享"活动,学习精读和跳读的方法,讲述最喜欢的取经故事,跳读不感兴趣的部分内容。

同学们都各自交流了自己最喜欢的取经故事以及特别喜欢这个故事的原因。在同学们交流的基础上我们总结了"精读和跳读"的方法。

精读指向细腻的感受、透彻的理解和广泛的联想;跳读则是主动地舍弃,有意地忽略,以求更高的效率。这两种方法在同一阅读过程中是可以交替使用的。

读《西游记》这样的古典小说,就适合精读与跳读并用。例如,有一个同学讲到了孙悟空三借芭蕉扇的故事,这个故事就很值得精读。作者用了三个章回的篇幅来讲述这个故事,场面宏大,情节曲折,人物个性鲜明,在《西游记》诸多故事中很具代表性。精读就是细读。想一想,孙悟空借芭蕉扇为什么遭到拒绝?这与孙悟空在观音的帮助下,降伏了牛魔王与罗刹女之子红孩儿有关。如果不仔细阅读作者的回叙,就无法理解"借扇"的艰难。精读也是精思。想一想,一借芭蕉扇被骗后,沙僧、猪八戒、唐僧三人关于是否"西行"的对话,表现了各自怎样的心理？可以这样概括：沙僧认为"进退两难"，深为取经前途担忧；猪八戒想"拣无火处走"，其一贯的"散伙"想法再次复燃；唐僧"只欲往有经处去"，表达了坚定不移的取经决心。精读更是鉴赏。想一想，孙悟空、罗刹女的语言各有什么特点？孙悟空的话是不是机智善变？罗刹女的话是不是泼辣犀利？作者对二人形态、动作的描写，是不是都非常真切传神？

跳读可以跳过与阅读目的无关或自己不感兴趣的内容，也可以跳过某些不甚精彩的章节。比如，这个同学讲到，他在读这一章回的时候，因为书中一些描写人物外貌、打斗场面或环境气氛的诗词，有"说书人"渲染夸饰的痕迹，所以自己大多处于"游离状态"，这些诗词就可以略而不读。再比如，书中少数降妖伏魔的故事，套路雷同，情节简单，也可以跳过。

最后我们总结出：精读和跳读作为两种适应不同情形的阅读方法，在阅读一些长篇著作时可以结合运用。它们有一个共同的目的，就是要抓住一部作品的重要内容、精彩片段加以解读欣赏，而忽略那些无关紧要或并不精彩的内容，从而提高阅读的效率。

（三）策略应用

我们利用了一节课时间，在教室的几个角落，开展了几场小型"读书见面会"，由一个同学当读者，一个同学当作者吴承恩，两人分别站在作者和读者的角度，进行采访提问和回答释疑，通过设置"读者见面会"的真实场景，呈现作者和读者的面对面，探讨主要人物的性格。

印象最深的是两个例子。有一个同学站在读者角度问："您把孙悟空塑造得那么神通广大，但他始终逃不过如来的手掌，'如来'到底代表了什么？是孙悟空未达到的境界吗？"另外一位同学站在作者的角度回答了这个问题，他的答案引起了大家的深思："'如来'在佛语里就是'空'，我这里就想表达这么一个浑身本领、除恶务尽的英雄最大的敌人是他自己。胜人容易胜己难，当他了解到这一点时他才会真正懂得谦卑，才会去保护那个他看不起的屡弱的和尚去求取真经。"还有一个同学问对方："如果西天取经只派孙悟空一人完成，他一个筋斗就能解决问题，这样不是很轻松吗？您为什么还要安排唐僧和其他徒弟呢？"另一个同学回答："之所以要让唐僧师徒去走这十万八千里，是因为能够让唐僧成佛的并不是那些经书，而是那条无可替代的取经之路，那是一条挑战自我、完善自我的路。"他们的这番提问和回答，赢得了大家的掌声，也说明了他们对书中的人物塑造和作者的创作思想有了很深的认识。

（四）心智成长

"荐书会"的活动，让同学们畅所欲言，分别说说这部名著的价值何在，并结合自身的经历写一段推荐语。这一环节中我们看到了同学们的概括力、语言表达力在本次活动中的提升，也看到了他们在阅读中心智的成长和思想的提升。

有一个同学写了这么一段推荐语，很好地诠释了他喜欢这本书的理由：

"高尔基曾经说过：'读了一本书，就像对生活打开了一扇窗户。'的确如此啊，《西游记》就为我的生活开了一扇大窗。

唐僧师徒四人上西天取经，一路上遇到了九九八十一难，这一串数字是他们创造出来的。他们不知经历了多少风雨，多少饥寒，但是他们不畏风雨阻挡，团结一心，成功靠着双脚，走向西天，取得真经。

唐僧作为他们的精神领袖，他有一种坚决的理念，那就是一定要走到西天取经。他那大慈大悲的品质，帮助他行走在去西天的征途上。

孙悟空是大家的'智多星'，一路上降妖除魔，为唐僧保驾护航，勇敢地战胜了红孩儿的三昧真火，凭借自己的神通广大，使得他们师徒四人平安到达胜利的彼岸，取得真经也顺利地被封佛。

猪八戒在西经路途上是大家的'开心果'。虽说他好吃懒做，但他有着有趣的灵魂，巧舌如簧，幽默风趣，让大家把烦恼抛之脑后，对师傅也是忠心耿耿。

沙僧似一头勤勤恳恳的'老黄牛'，天天只是挑担和看马，但是他脚踏实地、任劳任怨。他的实诚，也做出了巨大的贡献。

就是因为这样的团队精神——唐僧坚定不移，孙悟空足智多谋，猪八戒幽默风趣，沙僧吃苦耐劳。他们拧成一股绳，互补缺点，成功地走向西天，取得属于自己的真经。

俗话说：'人心齐，泰山移。'唐僧、孙悟空、猪八戒、沙僧，就是这么做的。向大家推荐这本书，也希望我们能与他们一样有团队精神，'众人拾柴，火焰高'！"

五、实践反思

通过这次的项目化学习，学生在阅读名著时不再专注于"有趣"的文字，也不再对故事的前后连贯及人物分析、语言品味毫不在意，更不再对人物形象的分析失之片面。大家在这次的学习中，培养了"无笔不读书"的习惯，培养了自主深入分析文本的习惯，培养了全面分析人物形象的习惯。这是很大的收获与成功！

参考文献:

[1] 中华人民共和国教育部.新版课程标准解析与教学指导 初中语文[M].北京:北京师范大学出版社,2022.

[2] 义务教育教科书(五·四学制) 教师教学用书语文 七年级上册[M].北京:人民教育出版社,2016.

7 探索语文跨学科学习路径

——以《一滴水经过丽江》为例

初中语文学科　胡乐超

一、实施跨学科语文阅读教学的意义

随着《义务教育语文课程标准(2022年版)》的公布,跨学科学习作为六大学习任务群之一,成为当下语文教育的热点新名词。新的课程标准规定,初中语文教学应强化学生的学习和知识运用能力,加大跨领域研究的力度。这一行动的基本目标是开阔学生视野,提高其语文水平。在以往的阅读教学中,教师更多引导学生关注遣词造句、谋篇布局,但在此过程中,由于教师的跨领域思考不足,不能充分挖掘阅读素材中有关其他科目的知识,这对学生的发展产生了一定的制约。如果教师能改进教学方式,根据教材适当采用一些跨学科的教学模式,或许能从更宏观的视角来指导学生阅读,使其对文本产生多重理解,而不仅仅局限于语言文字层面的学习,同时对其他领域知识的学习也会有所助益。

跨学科学习的内涵,不是简单的不同学科知识的并列,而是在解决真实的问题中,运用不同学科的知识整合成新的理解。

时下,对于跨学科学习的研究,已经有不少研究成果,跨学科学习与多学科学习、超学科学习的区别也越来越为人们探讨。艾伦·雷普克在《如何进行跨学科研究》中,将跨学科学习定义为"回答问题、解决问题或处理问题的过程,它以学科为依托,以整合其见解、构建更全面认识为目的。"[1]在这段论述中,我们要注意三个关键词:问题、学科、整合。

"问题"意味着跨学科学习仍然指向真实问题和核心素养。核心素养是真实世界的问题解决的能力,因此跨学科学习就是"解决一个真实的问题,学生学习并创造性地整合不同学科的核心知识和能力,以形成整合性的项目成果和新理解"。[2]

"学科"强调语文学科的本体属性没有改变。如果我们在跨学科学习的过程中,单纯地体现东拼西凑的多门学科知识的拼接,那么只能称之为多学科的杂糅式教学,并不属于真正意义上的跨学科学习。假如在语文课堂上,纷繁复杂地夹杂着数学、科学、地理、历史等学科知识,那么这仅仅是在课堂上展示知识的并列,未必能真正指向语文的核心知识与关键能力。如此一来,既会让学生在课堂上无所适从,平添许多知识点,增加学生的学习障碍,也无法从根本上提升学生的语文核心素养。

那么,既然语文学科本位如此重要,为什么我们如今还是要推进跨学科学习呢?因为现实生活中,不少问题是复杂的,涉及多个学科的交叉整合。仅凭单门学科的知识,有时并不能完美又巧妙地解决;同时,当今时代比以往更需要学生们具备综合素养,因此我们既要立足于语文学科本位的立场,又不能局限于分科教学。也就是说,我们既要深深扎根于本学科,又要整合不同的学科知识和思维模式,拓宽学科视野,努力做到让学生学会运用不同学科知识和思想方法来解决实际问题,这才是进行跨学科学习的意义所在。

正如跨学科教学其本意所指出的,跨学科教学要以一门学科为中心,选定一个主题,并围绕该主题从不同学科的角度进行研究。所以在跨学科视域下开展初中语文阅读教学,需要教师从多个学科角度来进行教学活动设计,通过多学科交叉教学,打破传统的以学科为中心的教学模式;同时,通过对学科间的整合,形成整体均衡的教学系统。在语文阅读教学中,跨学科思考就是要打破语文和其他学科的界限,把其他学科的知识引入阅读教学中,或者从其他学科的角度来理解阅读技巧,重点就在于体现阅读素材和技巧的综合性。

在语文教学中,阅读教学是非常关键的,它在提高学生的阅读能力、人文素质方面起到举足轻重的作用,同时,它又能在一定程度上促进其他科目的学习。所以在教学中,教师要善于运用归纳、对比、分析等多种方法,指导学生深入思考阅读模式。作为一名语文教师,要站在更高的角度,既要抓住学科本位,又要在实践中重视学生综合素养的培养,而不能只停留在词、句、段的简单阅读之上;要指导学生从阅读的角度来看待问题,来开展多学科间的交流,提高阅读的深度和广度。

二、确定基于教材的语文跨学科学习任务序列

《义务教育语文课程标准(2022年版)》指出,课程内容主要以学习任务群的方式来组织与呈现,并首次提出了"跨学科学习"任务群。[3]根据内容整合程度的不断提升,学习任务群分为基础型、发展型和拓展型三种类型。其中,"跨学科学习"任务群作为拓展型学习任务群,主要有以下特点:注重学科整合,延展学习时空;综合学科能力,解决真实问题;开阔学科视野,提升素养内涵。

我尝试以八年级下半学期语文第五单元《一滴水经过丽江》为例,探索"跨学科学习"任务群的设计与实施。第五单元以"学习游记"为人文主题,指出"旅游是一种阅读,是认识世界的另一种方式",所选的课文都是游记。"阅读这类文章,随着作品去想象和遨游世界,可以让我们丰富见闻,增长知识,开阔眼界"。在学习要求中,教材明确指出:"学习本单元,要了解游记的特点,把握作者的游踪、写景的角度和方法,并揣摩和品味语言,欣赏、积累精彩语句。"根据"游"和"记"这两者之间的交汇点,我将"读懂游记"作为统领单元学习的基础情境,以此来设置学习目标。

《一滴水经过丽江》这篇课文的文本特质是以第一人称写了"一滴水"的旅行,从古代到现代,从雪山到古城,全方位、多角度地展现了丽江的自然景物、人文风情。它的构思非常精巧,视角尤为新颖,相比于其他游记,这篇课文最大的特点就在于独特的视角选择。八年级的学生对于不同类型的游记已经有了一定的阅读与了解,但是在游记写作时依然局限于诸如移步换景、由远到近、由上到下等单一维度。学习了这篇课文,希望学生能拓展思路,掌握利用第一人称、象征化的形象来写游记的思路。如果要整合以上要素,可以提取出核心概念及选择合适的视角,写景抒情。这样的核心概念不单单体现在《一滴水经过丽江》这一篇课文,也可以迁移到别的游记、传记等各种题材。

基于新课程标准和教科书的要求,把握跨学科主题,在其中凝练育人价值,是跨学科学习的基础。站在语文学科的基础上,明确跨学科学习任务群的学习目标,才能更好地实现"跨出去"的有效施行。语文的跨学科学习具有鲜明的语文学科特征,只有坚持"语文为主,其他学科为辅",通过寻找发现语文学科和其他学科在内容、主题、能力等维度的深度关系,打破学科壁垒,将不同学科知识进行有意义的关联,才能够拓展学生的视野,更好地提升语文核心素养。以本单元为例,我根据单元目标要求,围绕"读懂游记"的主话题,预先对涉及的相关学科知识进行梳理,形成跨学科主题学习活动"知识图谱",构建跨学科学习的立体化网络。(图1)

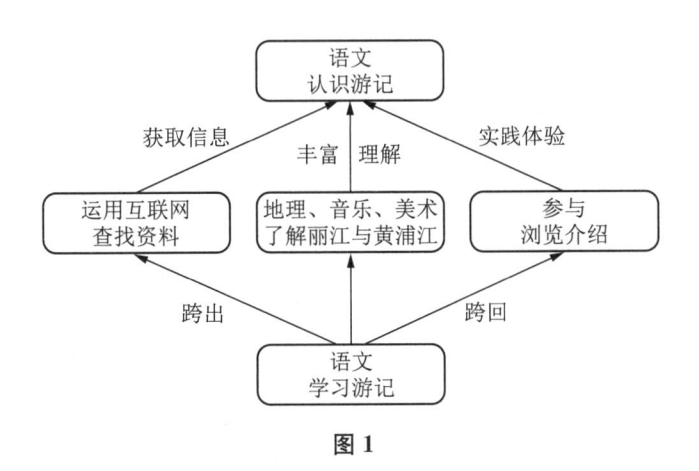

```
                    语文
                   认识游记
        获取信息    丰富 ↑ 理解    实践体验
     ┌─────────┐  ┌──────────┐  ┌─────────┐
     │运用互联网│  │地理、音乐、│  │  参与   │
     │查找资料  │  │美术了解丽 │  │浏览介绍 │
     │         │  │江与黄浦江 │  │         │
     └─────────┘  └──────────┘  └─────────┘
             跨出              跨回
                    语文
                   学习游记
```

图 1

确定了主题之后,就要思考跨学科学习应如何开展。我通过拓宽学习的领域,建构起情境、时空、思维的交互,充分开展语文学习活动,让学生积极地参与跨学科学习。因为语文学习情境是源于生活中对语言文字运用的真实需求的,服务于解决现实生活的真实问题的,所以我把引导学生在真实生活情境中运用语言的能力,和单元学习内容,学生的家庭生活、社会生活、学校生活相联系,设计层层递进的学习任务,逐步提升学生的语文学习素养。

2023 年 5 月 23 日,就在本单元的学习过程之中,我校又迎来了陕西省延长县教师团队赴上海市实验学校东校参加两地三校"兴教助学"跟岗学习活动,那么不妨让学生在学习本单元之后,运用语文知识,向延长县的老师们有条理地介绍上海的特色景点——黄浦江。所以在《一滴水经过丽江》的学习中,我设置了如下主题情境和学习任务:

单元核心任务	任务序列	任务内容
写一篇第一人称的游记,介绍上海的特色景点——黄浦江	任务一:我们眼中的黄浦江	1. 基于单元主题情境,了解单元学习任务; 2. 学习《一滴水经过丽江》,领略丽江风貌; 3. 明确研究对象——黄浦江,组建学习小组
	任务二:探究黄浦江的历史	1. 任务驱动:如果向延长县老师们介绍黄浦江的历史,怎样有条理地介绍?预想学习成果。 2. 尝试结合其他学科知识,围绕一个主题把黄浦江的历史用一段话介绍清楚
	任务三:走访黄浦江畔景点	1. 任务驱动:假如你是导游,如何向延长县的老师们介绍黄浦江畔的景点?预想学习成果。 2. 借鉴《一滴水经过丽江》第一人称的写法,以讲解员的身份,介绍黄浦江两岸的景点

(续表)

单元核心任务	任务序列	任务内容
写一篇第一人称的游记,介绍上海的特色景点——黄浦江	任务四:欣赏一幅黄浦江的画	1. 任务驱动:如何向延长县的老师们介绍刘海粟的作品《外滩风景》? 预想学习成果。 2. 结合《一滴水经过丽江》描写丽江古城段落的写法,运用美术、信息技术等其他学科的知识与技能,以讲解员的身份,介绍这幅画的内容。
	任务五:讲述一段黄浦江的故事	1. 个人学习成果展示,说一说自己与黄浦江的故事; 2. 小组多形式展示活动成果,推介文化:手抄报、朗诵、微视频等; 3. 交流分享,落笔形成一篇第一人称的游记,评比"浦江之星"

延长县教师团队本次来到上海开展交流学习活动,还未必有时间去上海浦江之畔走走看看,所以实验东校的学生能为老师们介绍这一上海景点,深受老师们欢迎,也能激发学生探究问题、解决问题的兴趣和热情,开展有实际意义的学习。在"读懂游记"主题的统领下,进行单元学习的内容归整,有序地推进课文的学习任务,组成语文与生活的联系,注重语文基本素养"听""说""读""写"的内在联系,融会地理、美术、信息科技等多个学科的知识领域,学习的空间从课堂延展到了浦江之滨,让语文的学习更加体现"生活化"。

三、归整驱动任务,构筑评价体系

跨学科学习是解决问题的过程,就是"以问题解决为路径,使学生在真实的问题情境中解决蕴含子概念的系列子问题"。[4]通过任务驱动来激发学生的学习兴趣,让学生在开放式的任务中整合不同学科的核心知识与关键能力,探索不同的解决方法。《义务教育语文课程标准(2022年版)》指出:"引导学生在完成任务解决问题的过程中,积累语文学习经验。"[5]跨学科学习任务群的活动要围绕"设计、参与、调研、展示",引导学生开展自主、合作、探究性学习,摆脱低层级的思维模式,在实践中运用分析、综合、评价和创造等高阶思维。

整个跨学科的学习过程以任务驱动的方式进行,同时由于整个学习任务的综合性和开放性,学生最后呈现的结果也是多元化的。有的小组选择了浦江之滨的景观,以第一人称的视角,描绘了浦江日新月异的新貌;有的同学选择了浦江的历史,通过刘海粟的传世画作,再现黄浦江百年的沧海桑田;有的同学还通过查阅资料,找到了历史上与黄浦江有关的名人,重现文化场景,将自然与人文巧妙结合,给人留下了深刻印象。尽管不同小组选择的主题和学习内容都有差异,但是在整个过程当中,学生以自主、合作、探究的方式,运用不同学科的知识和能力,解决了同一个问题,并最终完成了最大概念的建构学写游记。

在日常语文教学中,教师应巧妙地运用跨学科学习的思路,利用其他学科的知识和经验来对本学科教学进行有效延伸。一方面能使学生在实践中提升语文素养,另一方面也使学生在知识的迁移过程中体会到学习的乐趣与成功的喜悦,这必然会成为不绝的学习动力。所以语文学科的跨学科整合,应该基于语文学科的本质特征,而又要有所超越。语文学科的范畴应该在扎实语文学科教学的基础上,科学地整合其他学科的知识;应该立足于学生的语言实践,达到高阶整合的能力要求。这样既可以引导语文学科教学的深入发展,又可以实现语文学科学习领域的有效拓展,从而有效提升学生的语言文字运用能力。

参考文献：

[1] 艾伦·雷普克.如何进行跨学科研究[M].北京:北京大学出版社,2022:10.

[2] 夏雪梅.跨学科项目化学习:内涵、设计逻辑与实践原型[M].课程·教材·教法,2022,42(10):78—84.

[3][5] 中华人民共和国教育部.义务教育语文课程标准(2022年版)[M].北京:北京师范大学出版社,2022.

[4] 李松林,贺慧,张燕.深度学习设计:模板与示例[M].成都:四川师大电子出版社有限公司,2020:25.

8 阅读名篇　演绎经典

——九年级语文跨学科项目化学习方案

初中语文学科　邓　彦

【项目主学科】　初中语文

【相关学科】　历史、心理、表演

【项目时长】　15课时(课内)＋若干课时(课外)

【项目背景】

九下语文统编版教材第五单元是一个"课本剧"主题的活动探究单元,教材设计了"阅读与思考""准备与排练""演出与评议"三个任务,旨在引导学生全程参与阅读剧本、选择剧本、改编剧本、分工合作、排练演出、评议写作的每一个环节,构成一个完整的活动体验。

第六单元是初中语文教材中的最后一个文言诗文单元,包含《曹刿论战》《邹忌讽齐王纳谏》《陈涉世家》《出师表》等几篇经典文言散文和五首古诗词。语言上的障碍、历史的年代感让这个单元的学习颇具难度,也容易让学生产生畏难情绪。

新课标提出"语文学习任务群"和"跨学科学习"的概念[1],对于整合学习资源、打破学科之间的壁垒,以及在真实的生活情境中学习语文、切实提高语文实践运用的能力提出了新的要求。同时,由于临近毕业考,九年级语文的教学也面临着时间紧、压力大等困难,对教学设计的优化和教学效率的提高也有更迫切的需求。在此基础上,我们设计了以下跨学科项目化学习方案,让学生在完成项目任务的过程中,一方面加深对课内古诗文的理解,优化学习成果;另一方面在戏剧排练演出的具体实践中发展语文核心素养,提升解决实际问题的能力。

【核心素养】

1. 核心知识

(1) 了解戏剧、剧本的基本知识;

(2) 理解《曹刿论战》《邹忌讽齐王纳谏》《陈涉世家》《出师表》的内容,把握人物形象；

（3）了解战国、秦朝、三国时期的古代生活方式及服饰文化特点。

2. 核心能力

（1）通过课本剧的改编与创作，把握戏剧的基本要素，掌握剧本写作的一般方法；

（2）通过小组合作进行课本剧表演，提升沟通合作、舞台表现、审美理解、宣传推介等多重能力。

【入项问题】

离歌声声，毕业在即，本班拟在毕业典礼上进行古装课本剧汇报演出，选定第六单元的古诗文作为演出的备选剧目。

请你为演出献计献策，共襄盛举。

【项目成果】

1. 原创课本剧本若干。

2. 剧目海报若干。

3. 班级范围内课本剧演出一场。

【实践过程】

一、头脑风暴（1课时）

问题：要举办课本剧汇报演出，我们需要做好哪些准备工作？

这个环节鼓励学生运用思维导图，从课本剧表演、演出安排、宣传和评选几个主要问题出发，逐一列举出项目进行过程中需要做的准备工作。（详见图1）

二、项目准备

1. 全班成立4个剧组，每组12人；

2. 推选导演1名，负责组织小组内部的学习讨论和演出排练等事宜；

3. 确定剧务2名，负责准备服装、道具、布景、配乐等；

4. 确定编剧2名，负责创作、修改剧本；

5. 确定宣传2名，负责创作剧目海报，进行剧目宣传；

6. 确定演员若干名；

7. 由历史、美术等学科教师补充有关知识拓展内容，制作成资源包，发给各小组学习观摩。

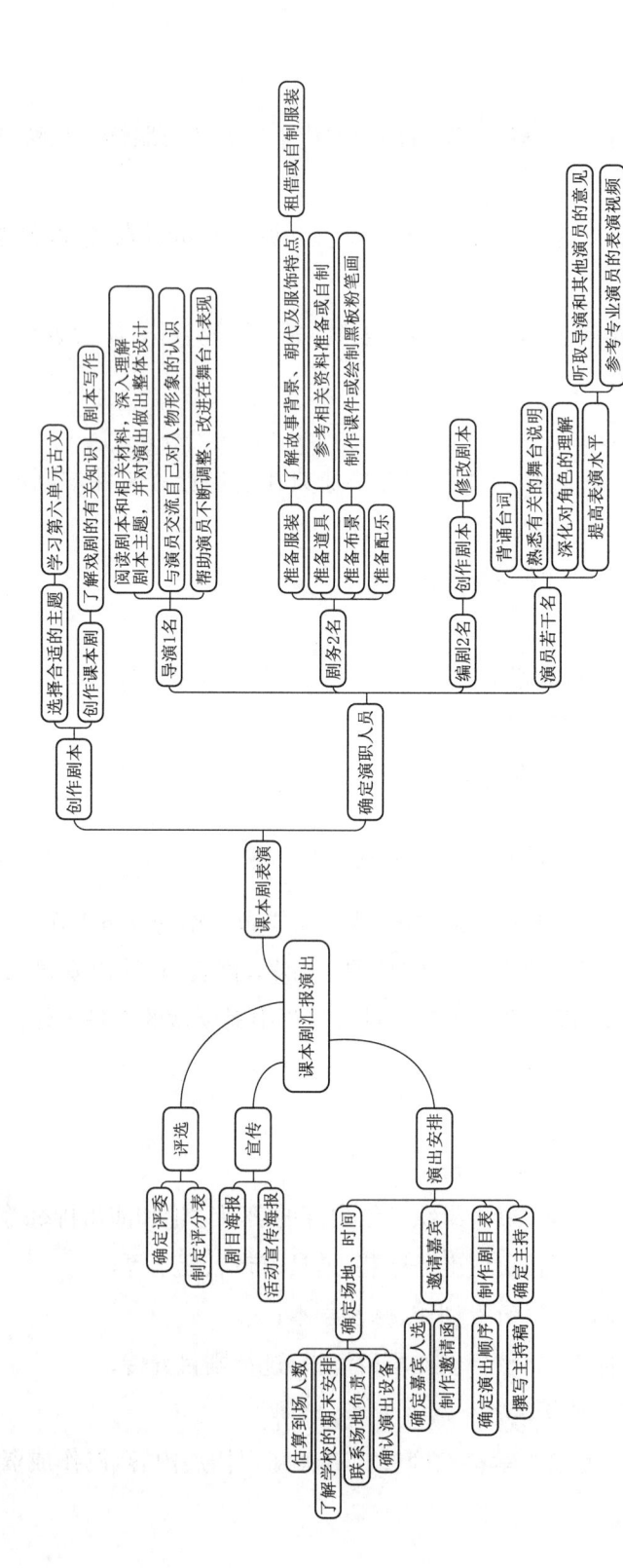

图 1 运用思维导图列举需要做的准备工作

三、知识与能力建构

（一）通读第五单元的优秀剧本选段，把握戏剧的要素和特点，为后面的剧本创作做好准备。（3课时）

1. 在教师指导下，小组共读第五单元，可以选用适当的思维可视图来呈现阅读成果。（详见图2、图3）

例如：

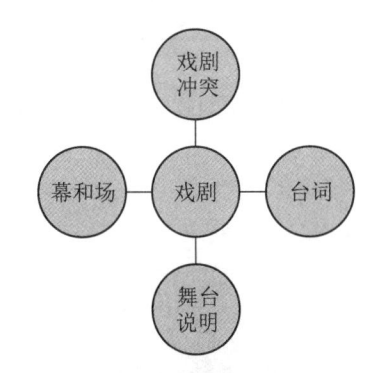

图2 用气泡图呈现戏剧要素

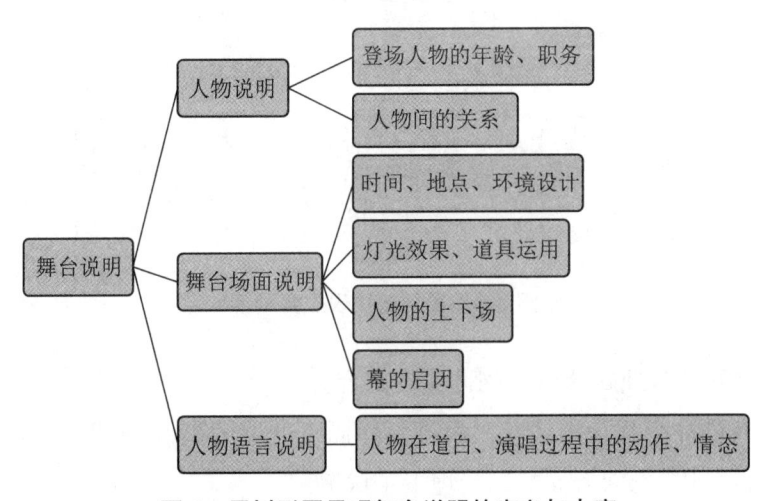

图3 用树形图呈现舞台说明的定义与内容

2. 以其中一部戏剧为例，把握戏剧冲突，并用思维可视图来呈现阅读成果。

（1）浏览教师提供的资料包中的相关内容，明确什么是"戏剧冲突"。（详见图4）

戏剧冲突（conflict of dramaturgy），通过表现人与人之间矛盾关系和人的内心矛盾的特殊艺术形式。它来源于拉丁文 conflitus,可译为分歧、争斗、冲突等。同时也是戏剧中矛盾产生、发展、解决的过程,由戏剧动作体现出来。

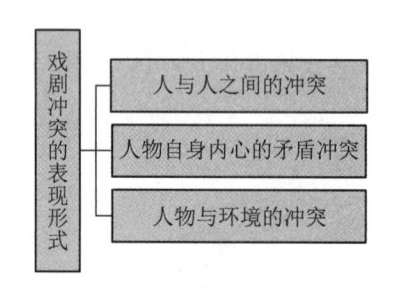

图 4　用树形图呈现戏剧冲突的表现形式

(2) 研读《天下第一楼》的戏剧冲突。

① 借助思维可视图梳理剧情。(详见图 5)

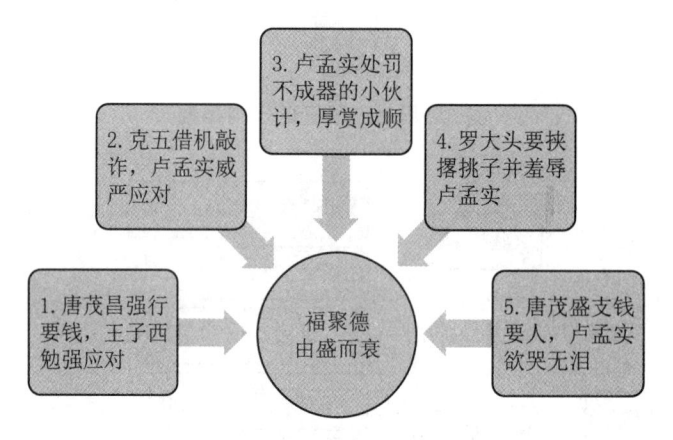

图 5　用因果链呈现主要剧情

② 分析图表,理解这些戏剧冲突的内容。

这些戏剧冲突都是围绕着福聚德由盛而衰的原因展开的,既揭示了福聚德由盛转衰的原因,也为后面的结局埋下了伏笔。

3. 朗读台词,感受戏剧特色,理解人物形象。

(1) 选择一部或几部感兴趣的戏剧,例如《天下第一楼》。小组内分角色朗读台词,充分感受人物形象特点。可以在朗读前准备一些小纸条,分别写上角色的名字,由导演指定将小纸条贴在谁的身上,谁就朗读相应的角色的台词,这样可以帮助学生更快进入角色。

例如：

➢ "我一撂杆不干，福聚德就得关门！"

这是罗大头在剧中的台词。罗大头是福聚德的"顶梁柱"，但他居功自傲，不识大体，恶习难改。他仗着自己的烤鸭手艺，要挟卢孟实，并当众揭开卢孟实的疮疤，羞辱卢孟实，是个时而可敬、时而可恨的人物。

➢ "额外的？这儿全是大爷的！"

这是福子的台词。他作为唐茂昌的跟班，主要是为唐茂昌管理演戏用的服装以及做其他杂物。他随着唐茂昌来拿钱，表现出小人仗势的猖狂、奴才谄媚的庸俗。

……

（2）分角色朗读完成后，小组内部交流这部剧的语言特点，为后期的剧本创作提供借鉴。

例：

① "京味话剧"的代表，语言带有浓郁的北京地方味道。

② 行业色彩非常鲜明。

③ 人物说话时的语气腔调比较难拿捏。

……

（注意：语文课上的话剧演出和排练，重在发展语文的素养，主要是对剧本的理解和把握，而非表演技巧。因此，欢迎每位同学根据自己的理解提出不同的演出建议，促进组内的交流合作。）

本学习环节结束后，各组准备一块展板，将自己小组的可视化学习成果分区域粘贴在展板上供全体同学传阅。如发现缺漏或需要补充的内容，其余小组可以用彩色便利贴来进行提醒，或对其他小组的阅读成果进行鼓励与评价。

例如：

表1 小组学习成果展板

我们的学习成果	我们的发现和心得

(二) 学习第六单元课文《曹刿论战》《邹忌讽齐王纳谏》《陈涉世家》《出师表》,理解文章内容,把握人物形象。(8课时)

四、确定剧目(1课时)

(一) 小组投票从第六单元的古文中挑选最喜欢的一篇来进行改编,票数最多者胜。

投票环节由各组组长来主持。可在展板上写好六篇古文的标题,然后由组员逐一陈述自己的观点及理由,并将自己的观点简要书写在便利贴上,陈述完以后就将手中的便利贴贴在这部剧的后面。投票结束后,由一人负责清点票数。

表2 小组投票

剧　　目	我投票的理由
《曹刿论战》	
《邹忌讽齐王纳谏》	
《陈涉世家》	
《出师表》	

可结合观众的兴趣点、组内演员自身的外形和个性特点、剧本创作的难度、戏剧冲突的表现力、戏剧人物的个性特征、舞台道具及人物衣着的安排等方面,多角度陈述理由。此环节重在让组员充分表达自己的观点,也能促进对课文内容及戏剧表演知识的充分理解与融合。可视化的投票结果有助于帮助组员复盘讨论过程,并加深印象。

(二) 组内讨论。

确定剧目之后,导演召开讨论会,围绕剧本创作的要点、独幕剧和多幕剧的选择、戏剧冲突的表现等内容展开组内讨论,确定剧本的基本形式及内容概要。保留书面的会议纪要,供排练时查询。

五、课本剧和评价表准备

(一) 各剧组内再次明确分工,开始筹备。

1. 编剧:根据小组讨论结果和课文内容创作剧本。
2. 宣传:根据戏剧人物或戏剧冲突等相关内容,构思、绘制剧目海报,制作邀请函。

3. 导演:组织排练,给演员说戏。

4. 剧务:准备服装、道具、布景等。

鼓励导演写一写《导演手记》,对创作意图和完整构思进行说明。可以提纲挈领地谈主要问题,也可以写得具体、细致一点,为整个项目留下一些过程化的成果。内容一般涉及以下几点:

1. 对剧本立意、主题思想、时代背景等方面的阐释;

2. 对剧中主要人物的分析;

3. 对剧中矛盾冲突的理解与把握;

4. 对表演、美术、化妆、服装、道具、音乐、布景等的构思和要求。

(二)根据各小组排练体验,总结归纳:优秀课本剧有哪些评价标准?小组围绕以下问题讨论,制作评价表。

例:

怎样的剧本才算是优秀的剧本?

演员的表演过程有哪些难点?

服装、道具在一部剧中的重要性?

剧目海报怎样才能吸引更多观众的注意?

……

表3 九(5)班课本剧比赛打分表

项 目	评分标准	分值	得分
剧 本	源自课本、主题突出鲜明、情节流畅	20	
	内容编排合理,符合历史情境	10	
表 演	大方得体,表演逼真	20	
	表情丰富、投入,具有一定的表演技巧	10	
	配合默契,控场能力强	10	
服装、道具、化妆	服装道具齐备,符合剧情需要	10	
	化妆造型符合角色身份,能表现人物特征	10	
宣传海报	剧目海报具有美感、令人愉悦	10	
总 分		100	

制作评价表，一方面是为全班选出一部剧作为毕业典礼的演出剧目做准备；另一方面，在制作过程中，可以帮助大家回顾课本剧排练的要点，加深对项目的理解。

（三）各剧组自行排练，并形成成果。

1. 宣传员绘制剧目海报若干。

2. 设计剧目表、卡司阵营等。

3. 课本剧初步成型。

六、出项：公开成果

（一）提前一周展示各剧组海报。（在阳光房用易拉宝或在各楼层宣传栏张贴）

（二）提前一周送达邀请函。

（三）班级举行课本剧比赛，邀请评委和大众评审一起打分，评选出"最佳课本剧"一名，最佳导演、最佳服装、最佳海报等奖项若干。（2课时）

附资源包：(可扫码查看)

参考文献：

[1] 中华人民共和国教育部.义务教育语文课程标准(2022年版)[M].北京：北京师范大学出版社,2022.

9 一部电影与作文教学一二三

——兼谈如何写人物、讲故事

初中语文学科 胡宜海

《我和我的祖国》这部电影我刷了两次，一路收获了期待和感动，电影中的很多场景和人物都能触碰到心底的某个角落，牵动观影人的国家情怀和民族记忆。

总导演陈凯歌说："有一些主旋律电影，比较流于口号化，你看不到生动鲜活的人，都是事情。"正是基于这样独特的认识，电影以平民百姓的视角切入，通过历史洪流中的小人物去讲述我的祖国故事。

新课标中明确提出"观察周围世界，能不拘形式地写下自己的见闻、感受和想象，注意把自己觉得新奇有趣或印象最深、最受感动的内容写清楚""能清楚明白地讲述见闻，说出自己的感受和想法，讲述故事力求具体生动""乐于参与讨论，敢于发表自己的意见"等习作、表达方面的要求。那么，如何写好这类文章？教师又该如何指导呢？其实，万物自有其道，正如电影拍摄有其技法，文章也有其章法。1946 年，美国著名教育家爱德加·戴尔出版发行了《教学中的视听方法》，最早提出了把影视资源运用到教学的理念。[1]恰当引用电影拍摄技法指导学生写作，可以消除学生写作时的畏难情绪，提高学生的写作兴趣。

我们最近在写人物传记，也是这般道理，首先要把人物写得生动鲜活形象，跃然于纸上；其次把人物的命运和特点融汇在时代的历史洪流中，人物要和时代一起成长。人物传记要写好，除了参照人物传记自评表，还能够根据这部电影来写，具体可在以下五点再下功夫。

一、人物要讲话，方言为先

电影中黄渤饰演的林治远按照史实，其实应该是天津人，当时担任北京规划设计院总工程师。但是在塑造人物的时候，为了呈现一个典型的知识分子形象，他说的是江苏盐城的方言。也唯有如此，工程师老林这个角色从最初稍显局促窘迫的状态,到后来为了升旗不惜一切,形成了人物的强烈反差。人物生动起来,如果是天津口音未必会有对比感,未必给人深刻的印象。值得一提的是,林治远的家属对于黄渤的演绎也很喜欢。这就是人物塑造源于生活,高于生活。

整部电影中方言随处可听,有上海话、粤语、四川话、河南话、西北话等方言,比如大家用上海话焦急地叫东东"摈牢摈牢,勿要动",听来分外亲切;又如听爬旗杆的小伙子用北京方言,溜下旗杆说道:"天桥的手艺,擎好吧您呐",让人忍俊不禁;表叔用广东话吟诵:"故地有月明,何羡异乡圆",音韵铿锵,顿生情愫;十三岁的汶川小孩用浓重地四川口音说:"没得,啥子额"时,大家一下子被拽回到2008年的汶川;甚至还有英文:"this one more detail … car one, car two, go"带入感很强,身临其境,香港回归,爱国之情油然而生。

平时常说记叙文中至少一处语言描写,人物才有可能跳出来,如果人物传记再用上方言去塑造形象,更是如虎添翼。

二、人物要有戏,细节为要

"细节、细节、还是细节",电影中有这么一句台词,其实也诠释了人物要有戏,细节万万不可少。旗杆高22.5米,布线257米,旗杆的阻断装置阻断球需要锡、铬、镍,大家捐自己的眼镜、孩子的长命锁、珍贵的收音机、一直不离身的烟斗、清华实验室仅存的一块铬矿石,甚至林的妻子送来的食物"驴打滚",种种物件的细节,无一都撑起了一部大戏,人物形象再细节中熠熠生辉。

同时,动作的细节和物件的细节一样,也让人物有戏了。还记得林工程师标志性动作细节是作揖,一激动就作揖,这让一旁的军人杜干事不屑一顾。到最后,杜干事激动时竟然不是敬军礼,取而代之的是标准的作揖,以示对工程师为国尽心尽力的感激。

当然,一本书《青春之歌》,一块印有五星的乒乓球拍,电视里的霍元甲,电视广告雁舞电器,也是一直牢牢地烙印在观众的心中。还有从高高的烟囱纵身一跃的小女孩,一口黑牙的细节,让人读到一股子牛劲,产生一种特别的怜爱之情。

三、人物要出彩,颜色勿忘

参与制造原子弹工作的高远戴着厚厚的白口罩伫立之时,红鼻血从口罩里一点点透出;原子弹试验成功后,红旗招展,白纸红字的号外,红色的海洋一片,高远米色的外套,前女友蓝灰色的咔叽布外套,格外耀眼;葛优的白花花的光头与红鞋子;回乡的兄弟俩,站起来,在红柳吐芽,白昼流星之际;电影结束时的青山绿水和雪山,都漾在红色海洋中,就连金黄色的稻田最终也定格在由红稻穗黄稻穗组合而成的五星红旗中,象征丰收、果实、希望和富足。

难怪不少作家在刻画人物时,颜色总是他们恰到好处的底牌和王牌。

四、人物要放慢,定格为大

慢镜头一:林工程师爬上旗杆,装好阻断装置后走出天安门,是慢镜头,最后高兴一跳定格为历史瞬间,瞬间成永恒。

慢镜头二:高远在红旗的海洋中,慢慢摘下口罩,极慢极慢,细描神态和牙齿,原子弹爆炸定格为永恒。

慢镜头三:红旗从冬冬头顶上铺展开,红艳艳,耳畔是弄堂里中国队加油的声浪,放慢节奏,左右为难的东东重奔上去,扯到床单,与此同时小美也奔回,电视中美国队垫球垫飞,镜头越来越慢的同时,情感自然到了极致。

慢镜头四:香港回归前的最后12秒,12秒放大放慢,象征回归之路。

启示:我们写人物传记时,重要的事情要放慢节奏,慢慢写,反复写,不惜笔墨写。

五、故事成篇章,散珠线牵

作为拼盘电影,更需要线索。七个故事,如何衔接,除了内在的爱国情感线索,也要有外显的物线。时间线索有,草蛇灰线有,物线更不可少。每一个故事讲述前,都有笔和纸的环节,象征这一切都写入历史,白纸、不同颜色的字,都将深深镌刻在共和国的成长历程中。毛笔、英雄钢笔、白纸黑字、黑红铅笔、蓝笔字、钢笔、红格白纸、粗铅笔、粗纸张、书页翻动等都是历史最好的注脚。

总之,这是一部既有温度又有深度的电影,正是因为聚焦了祖国高光时刻背后最平凡的你我他,才能真正唤醒每位电影观众的家国情怀,唤醒所有中华儿女的共同记忆。这就是艺术的魅力,也是我们写文章要追求的方向。

此外,电影原定片名叫"我的祖国",陈凯歌导演加上了一个"我",叫"我和我的祖国";"历史瞬间、全民记忆",与影片的基调和立意"迎头相撞"。太多太多,从写作的角度也都能引起我们进一步思考。

电影没看过,建议去看;看过了,建议二刷、三刷。写作的节奏都藏在电影中。纸上得来终觉浅,绝知此事要躬行。

其实,电影是融合绘画、雕塑、建筑、音乐、文学、舞蹈、戏剧等表现手法的艺术,简单地说,一部电影的叙事方法、拍摄技巧、剪辑风格、画面特点等艺术方法都可以成为学生写作的范本。

美国心理学家布鲁纳曾说过:"对学生的最好刺激,乃是对所学材料的兴趣。"[2]学生接触到丰富多彩的影视资源,充满了新鲜感,激发了学生的写作兴趣。学生的学习能力、写作能力不是与生俱来的,学习中的各项能力不能割裂开来,而是在与真实情境的互动中习得,并逐渐融为一体的。

参考文献:

[1] 爱德加·戴尔(Edgar Dale).视听教学之理论[M].杜维涛译,上海:中华书局,1949.

[2] 布鲁纳.教育过程[M].北京:文化教育出版社,1982:101.

第二辑 数学

10 核心素养导向下小学数学课堂项目化活动学习的实践

——以《质量的初步认识》单元教学为例

小学数学学科　戴惟熙

小学数学核心素养是指在数学学习活动中，学生依托具体的社会生活情境，综合应用数学知识及相关技能，灵活运用数学思维方式，发现问题并且能够有效地分析和解决问题而形成的自身与社会持续发展所需的最具生长性的、基本的数学素养。[1]

教育部《义务教育数学课程标准（2022年版）》（以下简称《数学课程标准》）指出，小学阶段，核心素养主要表现为：数感、量感、符号意识、运算能力、几何直观、空间观念、推理意识、数据意识、模型意识、应用意识、创新意识。首次将"量感"概念从数感中独立出来，并列为11个核心概念词之一，成为当下研究的热点。

项目化学习以学生为中心，以解决实际问题为导向。在课堂教学中，项目化学习强调数学学习联系真实生活情境，学生分组合作、动手操作、自主探究数学学科知识。质量量感的建构是一个由直观到抽象的动态生成过程。通过项目化学习质量概念可以帮助学生提升量感水平。在合作交流、自主探究的过程中，积累量感学习的方法，可以促进学生数学抽象、直观想象等核心素养的发展。

一、数学项目化学习的背景

《质量的初步认识》是沪教版小学数学二年级下册第五单元的内容，本单元分为《轻与重》和《克、千克的认识与计算》两个部分。

二年级学生的认知发展正经历从前运算阶段到具体运算阶段的过渡时期，认识事物往往关注于物体的表象特征。质量作为描述物体基本属性的物理量，是自然科学的基本概念之一，[2]它的定义概括而抽象。但学生在日常生活中，已经对物体的轻重有一定的感性认识,这些经验是学生建立质量概念的重要基础。项目化学习立足于生活实际,以活动为载体,能够帮助学生在沉浸式的探究和学习中,培育数学学科核心素养。[3]

二、数学项目化学习的整体设计

(一) 以学生为中心,确定项目目标

立足于学生已有的生活经验,是整个项目化活动设计的原点。遵循孩子认知发展的一般规律,还原数学量感积累建构的过程,让学生亲身经历,通过活动探究,生成质量量感的知识脉络,发展学生的数学思维。

1. 通过超市问卷考察活动,知道质量检验合格是一个商品能够上架出售的重要指标。

2. 通过观察记录电子秤的使用和课堂实操称物读数的活动,学会使用工具正确测量物体质量。知道不同称量工具的用途和使用方法。

3. 通过称物、掂量等体验活动,认识质量单位:克、千克。并建立 1 克和 1 千克的实际重量观念,丰富对克和千克的感觉,培养估测物体轻重的意识,提高估测能力。知道克与千克之间的进率:1 千克 = 1000 克,体会到统一质量单位的重要意义。

4. 通过天平实验、测量比较等数学活动,运用逻辑推理比较物体的轻重,能够从众多物品中质检出残次品,正确完成质量检测的任务。

(二) 创设学习情境,设置"驱动问题"

根据本单元项目化学习的目标以及真实的问题情境,本次数学项目化活动的主题为"小小质检员养成记"。项目化学习的驱动性问题为"如何成为一名合格的质检员?"并分解为如下四个子问题:

子问题 1:超市上架一件合格的商品需要经过哪些质量检查?

子问题 2:超市工作人员如何知道商品的质量(净含量)?

子问题 3:日常生活中常用的质量单位有哪些? 为什么?

子问题 4:如何使用工具对商品进行质量检测?

(三) 构建"项目任务",引导学生探究

项目化学习要以学生的学情为起点,从学科课程标准与教材内容出发,设计驱动任务,将学科内容融入项目化学习中。教师通过探究项目的形式,对学生的知识盲点以及教材内容进行重新编排,以让学生解决生活中的实际问题为导向,以展示项目成果的方式呈现,满足学生的认知需求。[4]

小小质检员养成记

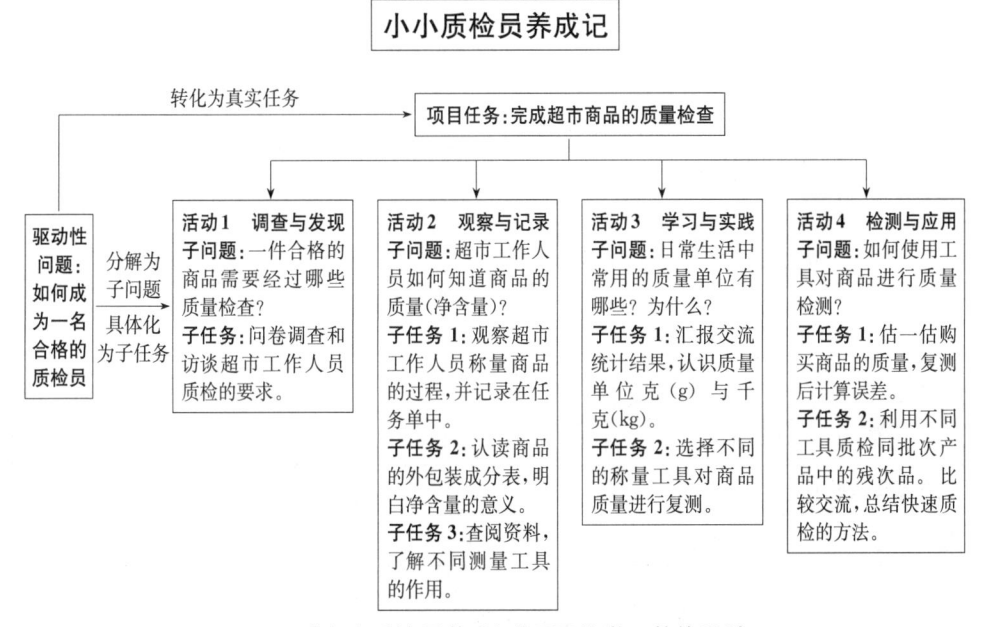

```
                    转化为真实任务      项目任务:完成超市商品的质量检查
                  ┌──────────────┬──────────────┬──────────────┬──────────────┐
驱动性    分解为  活动1 调查与发现  活动2 观察与记录  活动3 学习与实践  活动4 检测与应用
问题:    子问题   子问题:一件合格的 子问题:超市工作人 子问题:日常生活中 子问题:如何使用工
如何成            商品需要经过哪些  员如何知道商品的  常用的质量单位有  具对商品进行质量
为一名   具体化   质量检查?        质量(净含量)?    哪些?为什么?     检测?
合格的   为子任务  子任务:问卷调查和 子任务1:观察超市  子任务1:汇报交流  子任务1:估一估购
质检员            访谈超市工作人员  工作人员称量商品  统计结果,认识质量  买商品的质量,复测
                  质检的要求。      的过程,并记录在任  单位克(g)与千     后计算误差。
                                    务单中。          克(kg)。          子任务2:利用不同
                                    子任务2:认读商品  子任务2:选择不同  工具质检同批次产
                                    的外包装成分表,明 的称量工具对商品  品中的残次品。比
                                    白净含量的意义。  质量进行复测。    较交流,总结快速质
                                    子任务3:查阅资料,                  检的方法。
                                    了解不同测量工具
                                    的作用。
```

图1 "小小质检员养成记"项目化学习整体设计

(四)评价方式多样化,促进持续发展

数学课新标准的另一个重大变化,是根据《义务教育课程方案》的要求,把核心素养设定为义务教育数学课程标准的统领性目标,并具体表述为"三会":会用数学的眼光观察现实世界,会用数学的思维思考现实世界,会用数学的语言表达现实世界。同时,新课标也强调评价结果的呈现应更多地关注学生的进步,关注学生已有的学业水平与提升空间。[5]

因此,本单元项目化活动学习结合学生收获与改进综述评价方式,重点采取五分评价法进行量化评价,真正做到立足核心素养,评价内涵精细化;明确教学目标,评价指标多样化;关注学生发展,评价主体多元化。

评价作为项目化学习的重要一环,并非代表学习的终结,而是新的学习的有效起点。积极有效的评价反馈不仅反映了学生学习的情况,更能激励学生学习的主动性,提升学生的数学课堂学习效率。多元主体的评价方法更能保障小组之间的合理分工,团队协作,实现每个学生的个性化发展。

表 1　评价量表

小组名称：		组员名称：		
评价内容		评价方式		
		自我评价	小组评价	教师评价
学科知识评价	1. 能直接比较物体的轻重。			
	2. 会借助工具比较物体的轻重。			
	3. 认识质量的单位：克、千克。			
	4. 知道 1 千克 = 1000 克。			
	5. 能够较为准确地估测物体的质量。			
能力表现评价	1. 具有团结合作的意识。			
	2. 积极参与小组合作。			
	3. 分享交流自己的观点。			
	4. 客观公正地进行评价。			
我的体验与收获：				
我需要努力与改进的地方：				

（五）交流中展示，体会数学的生活性

为了让学生对《质量的初步认识》这一单元的知识内容进行有效梳理，课后，我引导学生小组合作完成《质量的初步认识》单元思维导图，并撰写一篇题为"小小质检员的一天"的数学日记，这既是对质量量感建立过程的回顾，也是有效地培养学生学以致用的意识。

三、数学项目化学习的实施策略

（一）生活中感知，建立表象，获得质量量感

关注学生的生活经验和已有的知识体验是《数学课程标准》的重要理念之一。在"轻与重"这节课中，大量展示生活中比较物体轻重的真实情景：通过物体的外观和已有的生活经验判断物体的轻与重；小朋友坐跷跷板比轻重（天平的雏形）；在橡皮筋上吊挂物体时，橡皮筋被拉长（弹簧秤的雏形）的现象。通过掂一掂、猜一猜、称一称的活动，形成了质量量感的表象认识。立足真实的生活情景，解决真实问题，唤醒了学生对轻与重经验的回忆，诱发学生学习的内在动力。

在学习《克、千克的认识与计算》前，设计超市调查任务单，以问题为导向、任

务驱动、小组合作调研的方式,在项目化学习的过程中自主探究:通过观察超市工作人员使用电子秤或盘秤的过程,学会使用工具正确测量物体质量;通过读取物品包装袋上的质量参数(净含量),明晰毛重和净重的区别;通过计算,获得大宗商品的质量。经历生活中真实的统计调查,从做中学,记录物体质量的数据结果,感受到"克和千克"知识的真实性、实用性和亲切性,积累关于质量量感的经验,为量感的建构做有效铺垫。

(二)操作中体会,初探本质,发展质量量感

心理学家皮亚杰认为:"智慧的鲜花是开放在指尖上的。"一语道出了动手操作的重要性。量感的建立离不开大量实践体验,《数学课程标准》指出:"学生的数学学习内容应当是现实的、有意义的,富有挑战性的,这些内容要有利于学生主动地进行观察、实验、猜测、验证、推理与交流。"这也符合项目化学习的核心理念。

在学习用工具测量物体的质量时,学生围绕子问题"超市工作人员如何测量商品的轻与重?"和"为什么日常生活中用克与千克作为质量的单位?"展开。在子任务的引领下,整个探究过程以活动为主线,把测量物体轻与重的全过程用"看一看""掂一掂""拎一拎""挂一挂""称一称"五个操作活动串联在一起,使整个课堂学习成为一个动态的教学活动整体。

在认识克与千克,建立1克与1千克的量感时,重视学生的真实体验,在使用工具测量质量前,给予学生大量的实操锻炼。数学课堂中,学生经过四次实践操作完成质量量感由感性认知到理性建构的升华。

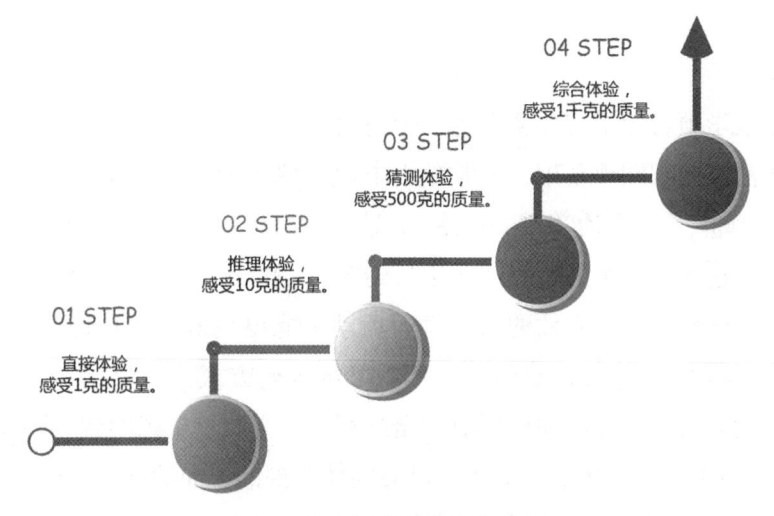

01 STEP 直接体验,感受1克的质量。

02 STEP 推理体验,感受10克的质量。

03 STEP 猜测体验,感受500克的质量。

04 STEP 综合体验,感受1千克的质量。

图2 四次体验逐步建立量感

（三）游戏中建构，深入本质，强化质量量感

量感的建立起源于实际生活，用于解决真实情境中的实际问题。项目化的学习不是空中楼阁，通过独立探究掌握的知识能更有效地应用到生活中。因此，本单元的随堂练习设计以游戏为载体，增添了问题的趣味性，也激发了学生的积极性。

游戏一：小组合作将残次品从多个相同商品中质检出来。通过挂橡皮筋，观察拉伸长度的直接比较；借助自制简易天平，两两比较、推理结果的间接比较；利用小圆片，运用任意单位进行比较；直接用电子秤测量，使用普遍单位进行比较……每个小组的方法不尽相同。汇报交流后，同学们不仅更加系统地掌握比较物体轻与重的方法，更能深入本质，建立质量的相关知识体系，强化质量量感。

游戏二："质量估估乐"。学生根据实物，估计物体的质量，随后用电子秤现场称量，误差在10克以内就可以获得该物品。这个活动极大地激励了学生学习的热情，既帮助学生明确了常见生活物品的质量，有效建立量感，在计算误差的过程中，也提升了学生数感的敏锐度。

（四）思辨中提升，理解本质，内化质量量感

1千克棉花与1千克铁比较，哪个重一些？二年级学生原本以形象思维为主，在项目化学习后，经历了实践探究和理性思考。课堂中学生自由讨论，正反方进行课堂辩论，在论证的过程中，学生运用所学知识，通过多样化的方法解决了问题，在大胆质疑、科学论证后体会了物体量化的优越性。

四、结语

小学数学项目化学习要从学生的学情出发，综合考虑学生的认知发展水平、已有的生活经验和知识基础。课堂教学中，教师设计驱动性问题，通过子任务搭建脚手架，唤醒学生主动学习的情绪，引导学生自主探究，充分体现了学生学习的主体性。这种从学生最近发展区生长的知识，才能扎根深，建构广，成体系。

新课标明确提出："有效的数学学习活动不能单纯地依赖模仿与记忆、动手实践、自主探索与合作交流是学生学习数学的重要方式。"项目化学习的方式让学生在活动的过程中经历知识形成的全过程。学生质量量感的建立不是由教师教的，而是孩子们在一次次活动中自己真实体验到的。在活动中，学生不仅掌握了知识和技能，更获得了积极的情感体验。

参考文献：

[1] 孔凡哲,史宁中.中国学生发展的数学核心素养概念界定及养成途径[J].教育科学研究,2017(06):5—11.

[2] 杭庆祥.质量概念梳理[J].中学物理教学参考,2010,39(11):19—21.

[3] 钱中平.项目化学习在小学数学教学中的应用[J].求学,2021(39):17—18.

[4] 陈云.项目化学习,让小学数学课堂更高效[J].求知导刊,2022(36):92—94.

[5] 中华人民共和国教育部.义务教育数学课程标准(2022年版)[M].北京:北京师范大学出版社,2022:90.

11 东校深度游之手绘地图

小学数学学科　范怡青

一、项目概述

"东校深度游之手绘地图"这个项目是根据沪教版数学的相关知识所设计展开的，涵盖了二年级下册、三年级上册《几何小实践》单元中的"东南西北"和"面积"的知识内容，引导学生在项目实践的过程中通过亲身实践更深入地了解、运用所学的知识，并最终完成手绘地图。在本项目中学生需要完成观察、测量、建模等任务，在实施过程中学生可以通过小组合作模式完成草图的绘制，并通过小组互评中给出的建议不断修正草图，确认绘制方案完成终稿。

二、挑战性问题

（一）本质问题

如何通过一系列实践操作自主完成一张手绘地图？地图的制作方式各种各样，除了常见的第三方地图，如百度地图、高德地图等，还有基于一定标准自行设计的地图，有用三维软件制作而成，也有通过探索观察结合自己创意所画的手绘地图。作为三年级学生，利用所学知识制作一幅手绘地图就是本次项目活动的主要内容，也是对自己的一次挑战。

（二）驱动性问题

对于这批学生来说，他们成为东校学子已经三年了，在这三年里除了自己的班级教室还去过美术教室、信息教室、阅览室、体操馆等地方，其中一定有着每个人最感兴趣的地方。因此我设计了一个驱动问题：如果有参观团或新的学弟学妹们来东校，怎样才能让他们尽情地探索东校校园？

问题一出，学生结合他们平时生活中探索景区的经验，自然而然地想到了导览地图这一方法，从而顺势引导出本次的项目活动内容。驱动性问题使学生主动思考需要完成的任务，该做哪些准备工作，需要收集哪些资料，调动学生主动探索问题的兴趣。

三、项目化学习目标

《义务教育数学课程标准(2022年版)》中提出:"项目学习教学以用数学方法解决现实问题为主,其目标是引导学生发现解决现实问题的关键要素,用数学的思维分析要素之间的关系并发现规律,培养应用意识和创新意识,经历发现、提出、分析、解决问题的过程,培养应用意识和创新意识。"[1]因此在设计本次项目活动时,我以课标为基准,确定以下几个项目化学习目标:

(一)提升数学核心素养

数学课程要培养学生会用数学的眼光观察现实世界,会用数学的语言表达现实世界。在这次的项目活动中,学生通过多次探索校园建筑,观察所在方位,估测占地面积等操作,确定需要画的教学楼在地图上所占的大小及位置,直观理解中间所涉及的知识,并通过绘制地图的方式,简约、精确地描述日常生活中的数量关系与空间关系,不断形成数学的表达与交流能力,发展应用意识与实践能力。

(二)培养多元思维方式

联想思维、发散思维是小学数学常用的思维方法。所谓联想思维,是沟通新旧知识的联系,能用已有的知识、经验解决新的问题,通过丰富的联想,运用知识的正迁移规律,使问题得到更顺利、更简捷的解决。拥有联想思维能力对学生而言至关重要,在本次的项目活动中,教师只负责颁布活动任务,学生需要通过任务名称联想这三年学的所有知识并进行筛选。大部分学生都能通过"地图"二字联想到方位,再联想到二年级时学习的"东南西北",又根据每个建筑的大小联想到刚刚学过的"长方形、正方形的面积",更有课外知识储备丰富的学生联想到了"比例尺"等相关知识,最后快速确定解决本次任务所需复习、运用的知识。

如果说联想思维是奠定任务的基石,那么发散思维就是帮助任务大放光彩的花。发散思维是指学生从不同的角度、不同的途径去分析问题、思考问题,在不断的推理、比较中选择最佳思路,找到正确答案。每个学生都有不同的生活经验,这使得他们每个人对同一事物有不同的见解。绘制地图这一任务本就没有标准答案,每个人都有不同的创作想法,因此本次项目活动进行了多次的"头脑风暴"。从小组成员讨论绘制地图需要收集哪些信息,到组与组之间探讨每组绘制的作品值得学习或需要改进的地方,每一次的讨论都是一次思维火花的碰撞,每个学生都在探讨中收获许多,每一幅作品都在打磨中变得更加出彩。

（三）健全数学品格

朱梧槚曾说:"数学有两种品格,其一是工具品格,其二是文化品格。"[2]在实践中培养学生思维严谨的工具品格和理性精神的文化品格,也是项目学习的目标之一。理性严谨的思维能够帮助学生更仔细、精确地发现实践过程中产生的问题,积累经验。本次项目活动中,无论是草稿的调整,还是探讨作品中的不足,都需要学生理性地看待当中出现的问题并加以改正。

（四）联系生活实际

我们常说数学源于生活,运用于生活,但是在日常的教学中,很难落实这一点。但项目化学习却可以将数学课上所学到的知识,灵活运用于实践中,学生通过亲身经历更深入地了解巩固所学知识。在本次项目活动中,学生通过多次探究校园认识到面积的大小、比例在绘制地图中的重要性,巩固知识之余,还对今后的学习产生了更深的期待。

四、项目评价

（一）项目自评表

由于这是三年级学生第一次进行作品评价,所以本次的评价项目设计相对简单。从"绘制项目、位置比例、数学知识、美观程度"四个方面进行评价,并根据评价结果谈一谈本次活动的收获及认为还需改进的地方,后续可以对作品进行进一步完善。

（二）小组互评表

评价标准与自评标准基本一致,能帮助学生快速发现小组之间的差距,取长补短。

（三）小组积分表

根据学生的年龄特点、心理特征设计了小组的积分表,督促他们在遵守纪律的基础上最大限度地自由合作、创作,并在组与组之间展开良性竞争。

操作要点:①评价表以小组为评价对象,兼顾个人;评价细则在每一个活动进行前都一一告知。②每项5☆,共计15☆,小组综评13☆及以上为"优",小组成员的个人评价则均为"优";小组综评 10—12☆的为"良",小组成员根据个人表现及成果贡献,由教师和组长共同商定"优"或"良";小组综评 9—10☆的为"合格",小组成员根据个人表现及成果贡献,由教师和组长共同商定"良"或"合格",个别有突出贡献的可以考虑评定为"优";小组综评 9☆以下的为"需努力",小组成员基本均为"需努力",个别同学可以根据表现得"合格"。

五、项目实施

（一）项目准备

研读教材相关知识点及教学目标,制定教学设计及评价标准;确定实施团队为"快乐活动日"成员;制作相关课件,确定驱动性问题;设计头脑风暴、活动任务,引导学生完成项目,收集项目过程性资料。

（二）入项

1. 组建团队

该项目实施团队为"快乐活动日"学生,这批学生来自三年级各个班级,因此需要学生互相了解并完成团队的组建,明确各自在团队中所担任的角色,快速进入角色进行实践活动。

2. 理解项目的背景和目标

提出驱动性问题,明确项目任务:我们成为东校学子已经三年了,在这三年里,除了自己的班级教室,我们还去过美术教室、信息教室、阅览室、体操馆等地方,其中有没有你最感兴趣的地方呢? 如果有参观团或新的学弟学妹们来东校,你是否可以给他们一张地图让他们可以尽情地探索东校?

3. 小组活动

（1）活动一:填写《____组内安排表》

① 确认组长、组员;

② 为小组起一个个性化的组名,做个性化的分工。

（2）活动二:明确头脑风暴规则,完成头脑风暴并进行记录

讨论:说一说感兴趣的校园景点或地方,如何深入了解这些地方?

（3）板书呈现小组讨论结果

① 分享感兴趣的地方;

② 确定需要收集的信息。

(三) 实施过程

1. 参观校园

子问题1:在参观时需要收集哪些信息?

各小组利用"快乐活动日"时间由教师带领至黑松路门口,再分小组参观,记录沿途所经过的场所,对应所在的位置,确定大致方位及所占的大致面积。

2. 绘制草图

参观校园完毕后,小组成员汇总信息,确认需要绘制的场所及它们的位置、所占的面积大小和绘制比例,并绘制草图(图1)。

3. 作品介绍

每组派成员介绍自己的作品,并说说自己觉得需要调整的地方,其余同学听介绍后根据自己的想法给出意见,各小组再继续调整完善草图。

4. 成品打磨

根据修改后的草图进行成品绘制,并进行上色,完成最终稿(图2)。

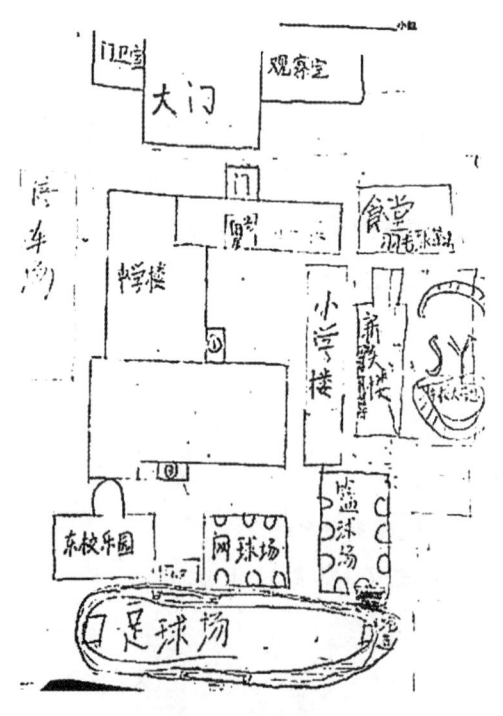

图1 草图作品　　　　　　图2 成品

5. 小组自评与互评

根据最终成品进行小组自评及互评，进行项目收尾、总结。

（四）成果展示与评选

采用线下展示、评选，线上推送展示的方式：首先将成品手绘地图进行项目活动班内评比，根据过程性资料及评比结果进行师评；其次根据最终评比结果选出优秀作品，将该组过程性资料及成品展示至学校微信公众号。

（五）项目成效

1. 建立知识与知识、知识与生活的联系

学生对于知识的理解掌握往往局限于某一节课内，知识与知识、知识与生活间的关联往往被学生所忽略。通过本次项目活动，学生能意识到原来像"东南西北""面积"这两个看似毫无关系的知识点，也能够联系到一起进行运用，为绘制地图服务。

2. 健全学生的数学品格

数学是一门严谨的学科，但是在平时的数学学习中学生难以体会。在这次草图的绘制中，学生发现东南西北的方位会影响场所的定位，教学楼面积大小会影响绘制时的布局，需要严谨的态度去对待每一步才能完成一幅布局合理的地图。

3. 体会数学之美

"生活中处处充满数学。"这句话对于学生来说不再是一句口号。通过这次的项目活动，学生意识到生活很多方面需要运用数学知识。在绘制地图的过程中，学生通过观察发现绘制时还会运用到长方形、正方形、椭圆形等常见的几何形状。通过合理的布局、上色，整个地图会变得美观、整洁，感受到了几何图形的美。

（六）项目反思

虽然之前也参与了一些项目活动，但是"手绘地图"这一内容是我第一个深入参与并完成的项目。在本次项目实施中，学生虽然能根据要求顺利、高效地完成手绘东校地图，但也存在不足的地方。我总结了以下几条，为我今后参与的项目提供设计与实施的思路：

1. 过程性评价很重要

在这次的项目活动中，共有两次过程性评价。一次是草图初步绘制后，一次是草图定稿后,但参观校园绘制地图共分成了3课时,对于个别小组来说,第一次参观校园进行记录后就需要过程性的指导、评价。这些小组一开始绘制草图时就发生了定位错误,由于缺少了这次的评价,导致在错误的基础上绘制,因此在初步绘制时他们才发现问题,只能擦光重来。

2. 充裕的时间很重要

本次项目活动的总体时间较为紧张,因此学生在完成作品时较为仓促,尤其是对推倒重来的小组来说更是困难,所以成品展示时很多小组都觉得没有达到自己心目中的理想水平。今后的活动中,还需要多留时间给学生进行发挥。

3. 不局限学生很重要

在一开始设计项目内容时,我设计的草图模板是方格纸形式。但是在后续操作时我们发现对于学生来说方格纸限制了他们的想象力、创作力。因此在发现这个问题后我们立刻调整了草图的格式——将方格纸调整成只给了黑松路定位的空白纸,之后第二次草图分享时我们发现学生交上来的作品更美观、更合理。

参考文献:

[1] 中华人民共和国教育部.义务教育数学课程标准[M].北京:北京师范大学出版社,2022:88.

[2] 孙宏安.中国古代数学思维[M].大连:大连理工大学出版社,2008:6—7.

12 多学科融合下的小学数学项目化学习初探

——以"阅读推广大使"项目为例

小学数学学科 苏佳怡

2022年4月21日发布的《义务教育数学课程标准(2022年版)》(以下简称《数学课标(2022)》)提出综合与实践是小学数学学习的重要领域,学生应在实际情境和真实问题中运用数学和其他学科的知识与方法,经历发现问题、提出问题、分析问题、解决问题的过程,感悟数学知识之间、数学与其他学科知识之间、数学与科学技术和社会生活之间的联系,累积活动经验,感悟思想方法,形成和发展模型意识、创新意识,提高解决实际问题的能力,形成和发展核心素养。[1]可见综合与实践活动聚焦多学科融合,以下就以三年级数学项目化学习"共沐书香文化,遇见美好数学"为例,谈一谈具体的导学策略。

一、创真实情境,解决真实问题

《数学课标(2022)》中强调"数学源于对现实世界的抽象",将课程总目标描述为"通过义务教育阶段的数学学习,学生逐步会用数学的眼光观察现实世界,会用数学的思维思考现实世界,会用数学的语言表达现实世界",即课程目标中强调学生与现实世界的联系。所以项目化学习活动创设的问题情境一定是真实、开放而又有挑战性的,必须与现实世界息息相关,这样才能激发学生们积极参与的兴趣。

本次"阅读推广大使"的项目化学习设计就在4月23日的"世界读书日"展开。1995年联合国教科文组织宣布4月23日为"世界读书日",希望借此鼓励世人发现阅读的乐趣,增强对版权的保护意识,并对那些为促进人类社会和文化进步作出巨大贡献的人表示敬意。活动首先请到学校图书馆的老师向大家介绍、展示校园图书馆的日常工作。受到启发后,教师提出了本次活动的驱动性问题:你是否了解你居家的书籍世界呢?

此驱动性问题的设计,首先给学生们创设了一个真实的情境——"居家书籍世界"展示活动,这一情境与学生们的现实生活息息相关,能引发学生们思考;其次给学生们打造了一个身份——"阅读推广大使",调动学生们"竞争上岗"的积极性;最后给到学生们一个明晰的数学核心知识——统计,学生们将经历书籍统计、分类整理、阅读调查、分析感悟等活动过程,体会统计与日常生活的密切联系,感知统计是有趣的、有用的,深刻了解数学的价值。也就是说,在进行驱动性问题设计时,要通过情境创设、身份介入、学法引导等方法多元转化驱动性问题,引导学生深入思考与探究,解决现实生活中的问题。

二、多学科融合,综合运用知识

项目化学习强调跨学科知识的整合,在帮助学生习得基本知识和技能的同时,培养其创新精神和实践能力,以贴近生活的情境为背景解决具体问题,培养学生发现问题、解决问题的能力。可以看出,项目化学习符合时代发展下社会对当代人才培养的需求。另外《义务教育劳动课程标准(2022年版)》中强调要将劳动教育与学生个人生活、校园生活和社会生活有机结合,丰富劳动实践体验,让学生养成良好的劳动习惯和品质,深化对劳动价值的理解。[2]

在"阅读推广大使"项目化学习第一阶段——"小小家庭图书管理员"中,学生先对自己所有书籍进行分类;其次,按类别统计出每一类书籍的数量,绘制统计表及条形统计图;最后,尝试整理自己的书籍。当然整理书籍的时候我们也要有所思考,该如何进行整理比较合理。大部分学生依托生活经验,将书籍以不同类别进行整理,但也有学生想到居家书籍世界可以按照"已读"和"未读"进行整理,方便快速寻找。通过这样日常生活整理书籍的一个劳动过程,学生能初步养成热爱劳动的习惯,形成主动承担责任的劳动意识,形成自觉自愿、认真负责、专心致志、有始有终的劳动习惯和品质。

三、借多媒工具,形成项目作品

小学数学项目化学习的标志之一:要有成型的作品和解决方案。既可以是成型的项目作品,也可以是解决方案,其形式多种多样,参与学生所掌握的知识和能力都能在其中有所反映。另外结合《数学课标(2022)》指出的要注重信息技术与数学教学的融合,要突破传统数学教育的时空限制,利用数字化平台、工具与资源开展学习活动的要求。本次数学项目化学习活动积极引导学生通过不同的形式,运用多种媒体公开发布学习成果,形成最终的项目作品。

在"阅读推广大使"项目化学习活动中,学生将学习成果制作成手绘小报、电子文档、网络视频,并以"阅读推广大使"的身份展示、介绍自己的项目作品,既实现了成果的辐射,又锻炼了包括表达能力等在内的综合能力。

四、重评价反思,提升学习经验

评价的根本目的是调动学生的积极性,使每个学生都能总结方法,积累学习经验。故在最终性的评价环节中,学生先利用"钉钉"浏览全部作品,再根据评价标准(1.内容是否完整正确;2.学习单是否详细清晰;3.成果是否美观简洁)进行客观的投票,最后评选出年级优秀作品在微信公众号推送学习。这种多元创新融合的方式,除了能展现项目化学习的成果,也能实现成果的共享与共学,同时引发公众对项目化学习成果的评价。

夏雪梅博士曾在书中提出:数学项目化学习可以促使在传统学习中处境不利的学生更主动和有意义地学习;另外对促进学生素养的形成有一定的作用,能使学生成为一个更丰富的人,使学生看待世界的视角更为多样化。[3]小学数学项目化学习确实存在较大优势,除了能够帮助学生整合数学概念,还使数学学科与其他学科相互融合,并因基于真实的生活情境,使学生体会数学与日常生活的密切联系,了解数学的价值,培养了学生发现和解决问题的能力以及合作探究的能力。

当然,这是一次多学科融合的小学数学项目化学习的初步尝试,存在着些许遗憾。例如,由于课时紧凑,教师没办法全程亲身参与到学生们的项目化学习的进展与过程,如果能够让学生们有更多时间聚集头脑风暴,再加上教师的指导与点拨,或许能迸发出更多的"意想不到"。

参考文献:

[1] 中华人民共和国教育部.义务教育数学课程标准(2022年版)[M].北京:北京师范大学出版社,2022:42.

[2] 中华人民共和国教育部.义务教育劳动课程标准(2022年版)[M].北京:北京师范大学出版社,2022:6.

[3] 夏雪梅.项目化学习设计[M].北京:教育科学出版社,2018:159—160.

13 用数学语言表达现实世界的策略研究

——以"小记者养成记"项目化学习活动为例

小学数学学科 张颖琦

一、活动背景

2022年3月上旬,大家转换到居家学习状态。学生们的居家生活不仅仅围绕着学习,每天还会关注早晨10时的新闻发布会,以及微博、微信的各种新闻、转载。大家发现有的新闻转发量特别大,点击率特别高。那么一篇"优质"新闻稿应该具备哪些要素?如何写好一篇新闻稿?许多新闻里有大量的严谨的数据,这些数据从何而来?……一个个问题冲击而来。于是,实验东校四年级的四位数学老师运用项目化学习方式,利用居家学习的特定环境,带领孩子们化身为记者、编辑、剪辑、播报员等角色,策划了"小记者养成记"这个基于小学数学学科的项目化学习任务。

本次项目化学习基于四年级小朋友已掌握的数学知识点,例如单价数量总价、生活中的小数、统计分析等,并且跨学科运用到了语文写作能力、美术排版能力以及各种新闻素养如采访、汇总、文字汇编、剪片等。在1个月的时间内,学生们在老师的带领下,分组调查生活中的三大类民生问题,一步步深入持续地探索,调动已有的知识经验,在解决问题中领略数学学习的丰富乐趣。

二、实施过程

(一)准备活动:关于"新闻记者"的前期调查以及分组与任务分配

本次项目化学习是做一名"新闻小记者",这个职业对于学生陌生又熟悉。所以前期准备活动中,先让学生通过网络调查或者参访长辈、老师进行前期调查活动,获取关于"新闻记者"的相关知识。对"新闻记者"这一职业有了初步认识后,请学生进行分组,建议5—6人一组,推选一位组长。分组过程教师不参与,完全由学生自由组队,达不到目标人数算作组队失败。这是为了让每个学生都有组织,不会因为人际关系、学习能力等各类问题而被边缘化。和第一学期的项目化学习活动的区别是,在本次组队过程中,暂时只确认组长,组长负责统筹以及与教师的对接工作。之所以这样安排是不想学生们因设定好的职责任务,而借口不参与其他的任务。每个任务都希望人人参与,能干的同学起带头作用,在个别任务中不是强项的同学在参与的过程中试着学习、模仿,克服自己的弱势。我们每次举行项目化学习,不是为了有华丽的成品可以做汇报、写案例。我们一直以来的宗旨就是一切从每个孩子出发,让每个孩子在活动中有体验、有收获、有进步。最终在活动结束后根据每个同学在任务中的参与侧重比例多少进行任务职责的判定。

(二)活动一:数据调查收集整理

1. 选题①:我爱我家

居家期间,蔬菜成了大家的"奢侈品",妈妈们每天调闹钟为了去各大平台抢菜,比上班还拼。哪个平台运力比较多?哪个平台菜品丰富性价比高?哪个时间点抢菜更容易?

2. 选题②:我爱体育

体育老师推荐的"天天跳绳"大家都玩得不亦乐乎。跑步,投篮,切水果……同学们每天的居家运动时长是多少?可以消耗多少卡路里?

3. 选题③:我爱上海

居家学习已是第三周,可形势越发严峻,确诊数据一天天创新高。让我们默默守护上海,从今日起关注每日的"上海发布"公众号,每天记录下确诊的人数,进行数据的收集与整理。

三个选题发布的同时,教师明确了任务要求与条件:每个选题每班只能有3组选择,小组商量后先到先得。

起初,教师一直以为选题③会是最抢手的,因为与居家生活结合似乎最紧密,数据处理也很容易。没想到3个选题大家都很有兴趣,甚至有的小组想学习《新闻联播》进行新闻串烧。果然从身边的真实问题出发,从大家感兴趣的话题出发是学生学习的最大驱动力。就这样,一场场腾讯会议在各个小组间火热召开,大家兴致盎然,思维的火花不断碰撞着,会议的时长甚至超过了居家办公的家长们。会议后大家各自领到任务开始数据的收集与调查,虽然居家学习,但采访对象也有多类:家人、同学、老师和社区人员等。还有的学生从官方媒体上查询收集有用资料。一个个把"小记者"严谨、追求真实的精神落实到位。

(三)活动二:撰写新闻稿

收集了两周的数据后,教师发布了第二个任务:根据先前的调查结果来撰写一篇含有数据的数字生活新闻稿。其中选题③"我爱上海"教师给出了绘制折线统计图的提示,让学生们通过统计图的分析,想想什么是医疗专家们常说的"拐点"。然后通过分析统计图后做出相应的数据分析新闻稿。

其他两组的同学也很厉害,得到这个提示后纷纷表示,三年级学过的"条形统计图"也可以在选题①②中运用到,比如各平台的菜品价格比较,每天运动的时长,甚至还可以用Excel软件绘制复式条形统计图。写作能力强的同学、数据处理迅速的同学在此刻迅速集结,进行工作互补。

通过数据处理与分析后撰写的新闻稿都有严格的数据支撑,不只是泛泛而谈。

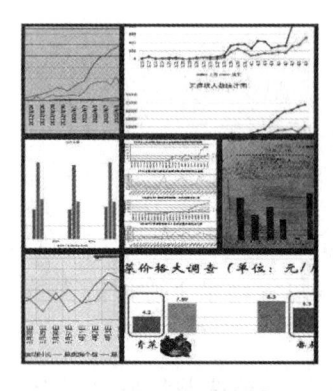

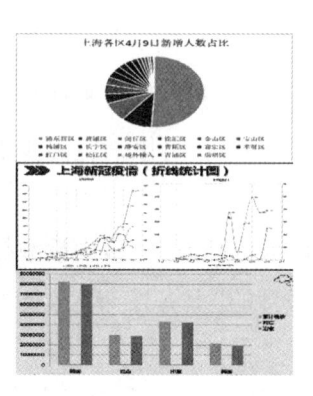

图1　数据统计图①　　　图2　数据统计图②　　　图3　新闻稿

(四)活动三:拍摄新闻篇

因为居家学习受限于设备,老师们反复商量后,新闻播报的呈现方式最终定为视频录制。用钉钉直播方式呈现给全班、全年级同学。这样一来,对于同学们来说,难度又提升了一个档次。之前可能同学们只需要做一个他们相当拿手的PPT,配上新闻稿进行播报就可以了。现在需要把播报语音与画面结合,并导成视频。所以老师们在发布任务的时候给同学们展示了一个示范视频,并给出了呈现形式的几个小建议:1.简单的一张图为背景,插入语音播报新闻稿;2.有PPT,根据新闻稿有相应的图片显示,导出视频;3.有真人扮演剧情演绎,根据新闻稿有相应视频。三个梯度按小组能力自由选择,同时老师们也给学生参考了一些录制视频的软件和剪辑视频的 App。在这些平台基础上,一切都留给学生自行发挥了。

没想到,四年级的学生想法新颖,能力出众,都能根据各小组选定的主题,设定好采访内容对特定人员进行采访。有让家长扮演路人,自己扮演记者进行采访的真人拍摄;有的同学扮演卫生专家进行新闻约见;有的小组成员各自拍摄了自己的体育打卡视频;有的连线体育老师将语音切在视频中……从各条线获得的信息进行有效选取制作成相关新闻视频。所有的一切让人惊叹孩子的潜力无穷大!

(五)活动四:成果分享会

在居家学习期间,学生的成果分享会变成了线上活动。评选分为两场,一场为班级海选,评选标准为:1.播报内容丰富完整,能紧扣选题并有详尽的数据说明。2.结合 PPT、视频等宣讲,播报形式新颖多样,口齿清晰,表情自然。组长根据评价表上的内容对除本组以外的小组进行评分和理由撰写。另一场为年级pk,全部视频结束后从钉钉群的投票中选出三组心仪的小组,票数最多的第一名小组代表班级参加年级 pk。在年级 pk 赛中,有一段主持词道出了所有人的想法:今天是全年级的总决选,但其实我们每个小组都很优秀,所以今天我觉得这场新闻联合播报不是比赛了,应该称之为表演秀了吧!当天的年级 pk 赛,真可谓是百花齐放、百家争鸣。许多家长也成为"观众"在电脑前一起观摩同学们的新闻发布会。最后按照评选规则,依旧让全年级同学参与,评选出人气最高的前三名。其他小组也依次获得最佳风尚、最佳媒体表达奖。

图 4　年级直播 pk 赛①

图 5　年级直播 pk 赛② 　　　　　　图 6　年级投票

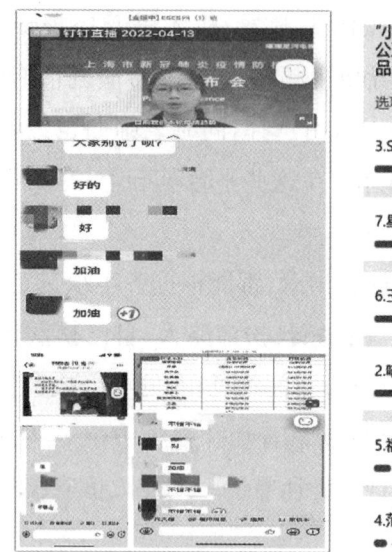

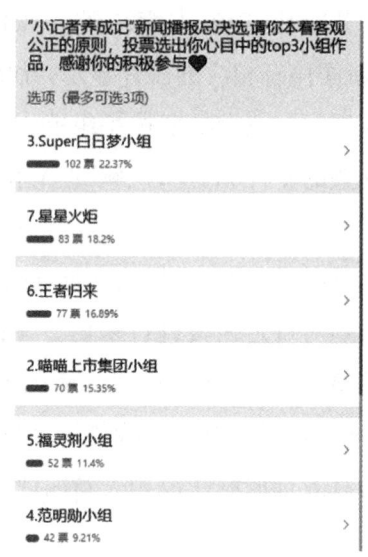

三、实践反思

在基础教育体系中，数学是一门来源于生活、应用于生活的基础学科，同时也是一门综合分析、运用信息的学科。《义务教育数学课程标准（2022 年版）》指出："要重视学生搜集、处理信息的能力。"[1] 当今社会，信息摄入渠道广泛，自媒体时代的到来更是让全民随时随地可以进行信息的传播，人人都可以成为记者，人人都是新闻传播者。在激活学生对获取信息的主动性、培养学生获取信息能力的同时，辨别、分析、处理、运用、输出信息的能力也需要老师的关注与引导，并逐步培养学生用数学的语言表达现实世界的能力。在收集数据上，如何提取有效信息？在处理信息中，如何通过数据分析和统计图的运用，为信息输出提供更多的深度和可信度？在这些策略使用过程中我们做了如下思考：

（一）策略一：收集数据，提取有效信息

从选题开始，小组学生就需要利用钉钉或者腾讯会议等软件进行线上开会讨论，确定选题，分派任务，确定数据收集内容，寻找有效数据来源。数据内容如各类电商 App 上的物品价格，运动 App 上学生通过运动而产生的数据、时长等。而官媒公众号等都成了同学们收集数据的平台。首先的要求是，数据必须真实有效。数学是严谨的学科，新闻媒体更是需要对公众负责的信息窗口，用事实说话是成为新闻记者的前提。其次，学生要在 2 周时间内收集足够量的数据,这样才能支撑我们之后的数据分析以及得出结论。最后,收集数据时要完整有条理,"有序思考"的数学思想很好地贯彻在同学们各种表格的创建中。

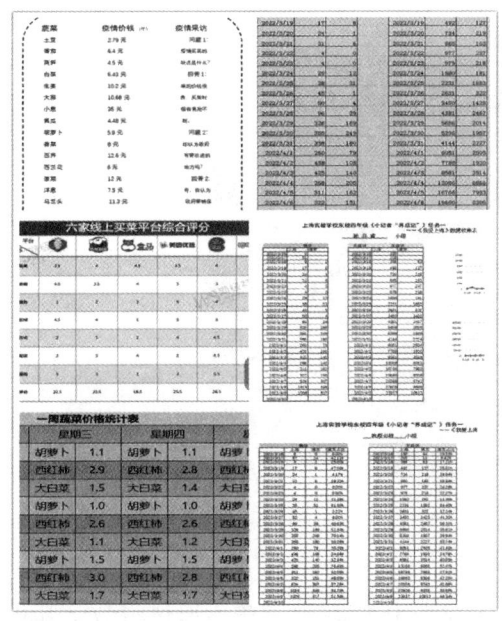

图7 数据收集表①　　　图8 数据收集表②

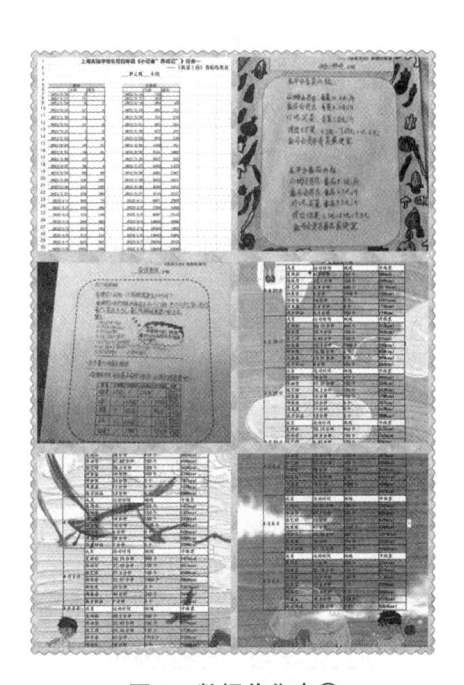

(二)策略二:处理数据,输出数字信息

根据自己收集到的数据,同学们绘制条形统计图或折线统计图,并从"数量""变化""趋势"等多角度进行具体客观分析。在已有的数据呈现中,同学们有思考、有对比、有总结、有预测,数据分析能力得到显著培养和提升。最终,这些数据通过一篇篇严谨的新闻稿进行输出与传播。学生真切感受到了数字的魔力,通过10个符号,我们能看到事物本身的特性,还能够推演出未来发展的趋势,体验数学乐趣。

"小记者养成记"的最终环节是新闻播报。因为居家学习,老师将任务设定为拍摄新闻视频。在这个环节中,学生将美术、语文、音乐、信息技术以及数学各学科能力融于一体。为了能够拍摄出抓人眼球的新闻视频,他们还运用到舞台表演、口才、采访等非学科类素养,综合素养得到全方位锻炼与提升,用沉浸式的新闻云报道展现数学之美。

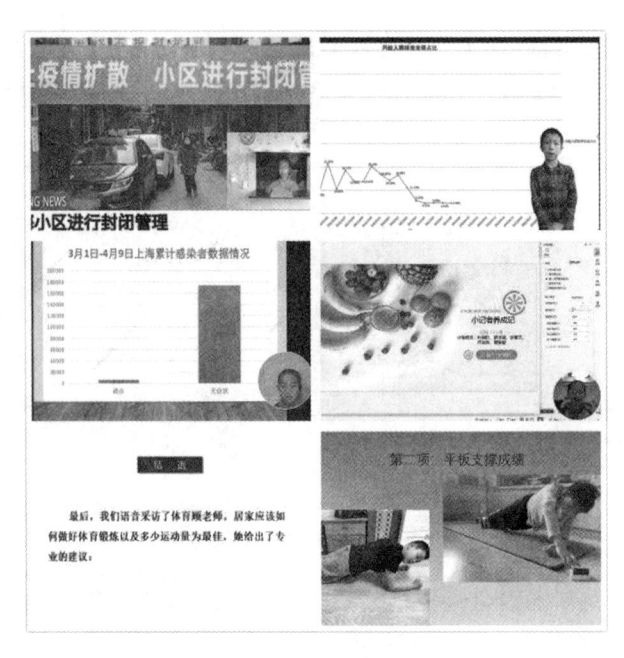

图 9　数字信息输出

四、结语

　　项目化学习为学生提供了一个创新和多样化的教学方法。通过将数学知识与实际问题相结合,学生们能够更加深入地理解和应用所学的数学概念。本次项目化学习,教师依旧扮演着指导和引导的角色,帮助学生们充分发挥自己的潜力。学生们不仅学到了数学知识,还培养了跨学科的能力和综合素养。他们学会了调查研究的方法和技巧,提高了数据处理和分析能力。同时,他们也锻炼了写作和口头表达的能力,学会了如何利用多种媒体形式来呈现信息,用数学语言来表达现实世界。这些能力将对他们未来的学习和职业发展产生积极的影响。

参考文献:

　　[1] 中华人民共和国教育部.义务教育数学课程标准(2022年版)[M].北京:北京师范大学出版社,2022:4.

14 探索数学跨单元、跨学科知识的链接与应用

——数学项目化学习活动：撰写一篇新闻稿

小学数学学科　朱云华

一、引言

《义务教育数学课程标准(2022年版)》指出：强化情境设计与问题的提出，注重发挥情境设计与问题提出对学生主动参与教学活动的促进作用，使学生在活动中逐步发展核心素养。[1]

沪教版教材四下第五单元"解决问题(2)"是关于"增加几倍、增加到几倍"的内容，"学生能正确理解增加几倍与增加到几倍的不同含义"是这节课的主要目标，同时"使学生感受数学与现实生活的联系，能用所学知识解决实际问题"也是本节课的目标之一。如何实现这一目标，我们觉得书上例题的呈现(图1)虽然符合四年级学生的年龄特点，富有故事性，但是对实现这一目标略显牵强，学生觉得生活中根本不会有这样的情境真实发生。这一版的教材已经使用10年多，社会在这10年中也发生了很多的变化，这一代的学生也完全不一样，所以这节课需要一个真实存在的问题引入，才能激起学生学习的强烈欲望。只有学生真正意识到这一知识与生活实际相联系，才会在之后自主地使用所学知识解决实际问题，否则就是空中楼阁，学生的学习并不能真正发生。

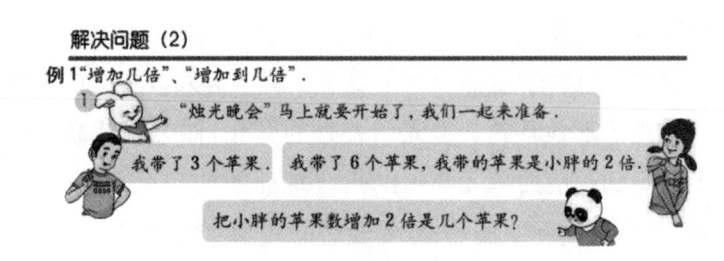

图1　教材呈现的例题

因此，寻找生活中这一知识点的真正原型，将它们呈现在学生面前，学生会发觉所学知识与生活的密切联系，从而自发、自主学习，并将所学应用到生活实际中，这是本节课我们所向往的"教与学"的模式，同时我们尝试使用"微型项目化学习"的模式，让学生融入有意义的任务完成的过程中，积极、自主地进行知识构建，学会跨单元、跨学科知识的链接与应用。

二、项目实践过程

（一）阶段一：新闻引入　问题驱动

课始，我们跳出了教材给定的"烛光晚会"的故事情境，而是出示3条"学习强国"上的新闻。

新闻1：5月11日，第七次全国人口普查结果发布。数据显示，全国人口共14.1178亿人，同2010年第六次全国人口普查数据相比，增加7206万人，增长5.38%，年平均增长率为0.53%。我们人口10年来继续保持低速增长态势。

新闻2：袁隆平提出发展海水稻目标：选品育种，每年可增产300亿公斤。

新闻3：新华社南宁5月21日电（记者孙一）　记者从21日召开的广西生物多样性保护工作新闻发布会上获悉，"十三五"以来广西积极落实联合国《生物多样性公约》和国家生物多样性保护战略，广西已发现和命名的陆生脊椎野生动物种类达1151种，白头叶猴种群数量已由早年的598只增加到1300只，东黑冠长臂猿由原来的3群发展到5群，个体数量由22只扩大到35只。

读一读，感受这3条新闻的共同之处。学生发现这几条新闻中出现跟数学有关的几个词语：增加几，增产几，增加到几。学生也谈到经常在新闻中看到很多数字。接着顺势引出课题"增加几倍、增加到几倍"，并且抛出了一个驱动性问题：学完本节课后，希望你们也尝试做个小记者，写一篇含有这样的数学用语的新闻。

学生们带着这样的问题，完成了新课的学习。在新课结束时，先让学生进行了小型的头脑风暴——要撰写一篇"关于中华人民共和国7次人口普查的新闻稿"，需要知道哪些信息？学生都说到了需要了解7次人口普查的数据。老师也顺势提问："如果想清晰地看到7次人口普查的变化，你想用什么方式呈现数据呢？"学生马上联想到了前面单元学习的折线统计图的知识。最后，根据大家的讨论，老师罗列了写这篇新闻稿，大致要经历的几个实施过程：

1. 查一查：借助网络查阅并记录7次人口普查的数据。（建议用统计表的形

式记录)

2. 读一读,写一写:读出这些数,用四舍五入法近似到"亿"位。(保留两位小数)

3. 画一画:设计一张折线统计图,观察人口的发展变化。(想一想,怎样设计统计图的纵轴和横轴?)

4. 评一评:描述图表的数据,谈谈自己的看法。(建议使用增加几、增加到几、增加几倍、增加到几倍、准确数、近似数……)

这次数学项目化学习活动涉及的核心知识:1.大数的读写和四舍五入;2.根据统计表的数据画折线统计图,合理规划统计图的范围与结构,确定横、纵坐标的刻度点,使得所画的折线统计图不仅正确,而且合理美观;3.增加几倍,增加到几倍。

可是新闻到底该怎么写比较规范?学生在完成之前需要有一次关于"新闻"的学习之旅。

(二)阶段二:走近新闻 共享知识

学生虽然跃跃欲试,其实还是摸不着头脑,有胆大的学生直接走过来问:"这个怎么写啊?"教师这样回答:"大家不着急完成第三项任务,先了解一下什么是新闻? 我想语文老师教过你们怎么写书信,它有一些要素,对不对? 那么撰写新闻是不是也一样呢? 大家可以自由组合,3—5人一组,一起查查资料,采访一下身边做新闻类职业的亲人,也可以最近多多关注电台、报纸和网络上的新闻,东校校网的新闻也是一个很好的学习途径哦。"

说完这些,学生们恍然大悟,感觉一下子有了方向。教师再做补充说明:"这项作业不着急,老师给大家1周的时间慢慢完成,任务一和二呢,希望大家独立完成。任务三大家各自回家分头学习,然后到学校互相分享,组内可以分享,组和组之间也可以分享,这样你们会对新闻有个清晰的认识,都搞清楚了,再尝试完成最后的新闻稿。"

学生们纷纷点头应允。教师同时给学生建议,学会将任务切割,分成几天有序完成(图2),当然有些任务的顺序可以调整,也可以在组内分工,合作完成。

通过有序的自主学习和组内分享,学生开始走近了新闻,从百度词条知道了新闻的含义,他们做了简单的总结:新闻就是指报纸、电台、电视台、互联网等媒体经常使用的记录与传播信息的一种文体,是记录社会、传播信息、反映时代的一种文体。新闻一般包括标题、导语、主体、背景和结语五部分。

也有学生说到了更多关于新闻的知识:表达方式上看,新闻以记叙为主,十分讲究真实性。新闻六要素(也就是记叙要素):时间、地点、人物、事件的起因、

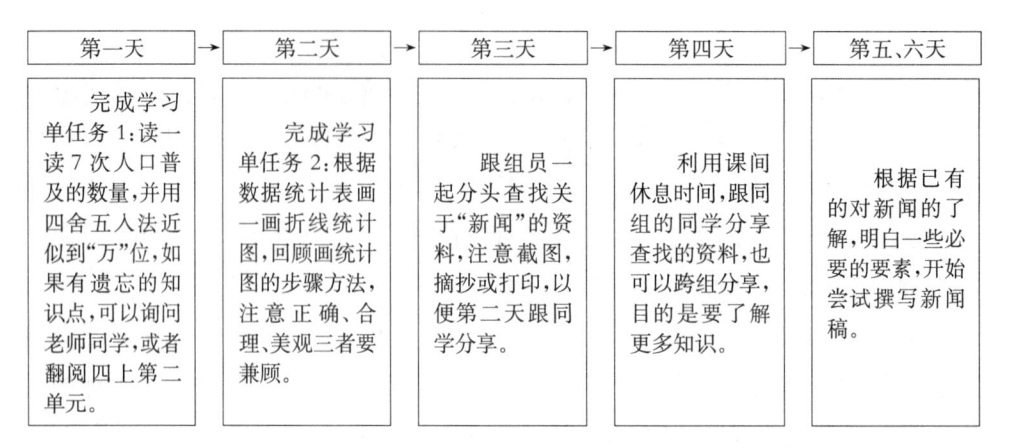

第一天	第二天	第三天	第四天	第五、六天
完成学习单任务1：读一读7次人口普及的数量，并用四舍五入法近似到"万"位，如果有遗忘的知识点，可以询问老师同学，或者翻阅四上第二单元。	完成学习单任务2：根据数据统计表画一画折线统计图，回顾画统计图的步骤方法，注意正确、合理、美观三者要兼顾。	跟组员一起分头查找关于"新闻"的资料，注意截图，摘抄或打印，以便第二天跟同学分享。	利用课间休息时间，跟同组的同学分享查找的资料，也可以跨组分享，目的是要了解更多知识。	根据已有的对新闻的了解，明白一些必要的要素，开始尝试撰写新闻稿。

图 2　教师给出的项目实施建议

经过、结果。即五个"W"和一个"H"，即 Who（何人）、What（何事）、When（何时）、Where（何地）、Why（何因）、How（如何）。一篇新闻报道，无论是消息还是通讯、特写，一般都包含这六个要素，"麻雀虽小，五脏俱全"。比如下面这条新闻，六要素交代得非常清楚。"经过多年艰苦训练，中国运动员刘翔终于在 2004 年 8 月 27 日，雅典奥运会上获得男子 110 米栏冠军，被媒体称为'亚洲飞人'。"

当然，学生的了解其实还有很多，这些知识对于完成最后的任务已经非常完备了。教师可以利用下一次数学课的课前几分钟，请 2—3 位同学将这些知识进行集中分享，准备就绪，学生就可以尝试撰写了。

（三）阶段三：根据图表　尝试撰写

前期工作准备到位了，到了第五、六天学生就开始了独立的创造了。绘制折线统计图时，学生对横轴的确定没有任何异议，为了使图表更加合理美观，大部分同学在确定纵轴时将"0—6 亿"之间的数据进行了省略，一格确定为 1 亿人，所以多数同学画出的图都大致相同（图 3）。从图中可以很清晰地看到 7 次人口普查的人数变化情况，涨幅一目了然。

接着，学生结合准备的数学素材和新闻的六个要素开始了尝试撰写。

（四）阶段四：修改评价　新闻发布

一周后，大部分学生陆续将新闻稿交给了教师。当然，教师对新闻的了解只比学生多了一点点生活经验而已，所以只能给予些许不太成熟的意见，对多数学生作品以表扬、鼓励为主，这是一次跨界尝试，为学生的勇气点赞。一些较为优秀的作品，请学生进行了再次誊写，显得卷面更加整洁，便于展示。最后利用一

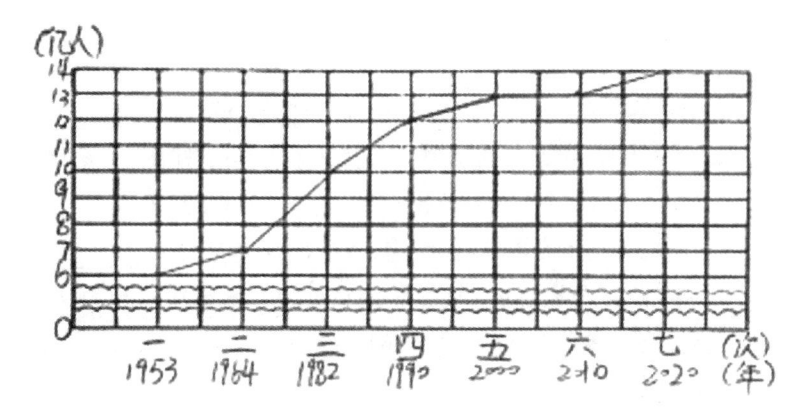

图 3　一学生绘制的折线统计图

次数学课，对优秀作品召开了一次"新闻发布会"，孩子们大声朗读了自己亲自撰写的新闻。

(3) 请你做个小记者，用我们学过的数学知识，为你的折线统计图配一篇新闻稿。

> 通过"中华人民共和国7次人口普查"，可以发现我国的人口数在持续增加。1953年，人口仅有6亿多人，但在短短11年的时间里就增加到了7亿多人。2010年时，已经比1953年多出了一倍多。其中1964年到1982年增涨最快，增加了3亿多人。到了2020年，人口已经增加到了最初1964年的2倍左右。相信中国的人口还会继续不断增加。

(3) 请你做个小记者，用我们学过的数学知识，为你的折线统计图配一篇新闻稿。

> 自新中国成立至今，我国一共进行了七次人口普查。第一次是在1953年，人口准确数为6 01938035人，最近一次是在2020年，人口近似数为14 1178万人，在这近七十年里，我国人口呈增长趋势，从六亿多人增加1倍多，突破十四亿人口大关，近20年，我国人口相对增长缓慢，进入平稳模式。

(3) 请你做个小记者，用我们学过的数学知识，为你的折线统计图配一篇新闻稿。

> 根据观察7次人口普查统计，人口一直在上涨。
> 在去年（2020年）人口猛增，从1953年的601938035人一直增加809841965人。也就是从601938035人增加到14.1175万人。
> 在第二次人口普查时，人口的近似数为72307万人。
> 每年都有新生幼儿，也会有人生老病死，但庆幸国家的人口一直上涨，每行每业的工作人员也不会减少，也不知道以后会增加几人！

(3) 请你做个小记者，用我们学过的数学知识，为你的折线统计图配一篇新闻稿。

> 我国是个人口大国，人口上升非常快，都是几千万几千万升的，在1953年时，我国才约6亿人口，但在1964年时我国就有7亿多人了，2020年的人口数量是1964年人口数量（增加到）2倍，足足够7亿多人！还有在1982年时，2010年的人数比82年增加了整整3亿多人，只用了39年时间，人口上升飞快，实在是太令人惊讶的数据了！

从以上几则新闻来看，孩子们已经像模像样地当起了新闻评论员，在新闻中用上了"增加几，增加到几，增加几倍，增加到几倍，准确数，近似数，……"其他同学听完他们的报道之后进行评价，说说自己的看法，当然作者如果不同意他人的意见也可以及时反驳。

数学知识与语文完美地结合，原来学科之间是没有界限的，知识与我们的生活也是息息相关的。这个任务让学生们扮演了现实世界中的角色，通过一系列的工作，研究问题，得出结论。就像成人工作一样，学生接触了各个学科领域，更容易理解概念，明白不同学科之间是如何联系和相互支持的。

当下，教师也立马搜索了有关"人口普查"的新闻，带着孩子们一起读一读，了解了其实关于人口普查的新闻稿可以从多个角度进行撰写，我们只是选取了一个角度而已，但不管什么角度的撰写，数学用语是每一篇都会涉及的。还有一些我们到中学会学习的知识，如"增加百分之多少"，相信孩子们经过这样的一次经历，会更理解学习和现实世界的紧密联系。

三、结语

借助数学项目化学习活动,改进教与学的方式,希望学生们在数学课堂上学更多的知识,不仅仅局限于数学,更关注学生的数学表达、数学思维、数学与其他学科的整合……让数学核心素养真正落地。作为一名一线的小学数学教师,我一直在思考:我们的数学课到底教给孩子们什么东西,才能让他们为未来做好准备?威廉·巴特勒·叶芝曾说,教育不是装满一桶水,而是点燃一团火。愿孩子们每天都能在数学课堂中开启一场充满乐趣和刺激的学习之旅,作为教育者,视野永远要更远,更广,更丰富。

参考文献:

[1] 中华人民共和国教育部.义务教育教学数学课程标准(2022年版)[M].北京:北京师范大学出版社,2022:11.

15 让知识在情境中活起来

——"义卖方案大比拼"跨学科学习活动案例

小学数学学科　张佳美

一、活动背景

经济课是学校针对四年级学生开设的校本课程。怎么利用好手上的教材将数学课上得既贴近生活又有趣,是老师一直在思索的问题。每一学年度的第二学期,小学部各个年级都会开展"数学周"活动。2016学年度"数学周"活动的宗旨是"人人参与、经历过程、体验欢乐"。经济课作为数学课的拓展与延伸,将它与"数学周"活动相结合,抓住"爱心节"的契机,开展义卖方案的设计比赛,既能做到人人参与,又贴近校园生活。在活动中,让学生将课堂所学的数学知识用于模拟的生活场景中,在过程中体验、感悟。同时,义卖方案的实施让学生了解到义卖活动的社会意义,知道一些简单的经济营销手段和策略,提高他们的社会参与意识。

二、活动实录

（一）背景调查

活动开展之前,教师先对学生的经济知识背景做了一个摸底。发现在多数学生的校外活动中,艺术培养、知识学习、体育项目占据了大部分的时间。他们课外生活活动丰富,但真正参与到社会性的实践活动的次数却少之又少。所以,在本次学习实践活动开展之前,让学生对商品促销的形式与方法做初步的了解是非常必要的。

（二）营销方法介绍

单纯通过教师课上讲解的方式让学生了解一般促销的方法,会显得比较无趣。本次教学内容源自生活,教师提前给学生布置任务,开展小组合作,通过网上调查、咨询或者去商场做市场调研等方式,了解商品促销的一般方法。经济课一周一课时,给学生两周的时间做准备。在完成任务的过程中,学生培养了信息收集和处理能力、交流能力以及批判性思维和总结反思的能力。通过调查和实践,学生了解了各种促销策略的特点和效果,同时也提高了他们的团队协作和公开演讲能力。最后,综合所有的调查结果,学生们在课上总结出了一般促销的几种方法:打广告、打折、请明星代言、买赠、满减、抽奖、对商品进行再包装。通过对各种促销策略的讨论和比较,学生进一步加深了对这些策略的理解和应用。

作为一个教师,我对经济领域的营销手段及方法了解得并不十分全面。但年级里的家长们来自各行各业,有着丰富的营销经验。如果能够争取到家长资源,在活动之前开展一堂关于经济营销的微型课就更棒了。

课前任务让学生对商品促销方法有初步的了解,给予他们一定的方向,期待孩子们思维的天马行空。

(三)课堂设计比赛

这个设计比赛是以小组合作的方式完成的。为了使小组之间差距不至于太大,更为了使小组活动的效果达到最优化,教师在分组之前进行了指导。根据班级总人数,每4—5人为一组,学生可以自由组队,但小组中需要有写作能力强的,可以进行文字编辑;美术功底好的,能对小报进行美工设计;表达能力强的,能胜任小记者的工作,完成采访调查或负责最后活动的演讲;计算能力强的,带领大家优化义卖方案。为方便对最后的设计方案有一个公平公正的评价,我们对模拟义卖的物品做了统一。

表1 四(﹡)班需要义卖的物品

序号	物品	数量	几成新	原均价(元)
1	陀螺	3个	八成新	39
2	铅笔	100支	全新	1
3	文身贴	10板	全新	2.40
4	毛绒玩具	4个	六成新	40
5	飞机模型	3个	九成新	18
6	书	10本	七成新	23
7	电动玩具	3个	七成新	125

(续表)

序号	物品	数量	几成新	原均价(元)
8	乐高玩具	2盒	五成新	30
9	笔记本	20本	全新	4.5
10	花种子	10包	全新	2.5
11	笔袋	2个	八成新	19.8
12	小钱包	8个	七成新	3.5
13	便利贴	5包	全新	6
14	学生钢笔	10支	九成新	8.5
15	作业袋	3个	全新	9.8
16	手工发夹	20个	全新	
17	手工十字绣交通卡套	2幅	全新	
18	刻纸作品	3幅	全新	
19	盆栽	1盆		
20	复杂的折纸作品	5个		5

根据物品的新旧程度和成本价，学生需要经过组内讨论对它们进行第二次定价，以这个新的定价再去设计义卖方案，讨论促销手段。这个过程需要大家群策群力，仔细计算，保证定价的合理性以及促销方案的最优化。活动根据学生落实情况，分两到三课时完成。

(四) 设计义卖海报和演讲幻灯片

营销方案定稿之后，学生需要对这个方案进行宣传。怎么个宣传法呢？很多小组选择了张贴海报以及幻灯片辅助的方式，帮助组员在展示环节进行更好地阐释。所以接下去的重点是如何将本小组的海报设计得博人眼球。在学生设计过程中，教师需要不停巡视，给孩子们一定的提示和建议。有些小组还精心设计了抽奖活动。(分两到三课时完成。)

(五) 班级海选

组长抽签决定义卖方案比拼的展示顺序。每一小组展示完毕之后，他组组员可以提问，并进行满分十分制打分，最后由组长作简单点评。平均分得分最高者将代表班级参加年级总决赛。

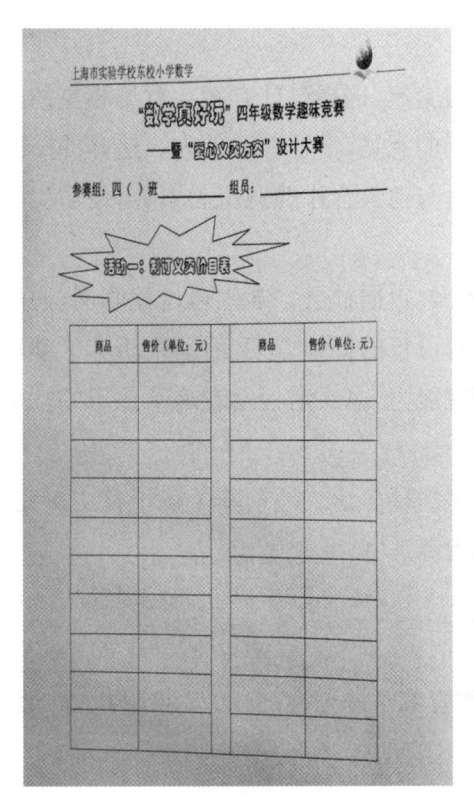

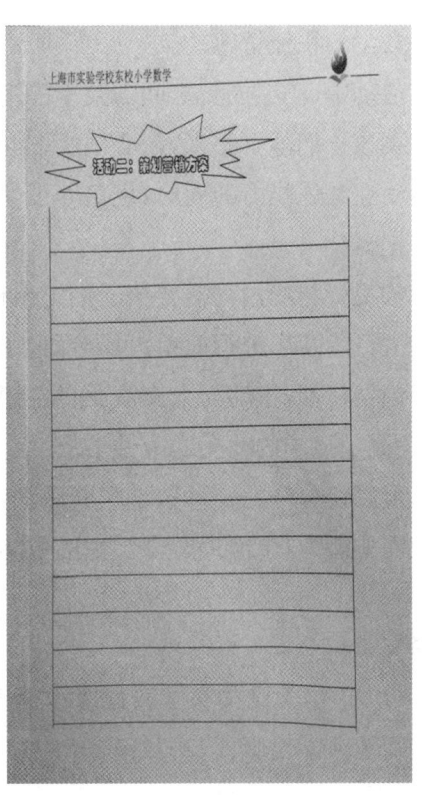

（六）年级总决赛

每一参赛组抽签决定展示顺序。班级其他同学则作为大众评委进行投票。公平起见，每个人只能选择除本班之外的一组投票。每班选出 1 名"麻辣评委"（在参赛组演示义卖方案后进行点评和质疑），2 名纪律员（去其他班级监督、查看选票）以及 2 名记分员（比赛结束后统计选票）。

8 个参赛组根据比赛结果，选出 2 个"最佳方案设计奖"，2 个"最佳海报奖"，2 个"最佳创意奖"，2 个"最默契合作奖"。

三、活动反思

这一活动虽名为"义卖方案大比拼"，却与数学有着千丝万缕的联系。从价格的第二次制定到促销方法、优惠力度的设计，学生都要考虑到成本的问题，这里就涉及了计算能力和数学知识综合应用的能力。它为学生提供了一个多途径、多方法、多角度地了解数学、获取数学知识的舞台，激发学生学习数学的热情和兴趣，使学生享受数学的快乐，感受到数学的独特魅力，体验数学的多元价值，获得数学的积极情感。

活动中，小组成员之间需要不停沟通交流、选择设计方案。意见相左的时候就需要孩子们静下心来，耐心地听取同伴的意见，学会尊重他人。这样的一个实践活动在锻炼能力的同时，也培养了学生与他人合作的意识和素养，使学生学会合作担当。

收集资料的过程需要孩子们走出校园，走向社会。学生通过互联网，通过走进各大百货商店进行简单市场调研，了解可行的促销方案，活动中培养了学生的大胆创新精神，主动与人交流及自主探究能力，也一定程度锻炼了孩子的社交能力，提高了孩子的社会适应性。

可以说这样的一种数学实践活动，多途径多形式地培养了孩子自主探究、合作交流的能力，全面提升了学生的数学素养。[1]

参考文献：

[1] 中华人民共和国教育部.义务教育数学课程标准(2022年版)[M].北京：北京师范大学出版社,2022:2—4.

16 小学数学学科项目化学习中的学生视角初探

——以"王小东的求职之旅2：入职第一年"为例[①]

小学数学学科 康逸红

早在参与五年级第一学期"王小东的求职之旅1"的探究过程中，我就强烈地意识到：项目化学习作为一种新的学习形态，最终的目标是促进学生的发展。为少走弯路，必须在今后的项目化学习设计和实施过程中纳入学生视角。这样才能激发学生更主动地投入学习，也能帮助教师在项目化学习的实施过程更有效地做出指导和决策。

基于这样的思考，教研组长朱云华老师确立了"王小东的求职之旅2：入职第一年"这一主题，高度重视学科项目化学习实施链条中最弱势的学生的想法和观点，指导我们通过全面问卷的形式，掌握班里每一位学生是否愿意继续跟随王小东开启教师职业生涯，倾听他们最希望在活动中解决的问题和困惑，放手让他们成为真正的设计者和实践者。[1] 跟随孩子们对新项目的观点和建议，备课组的老师一致认为，孩子们具备了持续探究"王小东的求职之旅"的激情与信心，这是一个良好的开端。他们通过对新的项目化学习内容的理解、体验，观点和想法的表达，从适应项目化学习进阶为决策项目化学习，学习的发条自动拧紧，蓄势待发。[2]

第二轮的数学学科项目化学习中，学生们的表现到底是怎样的？他们获得了怎样的成长？通过观察、整理、分析、研究，主要有以下几方面的结论：

一、不同类型学生在学科项目化学习中均有获益

从本次数学学科项目化（必选项目）实施过程中组长的体会、家长的评价中，

---

① 该项目化学习活动内容为小学数学教研组组长朱云华老师设计，笔者为活动参与者。

我发现经历了"王小东的求职之旅 2：入职第一年"的项目化学习，9 个小组的学生们都获益匪浅。

（一）知识获得型

项目化学习作为小学数学深度学习的一种方式，最大限度地帮助学生边梳理、边完善数学知识，学生头脑中的小学阶段几何知识以及之后要学习的几何知识形成了完整的框架。[3]

就拿"霍格沃茨组"的表现来说，她们就在解决问题（即全面梳理小学阶段的几何知识）的过程中达成了知识的获得。组长总结时谈道："这次的项目化学习不仅让我们复习了之前学习的几何知识，也让我们把现在学的知识理解得更加透彻，我们还学到了不少课外拓展的内容。"

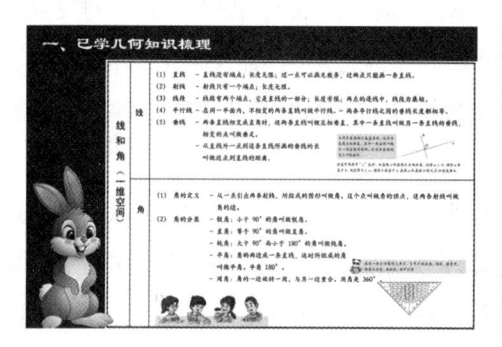

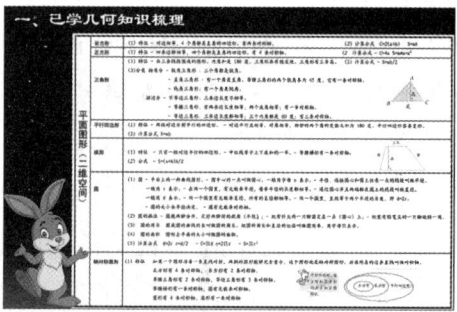

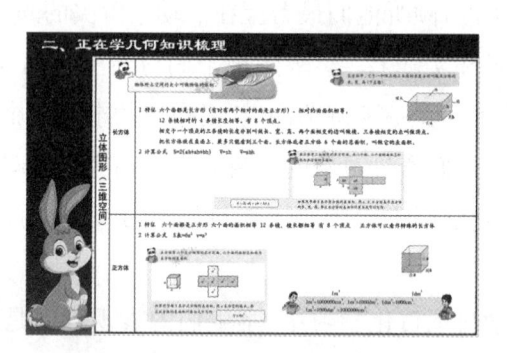

图 1 "霍格沃茨组"部分展示内容

我们从家长们的评价也能感受到孩子们在知识上的收获：PPT 内容比较丰富；基础知识扎实，表述基本清晰；知识点正确，准备充分，展示也不错，表达清晰。

（二）能力提升型

本项目让学生立足于平时的学习和生活，把教材与生活、课内与课外、学习与实践相结合,融合各个学科知识和技能,深入了解小学阶段几何知识,经历梳理知识,实验证实,寻找参照物,解析习题,DIY长方体、正方体等一系列活动,从中培养学生动手实践、合作探究、交流互动的能力。[4]

正如"杜兰特小组"组长说的:"经过这次的活动,我感受到了组长的责任,我们在前期的准备阶段做了PPT,并且也辅助了组员席同学完成了这次的演讲,在评分时,我还辅助我的家长进行了评分呢!"

"若樱"小组组长也谈道:"从上学期开始我就担任'若樱小组'的组长,一路披荆斩棘,取得了年级人气第三的好成绩,如果还有机会,我要获得年级人气第一,成为最棒的组长。在本次项目化学习时,我的领导能力、团队合作能力、演讲口才能力都得到了充分的锻炼,有序思考、合理分配、协调统整的能力得到了不断的提升。"

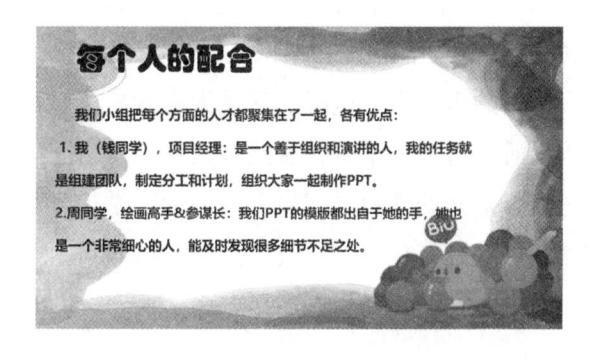

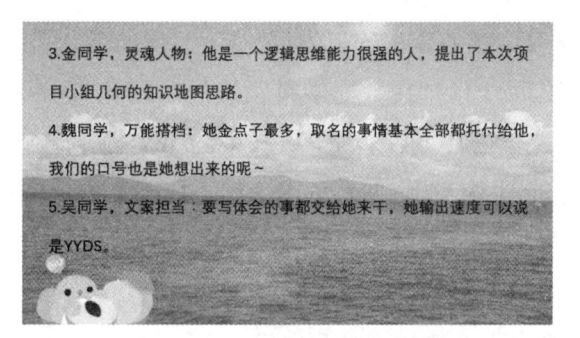

图 2 "若樱小组"的分工安排

家长们为了帮助孩子们提升能力,也有不少好的建议。如:活动前要充分解析评价要求,才会收到更好的效果;宣讲时要注意详略得当,把控好时间;要始终保持与组员的密切沟通,资源共享,规避风险。

（三）活动反思型

项目不是按部就班地做题,而是在做中学,有对数学知识的深度探究,有同伴之间的协同学习,更有对不同情境的思考、应变和解决。[5]

"胖墩墩组"的组长就反思道:"我们小组展示得不太好,我总结了几点原因:一是设备故障,而且电脑坏了以后没有及时通知组员,导致时间不够充足;二是没有清楚地传达信息,导致我们小组的PPT是把所有的知识点都讲一遍,而没有某个方面的详细讲解;三是PPT内容太多,导致最后超时;四是分工不合理,导致小组的任务总是由某一两个人来承担,而不是把任务均衡地分配给所有人。这些缺点,我会争取在之后的活动中努力克服。"诚恳的态度,细致的分析,足见投入之深,感悟之真切。

"若樱"小组的周同学则反思道:"这次的项目化学习让我们当小老师,我们以组队的方式,来帮助王小东为他的第一节试教课备课,准备PPT、教案等,讲给其他同学听,不仅能让其他人了解新的知识,也能让自己掌握得更加扎实,同时让我们知道了团队合作的重要性。这样的活动太有意思了!"

本次项目化学习活动努力让学生自主建构几何知识,让学生自己去发现,自己去解决,自己去创造,这样的学习方式极大地调动了学生学习的主动性。孩子们的倾情付出、智慧碰撞、合作包容、总结反思都非常精彩,每个人都顺利解决了问题,收获满满。

二、数学项目化学习中核心素养得以发展

前期研究得出:每个学生在数学学科领域的项目化学习中所获得的发展是不一样的。[6]项目化学习中,我看到了班级中的学生们不再满足于自身在数学几何直观、空间观念、应用意识、创新意识这四个核心素养上的提升,他们更多地愿意通过合作共同进步,努力达成由内而外的数学能力以及数学价值观的协同发展。

（一）动手实践中发展几何直观和空间观念

作为即将步入初中阶段学习的学生,他们格外珍惜这次合作学习的时光。反映在自选项目的实施过程中,我看到了孩子们紧紧抱团、同伴互助、合作展示的场景:

镜头一:"胖墩墩小组"通过多次的网上交流,从生活观察中获得灵感,采用

动静结合的实验方式,展示了体积守恒定律,制成视频。

图3 "胖墩墩小组"视频展示体积守恒定律

镜头二:"杜兰特小组"和"名花有组"的同学们大展身手,数形结合,动手操作,把一个个猜想变成作品——长方体、正方体,通过照片形式完美呈现。

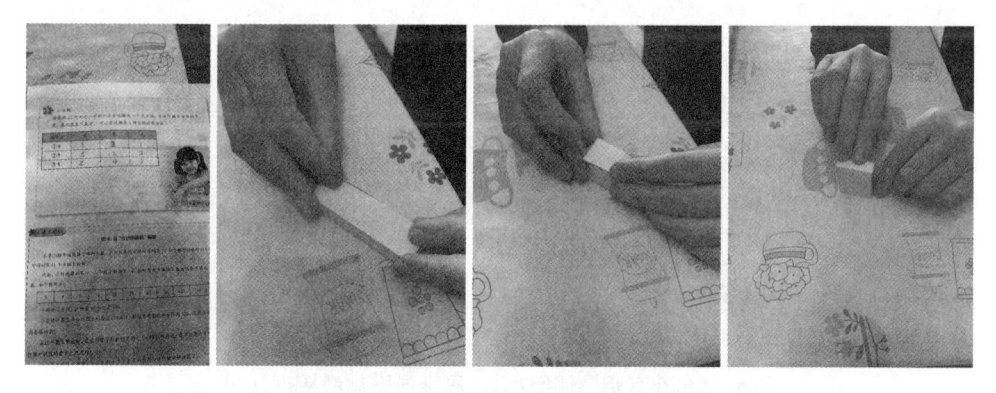

图4 "杜兰特小组"制作长方体、正方体

图5 "名花有组"长方体、正方体展示

(二)交流互动中催生应用意识和创新意识

在数学的教学过程中,如何加深孩子们对数学的理解,养成自觉地用数学观念看待、分析周围事物的习惯,让他们始终保持好奇心,引导他们有应用数学的意识和创新解决问题的意识,一直是我不断思考的内容,其中最关键的是发挥学生的主体性。

"名花有组""囡囡小组""杜兰特小组""若樱小组"等在交流互动的环节中,都充分把握住了机会,为了让本组脱颖而出,都在数学应用和创新表现上下功夫,时时让人眼前一亮。

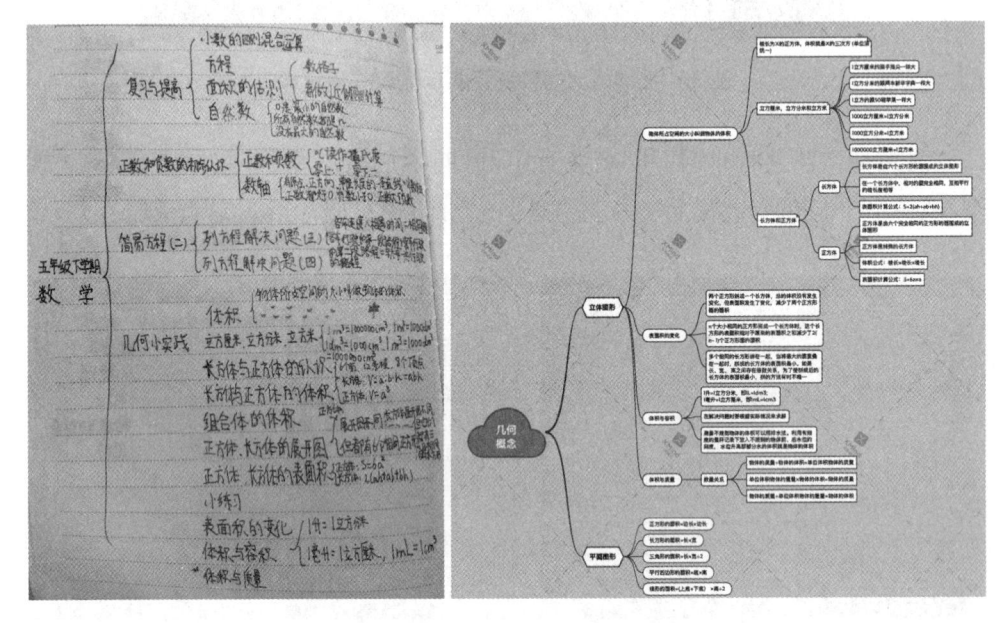

图6 "名花有组""囡囡小组"思维导图创新梳理知识

图7 "若樱小组""杜兰特小组"数学应用整合互动表达

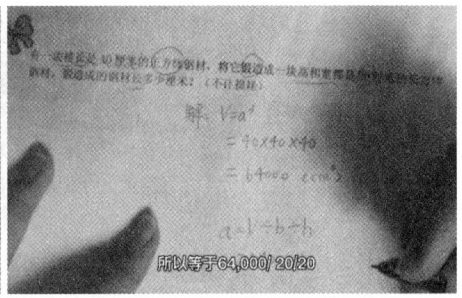

图 8 "囡囡小组"数学问题创意解析

三、学生在学科项目化学习中的困惑与成长

学科项目化学习作为一种复杂的学习方式,与传统学习有着较大的差异,所以学生们在实施时,遇到一些困难,是再正常不过的。[7]

(一)社交与沟通的技能欠缺,没有持久的探究动力

案例一:某组组长在与组员交流沟通时,不太考虑对方的作息和感受,倾向于用自己的个人偏好和观点来布置任务。我引导他要提前思考好再沟通,提高效率,不浪费时间,还特别提醒他礼貌地交谈:沟通前提前询问;交谈过程中要用商量的口吻;交流内容清晰宜短不宜长等。一段时间后,孩子与我坦诚交谈:"老师,您好!我目前担任组长完成小组活动策划、安排等事宜存在困难,确实能力不够。而且,现阶段必备的数学知识、技能的掌握,也需要花费较长时间。所以,我想推荐组里学有余力的同学来担任组长,继续顺利完成该项目活动,可以吗?"本着尊重、信任的原则,我在得到推荐学生的认可后,欣然接受了孩子的建议,后续该小组顺利完成项目化学习,硕果累累。原本不太乐观的状况,在彼此理解和迅速调整的决策中得以挽回。

(二)缺少必要的背景知识和技能来理解和管理探究过程

案例二:"胖墩墩小组"组长在组织必选项目时,遇到设备故障,而且由于心急慌忙,还把电脑摔坏了,导致来不及通知组员。原本充足的时间,却因未能清楚地传达信息,使最后的演讲环节超时了。静下心来,他进行了反思:由于分工不合理,导致小组的任务总是由某一两个人来承担,而不是把任务均衡地分配给所有人,大家互相补台。认识到了这些后,在接下来自选项目的实施中,他紧紧依靠团队的智慧和力量,交出了一份出色的答卷。

图 9 "胖墩墩小组"的文件包整理

这样的案例还有很多，学生们在学科项目化学习中遇到了困难，但尝试着直面问题、寻求策略，展现出了在传统的小学数学课堂中不曾有过的表现，时时处处让人惊喜。

综上所述，此次学生所经历的项目化学习是第二次的实践，但多局限于线上的交流、互动、展示、研究，好在关注了学生视角，使得不同类型的学生在学习中都有收获和感悟。

强化数学学科实践，引导学生参与学科探究活动，经历发现问题、解决问题、建构知识、运用知识的过程，增强学生认识真实世界、解决真实问题的能力，学生视角是一个非常关键的点，值得我和同仁们在今后的学科实践中持续探索、深入思考。

参考文献：

[1] 夏雪梅.在学科中进行项目化学习：学生视角[J].全球教育展望,2019,48(2):83—94.

[2] 尹弘飚,李子建.论学生参与课程实施及其研究[J].课程·教材·教法,2005(1):12—18.

[3] 顾燕.小学数学项目式学习的组织与实施[J].陕西教育（教学版）,2022(03):55—56.

[4] 周静.小学数学项目式学习的实践探索[J].读写算,2021(36):145—146.

[5] 钱中平.项目化学习在小学数学教学中的应用[J].求学,2021(39):17—18.

[6][7] 夏雪梅.项目化学习设计：学习素养视角下的国际与本土实践[M].北京：教育科学出版社,2018:141,128—183.

17 项目化学习背景下小学数学单元统整的教学实践研究

——以五下《可能性》单元教学为例

小学数学学科　孙倩倩

一、项目化学习案例背景

项目化学习是指"学生通过完成与真实生活情境密切相关的项目进行学习"。自从这一学习方式提出以来,项目化学习作为培育学生良好素养的一种新的手段得到了新的发展和实践。[1]我国基础教育改革不断深入开展,提倡运用多种教学方式和学习方式,项目化学习作为一种学习方式也开始被运用到小学数学课堂,这对传统的数学教学是一种挑战。

从项目化学习和单元整体教学的角度出发,笔者对沪教版小学数学"统计与概率"这一模块进行数学领域项目化学习的有效性研究。"统计与概率"模块的内容与日常生活联系紧密,具有较强的情境性和直觉性,适合进行项目化学习。基于这样的背景,笔者对五年级下册《可能性》这一单元进行项目化的单元教学设计。本单元的教学内容包括"可能性""可能性大小1""可能性大小2",我将传统课堂教学三部分内容分别设计合并成整体进行设计,通过学生熟悉的摸球游戏引入。基于以上的反思和分析,《可能性》这一单元基本具备成为项目化学习的条件,但是还存在着以下不足。

第一,活动由教师主导而非学生。第二,注重实践却忽视了思辨与探究。这四节课侧重于学生的动手实践能力,在动手实践的过程中,学生只知道"怎么证明",而不明白"为什么要这么证明",这正是缺乏对问题的自主思辨与对现实的自由探究。第三,追求学习结果却忽略了学习经历。[2]整个活动过程中,不论是教师还是学生,都把目光聚焦于最后的学习结果——学生是否通过操作证实了教师需要的结论。[3]没有体现出学生为什么这么做,忽视了学生的学习经历。认识到不足后,我们对"可能性的大小"第一课时和第二课时,"可能情况的个数"

进行了调整和重建,使之成为一个真正能提升学生学习素养以及培养学生高阶思维的项目化学习。

二、单元视角下的项目化案例设计

因为是从单元整体的教学角度来设计项目化学习,所以我设计的是单元整体的教学目标。

（一）项目目标

1. 通过掷硬币、摸球等活动,进一步接触统计思想,感悟随机事件发生的等可能性。

2. 体验事件发生的可能性及游戏规则的公平性。

3. 通过掷硬币和摸球活动,进一步接触统计思想,通过"猜测（发现）—验证（实验）—建构"这样的建模思想,进一步认识客观事件发生的可能性的大小。

（二）确定核心驱动问题

根据本单元的单元目标以及真实的问题情境,我提出了核心的三个问题：

1. 掷硬币决定谁先开始公平吗？

2. 转盘游戏中的中奖概率。

3. 同时掷两枚骰子出现结果的可能情况的个数。

（三）项目子任务牵引,层层递进

项目学习以小组合作的形式推进,学习时空包括课内和课外。据此,师生共同制定课内、课外的子任务,由此牵引,层层递进。

我们将"可能性"的单元项目化探究实践过程分解为三个子任务。

```
子任务一：比赛时掷硬币决定谁先开始公平吗？
        ↓
子任务二：转盘游戏中的中奖概率。
        ↓
子任务三：同时掷两枚骰子出现结果的可能情况的个数。
```

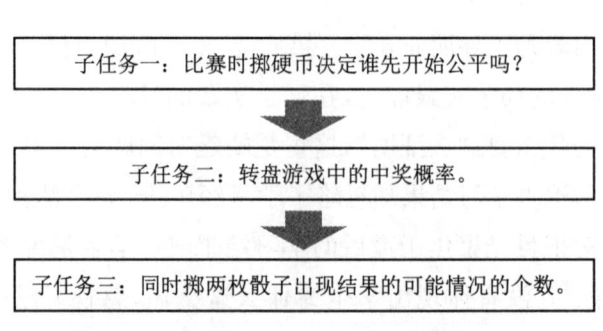

图1　项目化学习子任务的设计框架

三、单元视角下的项目化案例实施

（一）掷硬币公平吗

项目实施过程：学生们针对"为什么掷硬币是公平开球的方式？"先进行头脑风暴，将子问题作为核心驱动问题来进行项目化学习探究。学生猜测掷硬币是公平的，掷一枚硬币落地会出现正反两面，所以认为掷硬币可能性相同，掷硬币是公平的游戏方式。

学生们以小组为单位，进行课前的资料收集和课上的项目化探究。

1. 初试（感知抛硬币活动的偶然性）

活动一：同桌合作抛 10 次硬币，统计结果并思考为什么会出现这样的情况？

2. 再试（初步感知抛硬币活动中的等可能性）

活动二：同桌合作抛 30 次硬币，又有什么发现呢？

学生在系统的项目化探究实验中，对实验结果已有了大致推断：掷硬币在试验次数足够多的情况下会出现硬币正反两面出现的可能性趋于总次数的二分之一。但是随着项目化学习的深入，学生发现不能轻易给出结论，体现了学生的研究态度越来越严谨。

3. 三试（加深理解抛硬币活动中的等可能性）

活动三：观看计算机统计的大数据。

很多的数学家，也同样有掷硬币出现的可能性是相同的这样的推断，他们也都经历了多次的实验。数学家蒲丰实验 4040 次，正面 2048 次，反面 1992 次；数学家德摩根实验 4092 次，正面 2048 次，反面 2044 次；数学家费勒实验 10000 次，正面 4979 次，反面 5021 次；数学家皮尔逊实验 24000 次，正面 12012 次，反面 11988 次。思考：当抛硬币次数越来越多时，有什么发现？

项目实施效果：当抛硬币的次数越来越多时，正面出现与反面出现的次数会越来越接近总次数的二分之一。所以说抛硬币出现正面与出现反面的可能性是相同的。

（二）转盘游戏中的中奖概率

项目实施过程：学生们可以将"商场或者超市搞活动时出现的抽奖转盘"作为子问题，先来进行头脑风暴。转盘操作原理是什么？这可以作为核心驱动问题来进行项目化学习探究。学生猜测抽奖的转盘是设计时出现可能性不相等的情况，就会出现可能性有大有小，但是可能性的大小和什么有关呢？

学生们以小组为单位,进行课前的资料收集和课上的项目化探究。由于学生只是表面上感知和面积有关,但根据已有知识无法解决现有问题,所以这里以"摸球游戏"为例,搭建项目化学习的支架,更为直观。

1. 初试【感知摸球活动的偶然性】

活动一:同桌合作摸球10次,又有什么发现?

2. 再试【感知摸球活动的可能性是有大有小的】

活动二:同桌合作摸球30次,又有什么发现?

3. 三试【加深理解摸球可能性大小和数量多少有关】

观看计算机统计的大数据去思考:当摸球次数越来越多时,有什么发现?

项目实施效果:当试验次数越来越多,我们就更能说明更能证明数量多的蓝球被摸到的可能性大,数量少的红球被摸到的可能性小。

(三)同时掷两枚骰子出现结果的可能情况

项目实施过程:学生们可以将"同时掷两枚骰子出现结果的可能情况"作为子问题,先进行头脑风暴。同时掷两枚骰子会出现哪几种情况?同时掷两枚骰子,朝上点数的和可能是多少?一共有多少种情况?点数和是双数(2、4、6、8、10、12)可能性大还是点数和是单数(3、5、7、9、11)可能性大?这些可以作为核心驱动问题来进行项目化学习探究。学生根据已有认知,掷2枚骰子点数和会出现哪几种情况?(2—12都有可能)这是我们根据一个骰子的经验,通过类比得出的猜想,点数和为7出现的个数多,它的可能性大。

项目实施效果:通过计算机模拟掷2枚骰子点数和会出现的11种情况,经过大量的实验次数的积累发现点数和为7出现的次数多,出现的可能性大。

四、单元视角下的项目化学习评价实践

单元整体教学项目活动关注学生的学习效果,关注学科单元目标知识框架主题和数学素养的双线目标是否达成。

《可能性》单元整体教学项目化学习的初期,笔者就根据项目化学习目标的推进制定了一份评价量表,并伴随着项目化学习的整个过程。评价量表主要包含学科素养和学习表现两个方面。

表1 单元整体教学下的项目化学习评价量表

小组名称：		组员姓名：			
类别	具体评价内容	评价方式	自我评价	组员评价	教师评价
学科素养评价	初步体验有些事件发生是确定的,有些事件的发生是不确定的				
	能列出简单的实验所有可能发生的结果				
	知道事件发生的可能性是有大小的				
	体验事件发生的等可能性以及游戏规则的公平性				
学习表现评价	积极参与小组讨论				
	明确清晰地表达自己的观点				
	在小组活动中有一定的贡献度				
	公平公正地对组员的表现进行评价				

单元教学项目活动评价的优势可以从以下三个方面阐述：

第一,评价内容从单一走向整体。既关注数学学科知识技能和素养,又关注个体的学习态度和习惯,同时关注小组内的参与程度。

第二,评价时机由结果走向过程。评价不应在项目完成以后才进行,而应贯穿学习的每一个阶段。既让教师随时了解学生学习目标的达成情况,又帮助教师调整教学。

第三,评价主体多元化。从教师单向评价走向了自我评价、同伴评价、教师评价相结合的多元化评价。

五、单元视角下的项目化学习理性反思

总观小学数学单元整体背景下的项目化学习,从大单元教材出发利用生活中"概率与统计"的真实情境,让学生经历一个抽象化的过程,促进学生数学思维的发展。对教师而言,不仅能够有效地提高教学效率,而且能够进一步鼓励教师更加自愿地投入项目化学习的教学实践中。对学生而言,学生在单元整体教学

项目化的学习中能更好地立足单元整体,在"概率与统计"学习模块能够更清晰地知道学习的框架,培养分析解决整体问题的能力。基于此,笔者认为在小学数学教学中,以单元整体进行的项目化学习意义更重大,值得深入研究。

参考文献:

[1] 夏雪梅.项目化学习设计:学习素养视角下的国际与本土实践[M].北京:教育科学出版社,2018:158—164.

[2] 安德烈·焦尔当.学习的本质[M].上海:华东师范大学出版社,2018:1—2.

[3] A.J.斯它科.创造能力教育学[M].上海:华东师范大学出版社,2003:18—20.

18 初中数学学习中运用信息技术助力课堂教学的策略研究

初中数学学科　张丽霞

引言

近年,教学从课堂转移到了网络,网络教学给数学学习带来了非常大的困难,原先课堂知识点、解题过程、几何作图等都能呈现在黑板上,一气呵成,清晰明了。如今,主阵地转移到了网络,如何将课堂要点最大程度地展现？只有电脑屏幕的方寸之地,该如何解决这一问题呢？

一、信息技术的介入

学校网课平台使用的是"腾讯会议",每位老师有自己的专属会议号,就如同大学走班制的教室。腾讯会议有一个"共享屏幕"功能,通过分享可以将老师事先准备好的课件进行展示。这一系列的系统操作下来都非常井然有序,可到了讲课的环节,有的内容是需要圈划的,或是教师要对于解题过程进行展示,这时网课模式就很不方便了。在组内交流中,老师们各自分享了许多经验。可以事先预设学生的答案,提前输入,但这样一来备课的量非常大,且课堂中这样播放很难做到完全和学生描述一样;可以运用数位板来进行手写输入,但是对于新手来说,很难将书写内容对齐;可以利用专门的作图软件或者网站来进行绘图,操作过程中会发现切换软件比较费时。实践下来,比较好的解决方法有两个。一是 surface 电脑中配套的书写笔能够随意在 PPT 上进行书写和圈划,可以做到完全取代黑板板书的功能。二是华为平板的分屏功能,可以实现边观看视频,边指导学生记笔记,两者可以同时存在于一个版面中,能够更好地运用于空中课堂的学习。[1]经过一段时间的操作实践,线上教学软件逐步熟练运用,为课堂提高了效率。多媒体的运用,使得课堂教学推进迅速,也能帮助学生更好地抓住重要知识点,做好笔记。

二、几何教学中运用信息技术助力的策略

漫长的居家网课学习,学生好不容易适应了线上模式,但返校后,上课模式又发生了变化,于学生(尤其是初三学生)而言,又要重新适应。习题讲解从读题到画图形再到板书展示全过程,往往需要较多时间,一节课讲不了几道题目。而黑板的空间又比较有限,面对一些过于复杂的题目,常因步骤太多而需要重复擦拭黑板以便再利用。于是,利用现代媒体技术,重新查看网课期间保存下来的课堂笔记,成了初三教与学中一种较好的选择。[2]将线上教学的模式引入线下课堂,在习题讲评课中进行积极尝试,本文介绍三种策略。[3]

(一)策略一:备课环节"提前预设"

多媒体技术运用于备课环节,在备课过程中随时记录,生成教学内容。备课环节,教师会提前预设学生的难点,比如在针对初三二模考试的复习中,大部分学生会对 18 题、23 题、24 题、25 题等难度较高的题目存在困惑,这时就可以运用多媒体技术提前记录这些存疑较大的题目。在批改作业过程中,教师也可实时记录学生作业中出现的错误,直接通过平板的拍照功能,将照片导入。课堂中就可以直接进行错题演示,引导学生直观分析错题产生的原因,比教师正确的示范教学更加事半功倍。这种借助平板自带的技术辅助教学的方式,一来便于随手记录,且容易保存;二来利于提高课堂效率,也使得教学更能针对本班学生的实际学情。

在最近一次的二模卷讲评课备课环节中,以 2023 年杨浦二模卷的 18 题为例(图 1),利用平板技术,很容易能够将这道题的题目和图进行完整的截图保存。这道题在课堂教学中便可以直接应用,后期也可以作为新的习题再一次应用,一举两得。对于学生来说,这道题目中直角三角形的一些性质定理可能已经遗忘,况且 18 题本身也有一定的难度(在批阅作业的过程中教师发现不少同学没有思路,答题情况呈空白状态)。于是教师便运用拍照的功能事先将题目进行记录。在分析完题目之后,发现其可能不止有一种解法,在平板上可如下进行排版保存,供课堂教学中随时使用。

证明题的书写也是数学教学中需要强调的,由于批改量很大,不可能每一份练习都做到个性化精批。备课中针对学生的典型错误,可借助这一策略提前进行记录(图 2)。

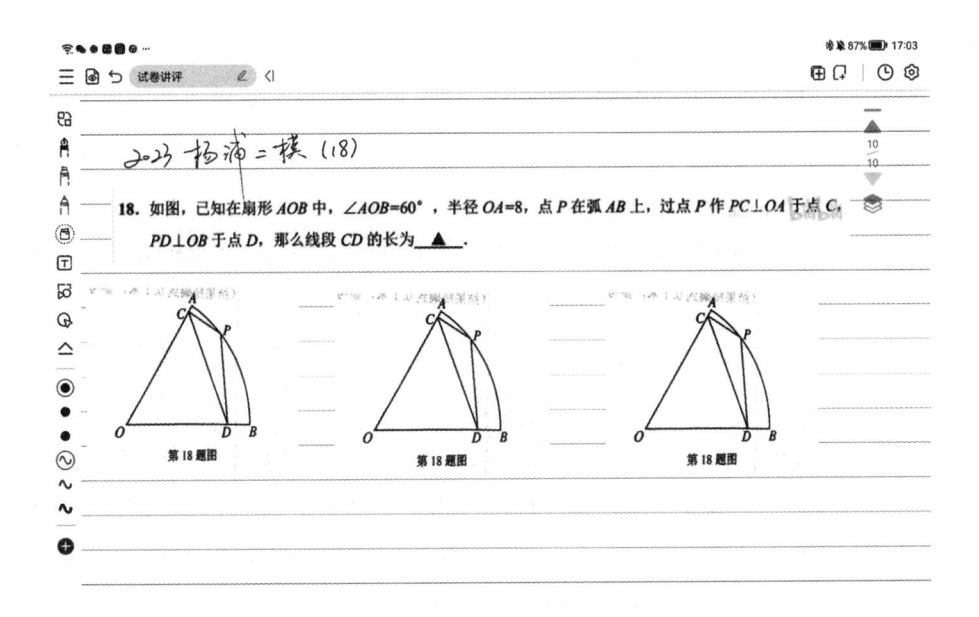

图1 平板拍照技术进行排版保存

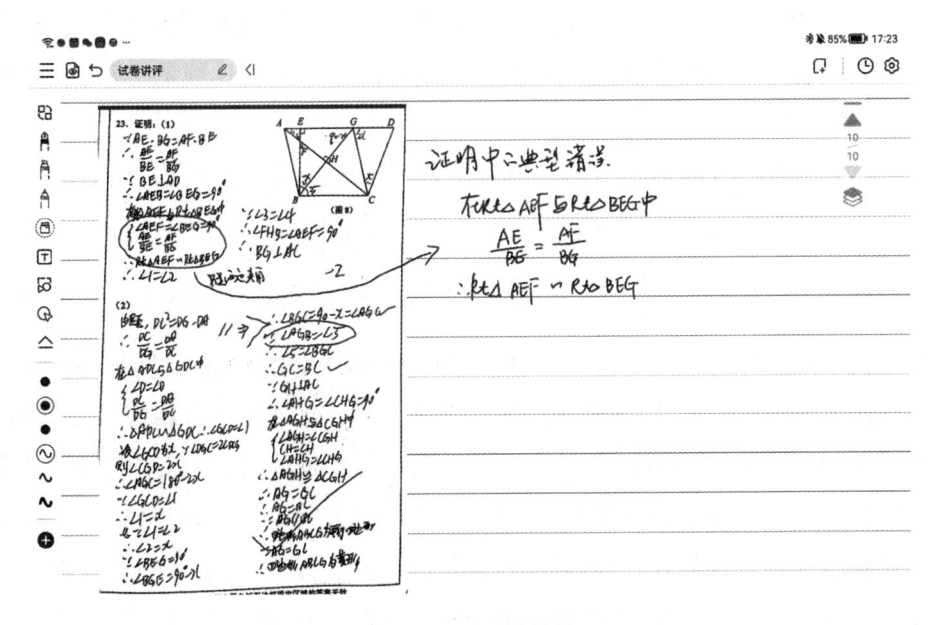

图2 证明题的讲解

(二)策略二：上课环节"随心记录"

多媒体技术的运用有助于加速课堂教学环节的推进。打开腾讯会议，通过共享屏幕，就能将本节课的重点、需要讲解的题目展示在屏幕上。借助多媒体教学的好处在于，可直接在屏幕上进行书写，便于教师演示整个思考过程和解题过程。同时，可以随时利用平板的缩放功能，尤其是把图形上隐藏的一些重要条件放大，从而让学生观察清楚，引导学生思考解题思路，同时也可以对重点部分进行提示。

在初中数学的几何学习中，为了激发学生们的学习热情，教师们都会注重引导学生进行一题多解的训练，这样能够扩宽学生的思路。[4]不同方法侧重于不同知识点的运用，可以使复习的面更广。另外，一题多解也有助于学生掌握更多意想不到的方法，便于遇到类似的新问题时借鉴。如此一来，平板屏幕就打破了黑板的局限，它的巨大包容性，使得多种方法都可以同时被记录，还能够将相似的方法通过位置的移动，放在一起进行比较学习。相比较传统教学，媒体技术的复制、粘贴功能省去了黑板上画图的时间，有些即兴结论也可以保存在图形上，这样在进行第二种解法时，就不需要再重新推导。

以 2023 年杨浦二模 18 题为例（图 3），教师在备课时就预设了几种解法，但在课堂教学中，又毫无意外地出现了三种优秀的解法。该题目考察的是：已知半径是解与圆有关的题目中非常常见和容易想到的一种添辅助线的方法，在此基础上，根据不同的视角，运用不同的几何定理。

方法一：因为 $PC \perp AO$，$PD \perp OB$，可以得到两个直角三角形，而 OP 就是两个直角三角形共有的斜边，那么利用直角三角形斜边上的中线等于斜边的一半可以得到 $CM = DM = \frac{1}{2}OP$，得到等腰 $\triangle MAD$。且可以得到这个等腰三角形的底角为 30°，利用等腰三角形三线合一以及 30°角所对的直角边是斜边的一半，可以求出 CD 的值。方法二：要求线段的长度，加上圆中有许多相等的角，题目中还有 60°这个特殊角，可以采用构造两个三角形相似的思路，利用比例线段求出 CD 的长度。这种方法难度系数比较高，其实不太容易想到，但是学生呈现出来的过程是完全正确的，这个可以说是意外的收获。方法三：扇形的题目之所以难度比较高，是因为呈现出来的是个不完整的图形，是圆的一部分。第三种方法非常好地运用了将不完整图形补完整的策略，将线段 PC 和 PD 还原成了圆中的两条弦，结合垂径定理以及三角形中位线的性质，求出 CD 的长度。三种不同的方法运用了不同的定理，将它们展示在同一个版面上有助于学生进行比较学习。[5]同时，一种方法中得到的一些结论，也有助于引导学生想到另外的方法。

对于一些步骤、图形比较烦琐的题目,借助于媒体技术,省去了画图的时间,大大提高了课堂的效率。同时,卷面上比较精确的图形也让学生更加容易进行猜想,拓宽解题思路。

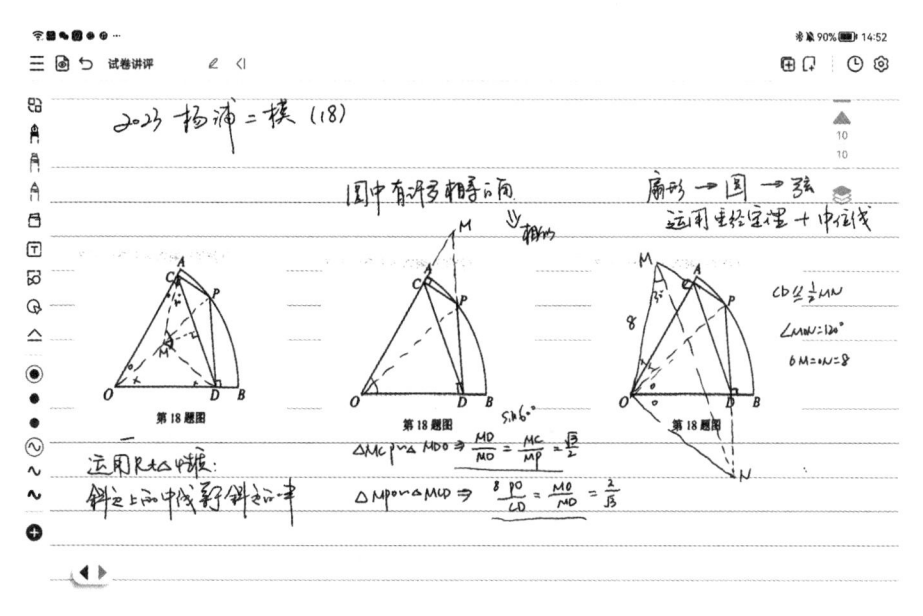

图 3　杨浦二模 18 题

又如,对于 2022 年青浦二模 24 题的讲解(图 4),在教学常规经验基础上,特别预留了几种情况。没想到学生提出了让人惊喜的解题策略,如可以运用一线三等角模型、45°角模型两种不同的构造形式,锐角三角比,构造相似等方法。其中可以看到,即使同是运用 45°角模型来进行求解,但添辅助线的想法和关注点还是有所不同的,此时多媒体教学的优势再一次体现:通过不同颜色的画笔,可以将同类解法放在一起进行比较,分析同种思路在实际解法上的区别。多媒体技术为图形的细致分析、研究,不同解法的强化、比较提供了便捷,为学生的几何学习能力提高提供了相当的助力。

课堂上知识量的大小并不意味着学生收获的多寡,实际上,教师需要想办法引导学生认真听讲,理清思路,就必须借助课堂这一主阵地改变学生的听课习惯,尤其是对于一些上课只埋头记笔记、对解题步骤有理解困难的学生。长期坚持即时效果和思维的互动,对学生而言比纯粹抄笔记有效,也有助于培养学生的数学思维。

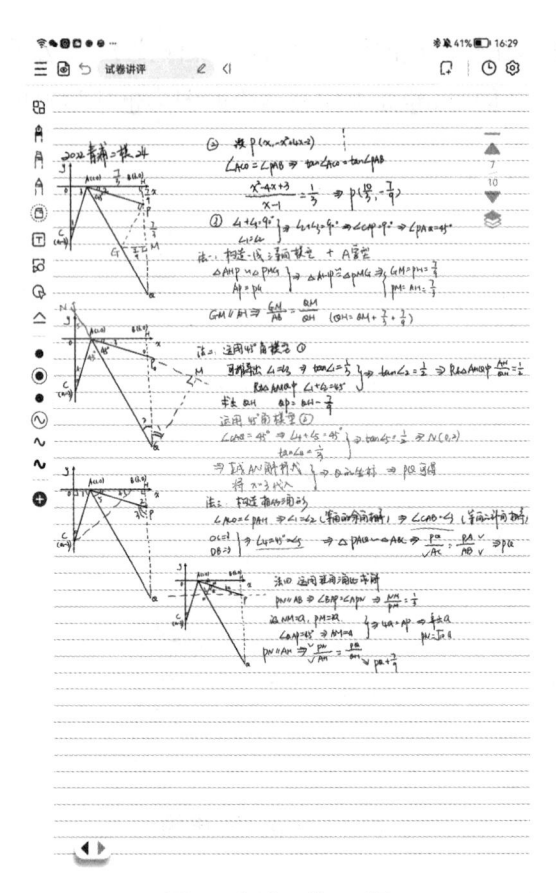

图 4　青浦二模 24 题

（三）策略三：课后环节"生成笔记"

与传统教学相比，平板书写能够打破黑板书写的空间局限，课堂教学的容量大大增加了。如此大容量的内容，对于原本基础较好的学生来说，并没有太大的学习困难。但对一些原本数学基础较弱的学生而言，他们上课可能听懂了，但是回家订正却又不能确定答案与过程是否正确，又或者无法很好地吸收课上分享的多种方法，印象深刻的只有那么一、两种。这种情况下，媒体信息技术又可以发挥作用了。教师可以运用平板把课堂上的全部内容以图片形式保存，或导出图片通过社交软件分享给所有同学，这样的图片笔记也方便学生整理、打印和保存，便于后续复习。这样一来，上课时，学生主要以听为主，找到问题的突破口，研究解题的策略，回家以后继续完善解题步骤，复习、巩固，形成一种"课内—课外"联动的良好学习模式。

数学学习的生成性笔记,尤其是习题的讲解,也可以进行个性化的处理,学生只需提取属于自己的"易错题集",省去了抄题、摘录等重复劳动。有效借助媒体技术,不仅能够提高学生课堂听课效率,也方便保存资料、利于复习。

三、研究结论

课堂实践证明,将媒体技术广泛运用于数学课堂中,尤其是几何教学中,可大大提高教师教学的效率与质量,提高学生上课的效率,增加课堂的容量,便于形成围绕唯一问题的深度学习。借助多媒体,可以将整个课堂教学过程与关键内容直观展示、真实记录、即时保存,便于学生的复习与巩固。对初中高年段的数学学习而言,更易提高学习效率、促进学生积极思考。对于教师来说,保存资料也非常方便,后期可进行资源再利用,尤其是同类题型的比较、同种方法的比较,将会更加便捷、清晰。另外,在数学课堂教学中与学生的互动,也无意识地提高了学生的多媒体信息技术的运用能力。

综上所述,随着时代的进步和科学技术的快速发展,信息技术进校园的势头势不可挡,作为教师必须留意当下各类信息技术的考验与借力。以数学教学为例,合理介入信息技术,有效用好其长处如直观、实效的呈现与分析,能够更好地在新中考改革背景下发挥信息技术的优势和作用,便于学生长期思考与持续努力,扩展数学思维,更有利于一线教师对教育数字化转型意义的积极思考。

参考文献:

[1] 柳艳茹.浅谈平板电脑在远程教育中的应用[J].赤峰学院学报(自然科学版),2015(9).

[2] 戴堂花.数字化资源在初中数学教学中的应用[EB/OL].课改微探,2022(6).

[3] 李贤武.浅谈数字化校园背景下的数学有效性教学[J].新课程,2017,(2):401.

[4] 曹一鸣.新版课程标准解析与教学指导(2022年版)初中数学[M].北京:北京师范大学出版社,2022.

[5] 张俐.例谈初中数学教学中的数字化技术应用[J].数学教学与研究,2019.

第二辑 英语

19 单元视角下指向核心素养的小学英语项目化学习实践
——以 1BM3U3 My clothes 项目化学习为例

小学英语学科 蒋晓莉

【案例背景】

一、项目简介

在线上教学时期,我们一年级组的老师不仅认真贯彻"停课不停学"的方针,纷纷当起了主播,还尝试设计项目化学习,以驱动性问题为引领,各项子问题为推进,引导孩子们思考、探究,在活动的过程中培养学生的综合语用能力,发展学生的创造性思维。项目化学习和《新课标》提出的"落实英语学科核心素养要以学科大概念为核心,使课程内容结构化、以主题为引领,使课程内容情境化,促进学科核心素养的落实"本质上高度一致。[1]

二、学习目标

(一)核心知识

基于一年级 1B Module 3 Unit 3 单元话题 Clothes,学生能够围绕"What clothes do you want to design?"这一驱动性问题,以及由此展开的系列开放性问题进行为期两周的深入研究。

(二)核心能力

1. 学生能够围绕主题,使用网络、书籍等途径搜集自己需要的信息。

2. 学生能够通过比较季节、天气的不同,初步确定自己所设计服饰的类型。

3. 学生能够通过观察、提问的方式了解他人的喜好,结合自己的审美进行服饰的美化设计。

4. 学生能够正确使用词汇、句型对自己所设计服饰适合的季节、天气进行简单的介绍。

5. 学生能够运用制作的材料,以图文或实物的形式对自己的设计进行描述和交流。

(三)核心价值

1. 提升探究能力:通过此项目化学习,学生学会了收集资料的各种途径和方法;学会了结合季节、天气、他人喜好和自己的审美探究服装设计。

2. 提升表达能力:通过此项目的学习,学生能够通过结合现实条件及个人创意设计出合理的服饰,并运用简单的语句描述自己的设计依据和特点。

3. 提升审美能力:通过此项目的学习,学生能够学会整体规划和局部细节处理,学会筛选不同的材料,对服饰进行创意设计。

三、相关学科知识

(一)英语

1BM3的学习主题是 Things around us(我们周围的事物),分别围绕Seasons(季节),Weather(天气)以及Clothes(衣服)这三个有一定关联的话题而展开。期望通过三个单元的学习,学生能初步感知季节、天气和服饰之间的联系,操练与运用常见的季节类、天气类以及衣服类词汇,通过一些简单的句型来表述季节特征、天气和所需的衣服。

(二)生命科学

在此项目实施的过程中,感受不同的季节和气候下适合穿的服饰,学会观察,积累一定的生活经验。

(三)美术

通过绘画描绘出自己设计的服饰。

(四)劳动技术

运用不同的材料手工制作出不同的服饰。

【案例描述】

一、问题导向

(一)驱动性问题

What clothes do you want to design?

(二)子问题

What season is it? How is the weather?

What do you need for spring/summer …?

What else do you need?

Do you like flowers?

What animals do you like?

What do you think of yourselves?

Can you make the clothes with paper/newspapers/flowers …?

二、项目实施过程

(一) 活动入项：创设情境

驱动性问题是项目的核心，它直接关系到项目化学习的过程和结果。驱动性问题要为语言学习提供主题范围或主题语境，并促使学生用所学的英语知识解决问题。[2]

话题 My clothes 决定了驱动性问题属于人与自我大概念，通过 M3 整个模块的学习，我们了解了季节、天气的不同特点，也明确了不同的天气适合的不同的服装。在此基础上，教师引导学生围绕驱动性问题"What clothes do you want to design?"展开讨论。

为解决这一驱动性问题，学生需要认识和了解不同的服装类型及特征，需要用到本单元的核心单词和核心句型来表达自己的喜好，了解他人的需求。同时，依据项目化学习内容，我列出了相关的学科知识。通过语言情感和学习策略，我确定了项目化学习培养的核心能力和核心价值。这样，驱动性问题融合了单元教学目标，学生初步思考自己设计哪一类的服饰，适合什么样的季节，保证了学生在完成项目的过程中能学习新知识并运用新知识。

(二) 活动推进：框架搭建

一年级的学生大部分语言知识储备较少，项目化学习活动的推进并不能完全独立进行，因此需要教师搭建框架。随着内容的推进和学生学习情况的变化，不同课时需要搭建不同的学习支架。我通过设计不同的学习任务单、提供相关的学习资源，启发学生思维，以期逐渐由教师的教转向学生的自主学习、合作学习及探究学习，让学生在学习中进行探索。

在项目化学习过程中，我设计了以下几个子问题，帮助学生理解：What season is it? How is the weather? What do you need for spring/summer …? What else do you need? Do you like flowers? What animals do you like? 在思考

和交流的过程中,学生不断挖掘语言储备,描述自己的设想,提高语言运用能力;根据季节、天气设计服饰,促使学生结合自身生活经验进行思考,提高学生的逻辑能力;根据自己的喜好,设计服饰上的花纹、图案,提高学生的审美能力。

(三)活动实施:深入探索

在学生讨论过后,教师通过任务阐述,帮助学生进行小组分工,遵循优势互补的原则,按照能力高低混合式分配学习小组,并鼓励学生自行推选组长,明确小组成员的不同任务,保证项目化学习能全员参与。[3]接着,在前两课时内容的基础上,教师进一步引导学生在组内思考不同季节的特点,讨论是否能够用不同季节的特定材料进行设计等,通过"Can you make the clothes with paper/newspapers/flowers …?"启发学生思考。通过提供图片,进一步发散学生的思维,激发学生的创造力,引导学生确定成果形式。

在语言运用方面,教师提供全体学生语言框架,同时鼓励有能力的学生进行更丰富的介绍。之后,学生再次通过线上交流讨论、线下查阅资料改善小组的设计方案。在这一过程中,学生不仅学会了语言知识,同时还通过合作分工、搜索资料等方式,提升了语言能力、思维能力、审美能力。

(四)活动总结:展示交流

学生积极思考、设计,并拍摄了照片、视频在课堂上进行交流和展示。根据学生的成果展示,教师设计了有关于学生语言运用及服装设计要素的评价表(图4)。在引导学生评价同学的成果时,要关注语言表达流畅性、准确性;也要

序号	用词准确 表达流畅 (3分)	发音准确 语调标准 (2分)	设计精美 富有创意 (2分)	符合天气 有实用性 (2分)	时间控制 (3分钟) (1分)	总分
1						
2						
3						
4						
5						
6						
7						
8						

图4 评价量表

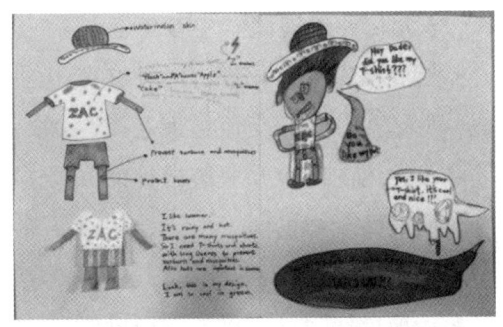

图 5　学生作品

根据同学所设计的作品进行评价,关注学生设计服饰的美观性、实用性、适切性。在评价中坚持以积极性评价为导向,可以有效提升学生的项目化学习成效。[4]在课后,我们进行了投票。

【教学反思】

居家学习给学生带来了些许焦虑,远程的教学效果更是不得而知。然而在项目化的学习过程中,我们还是能够感受到学生参与的积极性。学生体会到了学习的乐趣,语言储备也得到了丰富。

一、真实语境提高学生语用能力

语言是人们的交际工具,并且人们的一切语言交际活动是在一定的交际环境中进行的。设计"真实"的项目化学习活动,能够进一步促进语言的运用和表达。同时,围绕 *Design clothes* 这一具体的主题语境,在解决问题的过程中,运用语言技能获取、梳理、整合语言知识和文化知识,深化对语言的理解,尝试运用所学语言创造性地表达个人意图、观点和态度。不仅能体现学生的学科能力,更能让学生在实际运用中将多学科知识融会贯通,促进了学生的全面发展,发挥了"学科育人"这一重要作用。[5]

二、多元化评价提高学生参与度

虽然本次项目化学习活动在线上进行,但多元化的评价方式和评价内容必不可少。在分享和交流结束后,教师将评价放手交给学生进行,引导学生关注同学口头介绍的内容及服装设计的成果。要求学生关注同学在表达时语言的流畅性和准确性。根据同学所设计的作品进行评价,关注他们设计的服饰的美观性、实用性、适切性。由学生进行点评、投票,增强学生的活动参与度,更提高学生的探索精神,培养学生自信,学会欣赏他人,发现自己的不足。项目化学习中的评价,能凸显学科的整体性和综合性,有助于实现精准教学。[6]

三、学习方式转变更新课堂教学

在项目化学习实践过程中,教师们的教学理念发生了变化,课堂中多了自主学习、合作学习和成果展示;学生的学习方式有了变化,由碎片化的被动完成作业转向主动思考解决问题。[7]其实,项目化学习在一开始,对我来说是一个崭新的课题,但我和其他老师一起摸着石头过河,在一次次实践中探索,在一次次实践中总结,现在我们对英语学科项目化学习的理解、操作路径也越来越清晰。

四、学生在快乐的学习中获取知识

项目化学习能够有效提升解决问题的能力。在项目化学习的过程中,学生的主体地位得到充分的体现,[8]不同学习能力的学生都能在项目化学习中发挥自己的长处,建立良好合作意识,并在快乐的学习中潜移默化提升自身的思维能力和语言运用能力。

一(1)班　齐俊惟:

大家好,我是一(1)班的齐俊惟。我平时就非常喜欢做手工,也喜欢学习英语。这次的英语项目化活动正好在母亲节前后,天气也越来越热了,于是我就想到了做条"连衣裙"送给妈妈。我用晕染、剪贴的方式完成了这条连衣裙,我的妈妈非常开心,也很高兴大家能喜欢我的作品。通过这次活动,我对英文的学习更加充满兴趣,期待以后还能有更多有趣的活动!

一(7)班　王宜璟:

在学完 M3U3,收到作业时,就觉得蒋老师布置的英语服装设计项目化活动好有意思,我平时就特别喜欢用各种材料设计公主服饰,这次刚好妈妈养的粉色蓝富士芍药花开得正茂盛,所以就灵机一动设计了这一件粉粉嫩嫩的花瓣礼服。但遗憾的是 Flower dress 保鲜时间真的太短了,我做完一直催妈妈快快录视频,因为再晚一点我的鲜花礼服就要变干花礼服了呢!感谢老师和同学对我作品的喜爱,非常开心自己能获奖。

当然,在设计与实施项目化学习的过程中,我也发现了一些问题需要我们进一步思考,例如是否教材中每个单元都适合用项目化学习,如何根据核心素养活动观设计不同的成果,如何设计有效的评价,更加关注每一位学生的参与等。[9] 希望通过不停的设计探索和思考总结,能够逐一解决这些困惑,更加完善项目化学习的设计与实施。

参考文献:

[1] 北京师范大学出版集团.小学英语新版课程标准解析与教学指导(2022年版)[M].北京:北京师范大学出版社,2022.

[2] 邱丽花.例谈基于单元主题的小学英语项目化学习[J].中小学外语教学(小学篇),2022,45(07):12—17.

[3][4] 李静.基于单元主题的小学英语项目化学习实施策略研究[J].天津教育,2023(10):173—175.

[5] 杨玲.如何设计小学英语项目化学习[J].天津教育,2022(16):183—185.

[6] 张丽宁.小学英语项目化学习的实践与思考[J].江苏教育,2022(17):52—54+59.

[7][9] 车建琴.指向学科核心素养的小学英语项目化学习研究[J].上海课程教学研究,2021(11):55—60.

[8] 李冰.小学英语项目化学习的教学策略[J].天津教育,2022(30):156—158.

20 创意点缀生活　思考装饰学习

——I'm a little designer 3BM2U3 Clothes 项目化学习

小学英语学科　苏　涛

【项目概述】

I'm a little designer 是根据牛津英语上海版 3BM2U3 Clothes 设计和展开的。居家学习的日子里,我们不得不坐在书桌前、坐在沙发上面对一小方屏幕完成我们平时坐在偌大的教室、看着明亮的屏幕和亲切的老师时的学习任务。这段时间里和我们最接近的是居家的生活、忙碌的父母和频繁的检测,我们的服饰也从整齐的校服渐渐变成了舒适的居家服、耐脏的家务装、出门的核酸检测服和口罩等。

I'm a little designer 这一项目化学习将学生当下的生活和学习内容结合在一起,引发思考,发挥创意,展开想象,为居家学习的日子增添灿烂的色彩,同时让学生发现动手操作和构思实践是有趣美妙的。

在此项目中,学生通过梳理问题找出症结,理解与实践,将各学科的主要技能融入英语学习和创作中来,进行动手创造和设计形成作品,并运用本单元的核心内容进行作品的表达和对美好生活的畅想,兼具创造性、科学性和学科性。

【挑战性问题】

1. 本质问题

结合当下的生活,运用学科知识和跨学科知识进行创造和表达。

2. 驱动性问题

What are the best clothes for nowadays?

学习后我们发现了不同的服装,不同的功能,你能发挥你的想象力和创造力,去设计一件专为"这个时间点"居家,便于出门核酸检测的服饰吗?

【学习目标】

1. 知识与能力目标

(1) 知晓了解服装类词汇,如 hat(s), scarf(s), jacket(s)等;初步学习与运用 a pair of 来表达成双的物品,如 a pair of gloves, a pair of socks, a pair of shoes, a pair of trousers 等,关注其发音、拼读、书写以及单复数。

(2) 感受服饰的特点与多样,了解不同材质的功能,感受服饰的季节特征与性别特征。

2. 跨文化知识

(1) 自然科学:

知道人们可以采用不同的材料制作衣服以满足不同的需要。

知道内外衣制作材料不同是因为材料的性能不同,这样才能满足人们不同的需求。

知道衣服的制作材料是制造技术的产品,工程和技术产品改变了人们的生产生活。

(2) 劳动技术:

会使用缝衣针、线、剪刀等缝衣工具。

会一些常见的制作、缝补衣服的方法。

(3) 生态学:

知晓并理解人与自然和谐共处的理念。

3. 高阶认知

创见:作为一名小设计师,通过对材质、布料、配饰等进行思考,完成自己作为设计师的作品并进行介绍。

4. 学习素养

1. 探究性实践:思考完善特殊时期的服装,关注其功能性和美观性。

2. 社会性实践:积极倾听他人的观点并回应。

3. 调控性实践:有计划地完成项目,并不断完善和修改自己的作品。

【项目实施】

(一) 入项

创设情境——作为一名服装设计师,需要具备什么样的技能?如何设计和制作服装、配饰等?在学习本单元知识的过程中我们了解了不同的服装,如何表达自己所喜爱的服饰,展示作为设计师的才华和智慧?

教师提出驱动性问题,组织学生讨论,聚焦关键词 best、nowadays 谈谈自己的观点,并对问题进行细化、分解,形成思考路径和问题链。师生共同讨论来激活学生已有的知识储备。了解项目的进程时间，在过程中需要学生思考和探究的问题。明确自己做好研究的时间，以及自己最终完成的作品。

（二）知识与能力建构

1. 能力一：对季节性的认知和把控

支架1：集体讨论：Different clothes for different seasons

支架问题：What do you wear for spring, summer, autumn and winter? I wear ... for ...

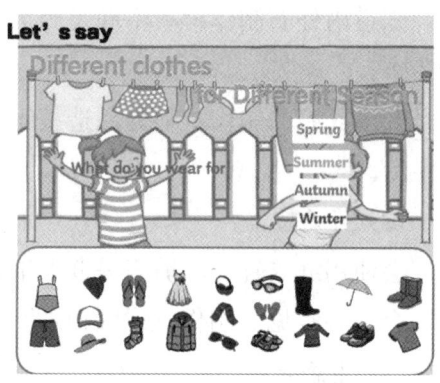

支架2：在讨论的基础上激活对四季概念的理解，明确在不同的季节穿着不同的服饰，关注其保暖性、凉爽性、舒适性等，创编一首有关季节的服饰的歌曲，来加深对于季节性概念的理解，如：

Hat, T-shirt, shorts and shades, short and shades,

Hat, T-shirt, shorts and shades, short and shades,

And swim suit and slippers,

Hat, T-shirt, shorts and shades, short and shades.

支架3:完成课后的作业单,形成自己的知识与能力建构。

2. 能力二:材质的选择

支架1:探索反馈:the materials of clothes

在课后探索作业的支撑下,在课堂内进行交流和反馈——做服装的材料,如布料、羊毛、皮革等;不同材质的不同功能,如保暖、透气、防疫、环保等。

支架2:提供场景:

不同的场景下,需要选择不同的材料制作成不同的服饰,考虑相应的场景进行合理的材料选择。如夏天的服饰应采用透气性的材质;冬天应选择保暖性更好的材质,如羽绒、皮革等;防疫的当下,选择更有防护性的材料进行大白服饰的制作,更应该考虑环保的概念,可利用一些废弃的、不起眼的、旧衣服类等。

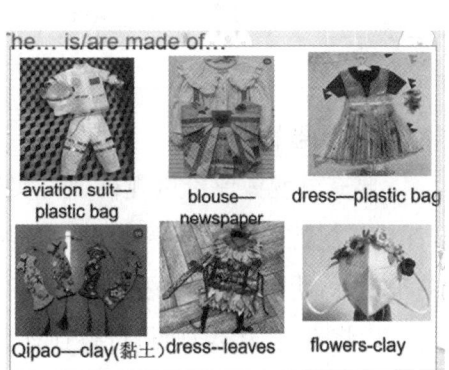

(三)成果修订与完善

1. 学生可以在自己思考以及教师的指导下完成作品的设计。

2. 教师指导学生对于收集的数据或资料进行可视化的呈现。

3. 初步在班级内讨论服饰设计方案以及后续问题的跟进和修改。

4. 班级内进行成品(海报、设计自己的或娃娃的服装、vlog 等)展示交流并进行评价和评选。

【展示阶段成果】

汇报时需要展示优秀作品的亮点以及创作过程(包括如何思考、如何表达等)。如果在评选中遇到困难,也可以在展示时提出。

【出项】

学生将完成好的作品上传至钉钉群完成打卡任务,同学对他人的作品进行评价和点赞,评选出设计大师奖、创意满满奖、设计十足奖、环保卫士奖、抗疫达人奖、完美展示奖。

【项目评价】

I'm a little designer 评价量规

评价项目	评价等第
能了解和知晓服装类词汇,用词准确	★★★★★
能了解和知晓不同季节搭配不同的服装等	★★★★★
能了解和知晓不同材质的功能以及合理搭配等	★★★★★
过程性资料完善,并体现过程的精确性	★★★★★
融合跨学科知识,结合英语学科特色	★★★★★
展示精湛,清晰流畅	★★★★★
总星数:	

【项目反思】

1. 要充分发挥评价量规在项目实施过程中的作用。在这个项目中,自入项起,评价量规就起到了重要的作用,学生通过评价量规了解评价自己的最终成果的各项指标,明确要努力的方向。在项目实施过程中,通过对评价量规进行细化、修订,将自己对学习所得进行迁移。

项目化学习具有探究性,大任务的设计应结合教学内容、配合教学目标、导向回答驱动性问题。[1]

2. 项目实施过程可以根据项目的实施需要进行合理的安排。根据不同的子问题和内容支架,架构起学生学习的平台,带领学生一起参与到学习中和思考中。

3. 要灵活运用线上平台与信息手段。线上平台与信息手段强势进入了教学活动中,线上平台与信息手段的利用可以极大提升学习效率。

4. 基于国家课程内容的项目化学习是一种素养导向的方式,优化课程实施,指向素养目标,同时契合国家课程的定位。[2]教师在设计活动时,应立足于教学主题,从主题意义出发进行探究思考设计。

【学生感悟】

三(1)　蒋同学

三年级下学期的英语学习中,我们学习了很多服饰相关的英语知识。本学期的英语项目化活动,也是围绕服饰展开,让同学们化身为小小设计师,进行服饰设计。这种寓教于乐的活动方式我非常感兴趣。于是,在妈妈的帮助下,我克服了物资准备困难的不利条件,边学边做,最终成功设计制作了一条连衣裙。通过这次活动,我不仅收获了一条美丽的裙子,还学习了更多服饰相关的英语词汇,并练习了用英语表达设计和制作的过程,收获很多。我觉得本学期的英语项目化活动非常有意义,非常期待下学期的新活动。

三(2)　张同学

项目化的学习过程中我感触最深的就是1加1可以获得大于2的结果。一项看起来很困难的任务,在大家的分工协作、共同努力下,变得容易许多。而大家一起出谋划策,又能产生很多新奇的点子,共同完成挑战也是一件愉快的事。

三(3)　方同学

这是一段非常有趣的学习过程,Stone老师让我们担任设计师,自己动手做一件环保主题的服装,并且用英文介绍我们的创意。我用一条废旧的浴巾亲手剪裁、缝制了一件蜡笔小新主题的T恤衫。在正面画上了蜡笔小新的图画,还用A4纸折叠了一个画满有趣图画的口袋钉在了T恤上。当我的作品做好的时候,爸爸妈妈都开心地夸奖我。这个项目让我开动了脑筋,把创意变成了作品,并用英文讲解给大家听。当我指着自己的作品,运用在课堂上学过的例句描述作品的时候,我觉得可骄傲了,那些词汇和句子也更深入脑海。这真是一次让我记忆深刻的体验啊。

结束语

让项目化学习真正落实在日常的课堂中,教师需以概念为基、能力驱动,与小学英语核心素养导向的改革方向一致。搭建从顶层规划大概念——核心能力——课程能力——课程内容四位一体的结构,并一以贯之到单元,更需要关注知识的维度。项目化学习活动是一种以项目为导向,通过学生主动探究和实践,将知识学习和实际应用相结合的学习方式。它不仅关注知识的掌握,更注重实践能力和创新思维的培养,需要学生运用所学知识,发挥创造力,解决问题,最终呈现出一个完整的成果。研究表明,PBL在知识获取深度上优于传统的教学方法,经过PBL,学生对知识的理解更为深入灵活、改善学生的创造性思维。[3]这种学习方式激发了学生们的学习兴趣和动力,让他们更加积极主动地参与到学习中来。通过项目化学习活动,学生们不仅掌握了知识和技能,还提高了实践能力、团队协作能力和解决问题的能力。他们在实践中发现了自己的潜力和不足之处,为未来的学习和职业生涯打下了坚实的基础。同时,项目化学习活动也为学生们提供了一个全新的学习环境和学习方式,让他们从传统的被动学习中解放出来,成为学习的主体和主导者。这种学习方式不仅让学生们学到了知识,更重要的是让他们学会了如何学习、如何思考、如何创新。在项目化学习中,教师的支持必不可少,中等强度的支持更有利于项目目标的迁移。[4]总之,项目化学习活动是一种富有成效的学习方式,它能够将知识学习和实际应用相结合,提高学生的综合素质和能力。让我们一起探索和实践项目化学习活动,为未来的教育和学习带来更多的创新和变革。

参考文献:

[1] 苏丽亚.整合·关联·探究:小学英语项目化学习设计——以译林版《英语》四年级上册Unit 7 How much? 单元复习为例[J].小学教学设计,2023(27):60—63.

[2] 夏雪梅.国家课程的项目化学习:高质量的分类探索[J].上海教育科研,2023,(03):31—36.

[3] 夏雪梅.指向创造性问题解决的项目化学习[J].上海教育,2023(15):52.

[4] 夏雪梅.项目化学习中"教师如何支持学生"的指标建构研究[J].华东师范大学学报(教育科学版),2023(08):90—102.

21 基于思维品质提升的小学英语项目化学习研究

——以 4AM3U2 打造"理想社区"项目化学习为例

小学英语学科　张　纯

一、实践背景

《义务教育英语课程标准（2022年版）》明确了英语学科的核心素养分为四个维度，分别为语言能力、学习能力、思维品质、文化意识。[1]随着课程改革的不断推进，学生思维品质培养得到了高度重视。思维品质是指学生在思维过程中所具备的基本品质，它直接影响着学生的全面发展。[2]而项目化学习是学生在教师的引导下，围绕与教学内容相关的某一现实问题，在学习活动中踊跃讨论、积极合作、主动探究，激发思维动力，提升思维品质，培养英语综合能力的学习方式。教师聚焦生活场景，以 My dream neighborhood 为主题的项目化学习，以学科知识为支撑，以问题导向为驱动，以培养学生批判性思维为突破口，引导学生学会观察、主动思考、深入分析、敢于创新，基于实用性、便捷性的基本原则，以主人翁的姿态打造属于自己独一无二的"理想社区"。

二、学科核心知识

牛津英语第三模块话题为 Places and activities，4AM3U2 的主题为 Around my home。在本单元的学习中，学生能学习、感知与运用常见的生活场所类词汇，能准确表达场所方位以及场所内的物体位置，并在生活实际场景中学会观察、学会描述、学会比较、学会分析，进一步感受所居住社区的真实特点，从而激发创意的激情。

语言知识——学生能够用正确的语言介绍自己的社区设施、位置的优劣势，以及自己的设计缘由、思路与创意成果。

语言能力——学生能够基于已知和新知，用正确的语言从场所的位置、各设施的功用、设施位置的便捷程度、社区居住的舒适度等不同方面，有条理地介绍自己居住的社区，及自己的设计缘由、思路与创意。

情感态度——通过观察、比较、分析，感受社区的发展，体会生活的便捷以及不足，展现自己的创意设计。

三、跨学科核心知识

（一）数学

1. 会画简单的方位图；
2. 能够辨别场所的位置。

（二）劳动技术

1. 会用剪刀、小刀、胶水等手工劳动工具；
2. 会用橡皮泥、纸盒等材料制作场所模型。

（三）美术

会根据实际情况画简单的方位地图，并进行街道路名的标注。

（四）信息技术

会制作简单的PPT，插入文字、图片或者视频。

四、驱动性问题

What's your dream neighborhood like?

根据驱动性问题，我们设计了一系列子问题，引导孩子们观察生活，体验生活，感受生活，并逐步深入思考：

1. What's in your neighborhood?
2. What can you do in these places?
3. Where are the amenities in your dream neighborhood? Please try to draw.
4. What else do you need in your dream neighborhood? Why?
5. Take a walk on Nanjing Road. What are advantages and disadvantages of it?
6. Synthesizing many factors, why do you design the details?

五、实践过程

Part 1：

（1）学生自由组合，完成团队建设

本次项目化学习的主题为 My dream neighborhood，是基于现实社区基础上的设想与创意，所以现实社区是此次交流、讨论、思辨、创意的基础。因此，小组的组合就比较有趣。居住在相同社区的孩子组成一组，他们会有更多共同的生活活动区域，会有更多共同的思辨基础，就会有更多共同的交流基础。还会有些孩子居住的社区与其他同学没有重叠，这样的成员组成的小组也很有意思，他们可以互通有无，从他人的居住环境中求同存异，找到更多创意的灵感。

图 1　分组信息示例

（2）进行入项活动，架构基础信息

在课本内容的基础上，教师带领孩子们复习关于社区场所的英语名称，并联系生活实际回忆教师提供的每个场所的功用。当然，孩子们居住的社区各有特色，那么在自己居住的社区中，还有哪些其他特色场所呢？给自己的生活带来哪些便捷呢？教师带领孩子们从场所的功能性、内置物品等方面的信息进行剖析，将生活场景与书本知识有效链接，从而形成最初的信息架构。

Part 2：走访参观绘制，启发有效思考

尽管孩子们每天都会在社区中生活、游戏，但要绘制比较精确的社区地图，还是需要"重走社区路，仔细再观察"的。教师布置孩子们利用双休日时间，组织小组活动，集体参观，仔细记录，手绘地图，标注路名、场所名称，并详细表达出门牌号码或者场所的大致方位、地点，体会场所设施在社区中如此规划的缘由。将

课内学习与课后活动相结合,将课本知识与生活实际相结合,引导学生在生活中思考,在生活中体验与感悟,增加学生的生活体验,启发学生思维。

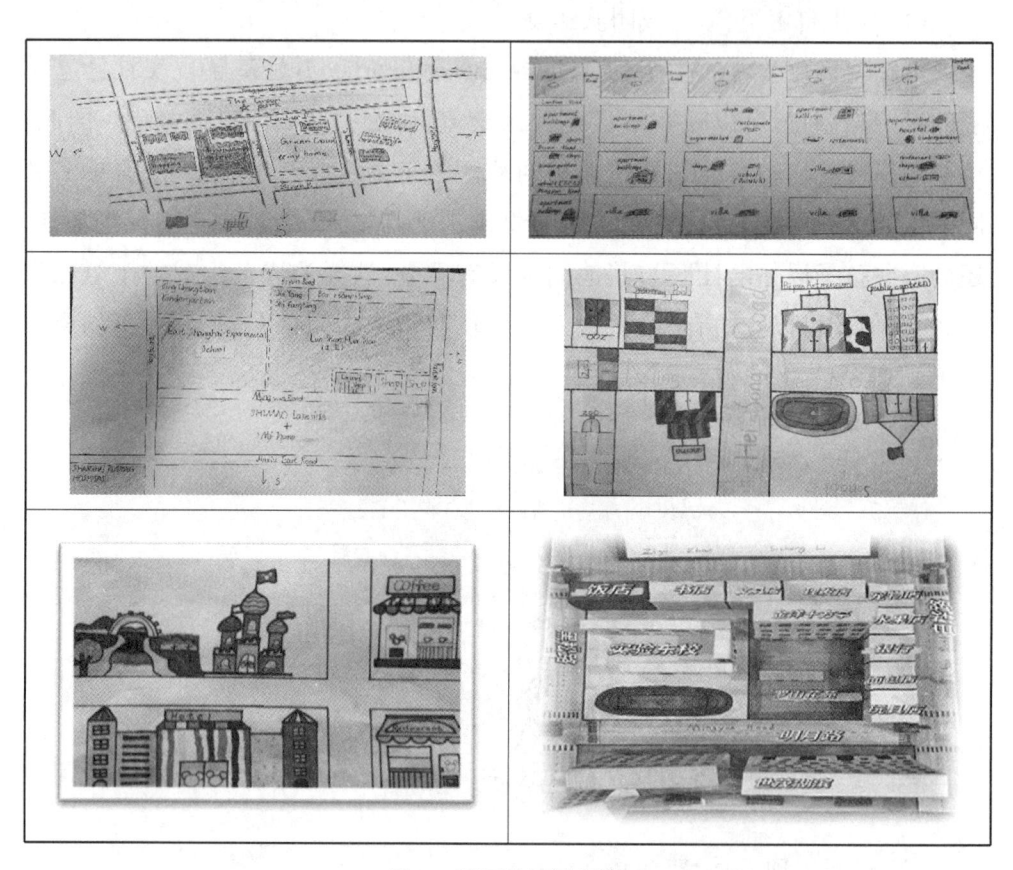

图 2　社区地图绘制版

Part 3：调查分析建议,提供辨析空间

在描述现实场景的基础上设疑导思,是本次项目化学习中培养学生辩证思维的有效手段。Share your map of neighborhood, and think what other facilities you need. Please have a discussion and share your reasons with group members.教师引导小组成员针对自己社区目前的设施进行调查,结合它们存在的必要性、便捷性等原则进行深入思考与细致讨论,进而分析调查讨论结果,设计自己心中的理想社区,提出最需要增加的场所,优化社区建设,并阐释理由。角度不同、喜好不一,呈现的想法迥异,给学生充分思考、辨析的空间,就会收获更多的惊喜。

Part 4:整理比较辩论,引导思维碰撞

本单元设有关于 Nanjing Road 的内容,教师结合现有的比较繁华且有知名度的马路,引导学生对于 Nanjing Road 上的每个商店的功能进行分析思考,从而分析 Nanjing Road 的优势和劣势,有效推进学生的辩证思维能力,并为自己的设计创意提供借鉴。What's on Nanjing Road? Which shops are on Nanjing Road? What are their functions? What are the advantages and disadvantages of Nanjing Road? 在之前大量背景知识架构的基础上,学生进一步整理相关资料、完成思维导图,这一系列过程让学生对社区的设计、场所设施的安排有了比较全面的了解。继而教师安排了小小辩论环节,给予学生更多发表见解的空间,培养了学生的逻辑思维能力。没有对与错、没有胜与负的辩论场能够让孩子们冷静地思考,思路更为清晰。

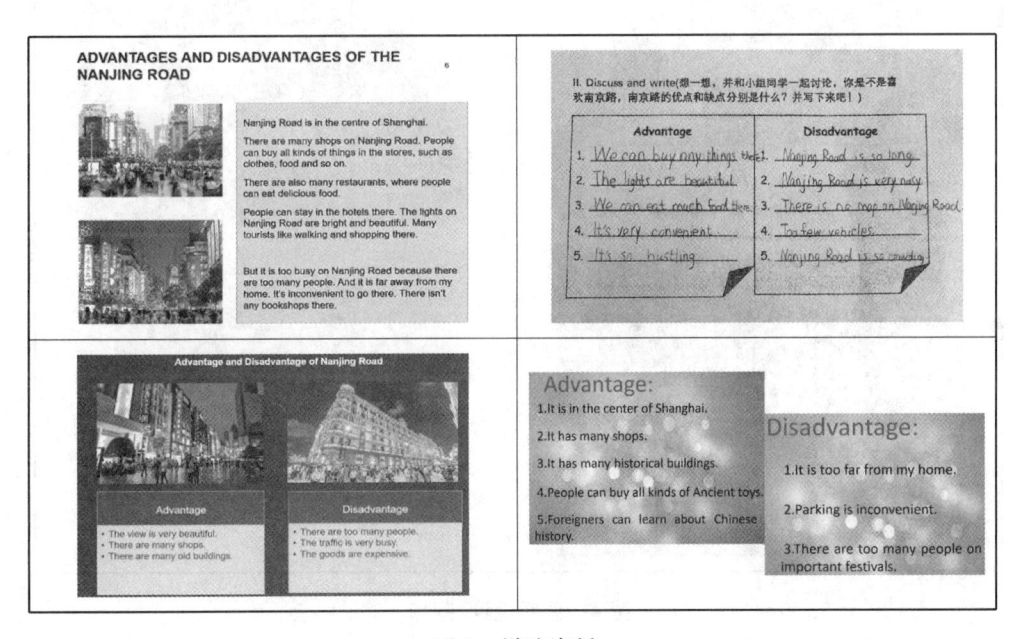

图 3 辩论资料

Part 5:设计创新制作,提升高阶认知

围绕"社区"展开的一系列项目化学习活动中,社区既是学生们的"第二课堂",也是实现了学生从低阶认知到高阶思维有效递进的关键载体。学生们需要通过对相关知识和信息的收集、甄别、分类、组织和对社区现状和 Nanjing Road 优劣势的推理和分析、讨论,制定出相关的设计创意思路。大家分工合作,分享

智慧,经历了"选址—设计—提炼—决策"等若干探索阶段,每个阶段都需要获取各种相关信息,再结合劳技课、美术课、信息课习得的本领,将自己的金点子通过绘制图纸、制作模型等方式直观地呈现出来。

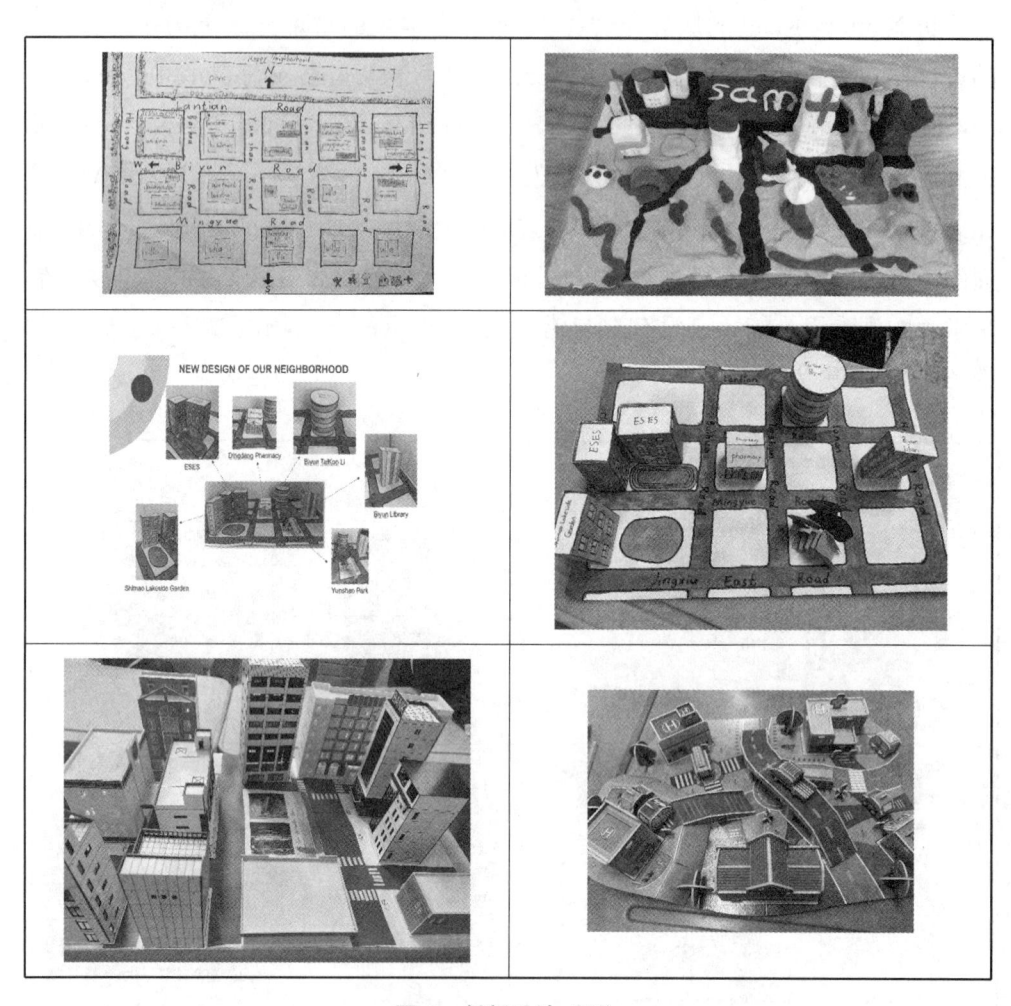

图 4　创新设计、制作

Part 6:分享探究成果,展现创意思维

每位小组成员都有自己的任务分工,每个孩子都能够站在讲台前分享自己的观点,展示自己小组的研究成果。不同的社区,拥有各自的特色文化,在不同文化信息碰撞中,在各自语言交流中,孩子们学会了接受、吸纳、包容。

Part 7:实施多元评价,锻炼综合思维能力

教学评价是项目化学习的总结,是一个重要的环节。基于思维品质培养的

小学英语项目化学习的评价应该是多元的,包括评价主体、评价内容以及具体方式等。比如,项目学习评价主体的多元,表现在所有参加项目学习的师生均可参与评价。评价可以是师生间、生生间的评价,也可以是学生自主评价、组间互评,这些评价可以促进学生对知识的理解,提升学生的思辨能力。

此项目中,我运用多种评价方式,提升学生反思、总结、归纳的能力,有助于为下一次项目化学习积累经验。

1. 评价表评价。项目完成后,每位学生都完成了以下评价表,纵观整个学习过程,有精益求精的环节,有疏于涉及的内容,都可以在评价表的填写中再次回顾,总结经验,反思不足。

2. 投票评价。汇报结束后,每位学生和教师都有一次投票机会。基于小组的合作过程、实践的创意设计、成果的展示呈现等内容,每位同学心目中都有一组"最佳",投票的过程同样是回顾的过程,也对今后自己的学习起到借鉴与促进作用。

表1 My dream neighborhood 项目化学习评价表

评价目标	评价内容	个人自评	家长评价	教师评价
学习策略	能通过走访参观,对所需考察的场所信息进行确认、绘制。	☆☆☆☆☆	☆☆☆☆☆	☆☆☆☆☆
	能运用多媒体、手工绘制进行作品展示设计(如PPT、图纸)。	☆☆☆☆☆	☆☆☆☆☆	☆☆☆☆☆
	能够利用现有的材料手工制作社区模型。	☆☆☆☆☆	☆☆☆☆☆	☆☆☆☆☆
语言运用	能用简单的英语介绍社区场所的地理位置与功能。	☆☆☆☆☆	☆☆☆☆☆	☆☆☆☆☆
	能用简单的英语厘清南京路优劣势,并阐述理由。	☆☆☆☆☆	☆☆☆☆☆	☆☆☆☆☆
	能用英语介绍自己的创意设计缘由、思路与成功之处。	☆☆☆☆☆	☆☆☆☆☆	☆☆☆☆☆
展示呈现	将设计制作成成品,或者通过制作PPT、视频、图纸等途径展示自己的作品。	☆☆☆☆☆	☆☆☆☆☆	☆☆☆☆☆
	能够流利地用英语介绍自己的设计创意。	☆☆☆☆☆	☆☆☆☆☆	☆☆☆☆☆

纵观整个项目化学习的设计与实施,教师依托项目的语言学习模式和理念,通过更多真实语言信息的输入和输出机会,激发学生的学习动机和兴趣,使学生由被动接受向主动学习转变。学生在交流的过程中实现"听",在聆听中学习他人的思维方式;在查阅的过程中实现"读",在信息积累中,不断丰富自己的思维内涵;在记录总结设计的过程中实现"写",不断重整、架构、激活、提升自己的思维意识;在展示的过程中实现"说",运用语言储备表达思维成果。因此,教育要着眼于实用性,要去"唤醒"学生的力量,培养他们的自我性、主动性思考,以使他们在目前还无法预料的未来生活中,做出最有意义的选择。

参考文献:

[1] 中华人民共和国教育部.义务教育英语课程标准(2022年版)[M].北京:北京师范大学出版社,2022:75—76,12.

[2] 吴婷婷.基于思维品质提升的小学英语项目化学习研究[J].文理导航(上旬),2021(10):46—47.

22 初中英语项目化学习研究现状分析及其启示

初中英语学科 张 毅

一、数据来源与研究方法

在中国知网"中国学术期刊网络出版总库"以"项目化学习"为关键词进行全文检索，截至2022年6月25日共得到1464条检索结果；再以"项目化"并含"英语"为主题进行模糊检索，在"社会科学Ⅱ"的学科范围内进行检索，得到1238条检索结果。

根据上述检索方式得到的文献，删除一些不相关的评论、通知、访谈等文献，共获得有效文献1227篇。笔者采用文献计量学方法，运用Excel软件对检索的1227篇文献进行分析，用CiteSpaceⅢ对关键词进行共现频次分析，分别从研究文献年度数量、发表期刊、发表机构、论文被引频次、文献发表类型等方面，梳理这些文献的主要研究内容和研究特点。

二、英语项目化学习研究的基本特点

（一）英语项目化学习研究方兴未艾

从1998年开始检索到2022年6月25日，英语项目化学习的研究文献数量呈现总体上升的趋势（图1）。从发表论文数量上看，1998年只有1篇，2013年达

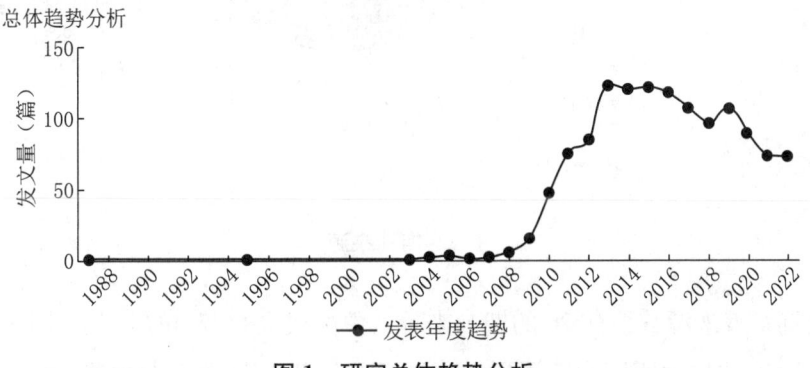

图1 研究总体趋势分析

到 134 篇,随后研究数量逐渐减少,2019 年小幅增加后又减少,至 2022 年有 73 篇。英语项目化学习的研究数量经历了一个急剧上升又趋于平稳的曲折发展过程。

(二)英语项目化学习研究学术化

在统计的近 24 年间发表英语项目化论文数量前 10 名的学术期刊中,《海外英语》发表的论文数量最多,共发表 32 篇(如图 2),但因其刊物定位属于普及类和宣传类,所以被引频次总数并不高。发表在学术性极强的核心期刊(30 篇)和中文社会科学引文索引(10 篇)上的论文共有 40 篇。其中,《中国大学教学》2 篇,被引频次最高,而《中国成人教育》有 8 篇,被引频次也较高。被引频次是学术评价中衡量论文学术影响力的重要标准。从英语项目化研究的期刊发表论文数量和被引频次总数来看,学术性期刊和普通类期刊在这两个指标上差别非常大。

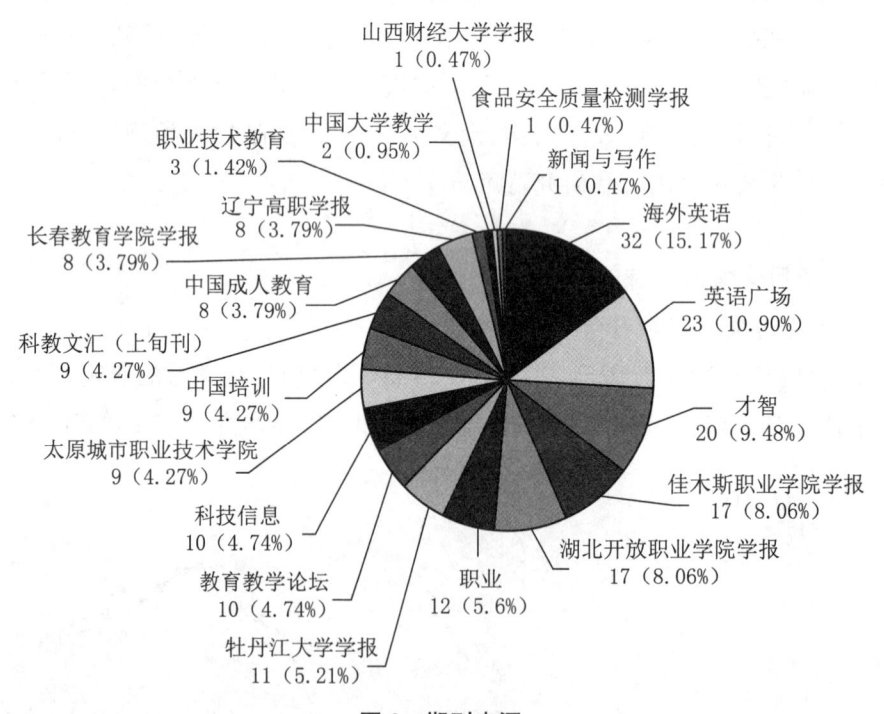

图 2 期刊来源

但就发表来源数量前 20 的期刊来看,《中国成人教育》位居 13,《中国大学教学》位居 17,这也说明国内英语项目化学习的研究兼具学术性和普及性。而且,从核心期刊的发表年份来看,自 2010 年至 2022 年之间有稳定数量的研究成果。不难看出,英语项目化研究的学术性影响力呈现增长的趋势,但就发表论文的数量和内容而言,该领域还存在较大的研究空间。

如图 3,本次统计结果显示,1998—2022 年间英语项目化学习研究在学术期刊上发表文献 773 篇,占已发表全部文献类型的 96%;发表学位论文(硕士、博士)共 26 篇,占 3%。这说明我国英语项目化学习的研究具有较高的学术性。同时,在 26 篇硕博士论文中,有关英语项目化学习的实证研究、教学设计、作业设计、教学困境的研究论文有 30 篇,而还有 7 篇硕博士论文把项目化学习作为研究内容的一部分。

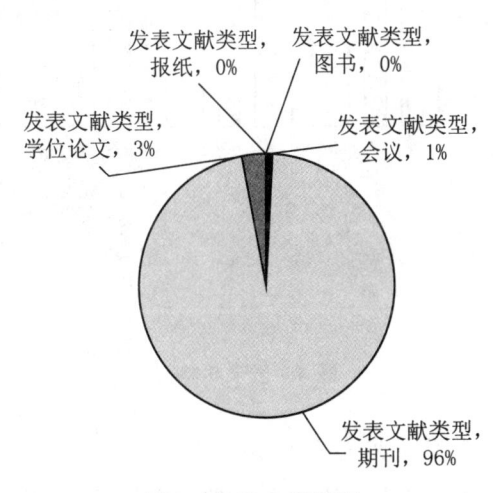

图 3 发表文献类型

(三)英语项目化学习研究走向基础教育阶段

从发表单位的统计结果来看(图 4),常州纺织职业技术学校共发表论文 20 篇,居于发表单位的首位。牡丹江大学位居第二,发表论文 19 篇。在论文发表数量最多的前 20 个单位中,有 17 所职业技术学院,2 所大学和 1 所小学。而职业技术学院和大学的研究论文发表主要集中在 2010 年至 2014 年之间,基础教育阶段的论文发表则是在 2020 年至 2022 年间,从 1 篇猛增至 11 篇。由此可见,在早期,英语项目化学习的研究阵地主要集中在职业技术院校,而随着项目化学习研究的深入,特别是自 2020 年后,学者也将学术目光聚焦于基础教育阶段,尤其是小学,并掀起了研究高潮。英语项目化学习的研究阵地逐渐由高等教育阶段扩展到义务教育阶段。

从研究成果来看,常州纺织职业技术学校和牡丹江大学两个机构具有较大的学术影响力。而在义务教育阶段,江苏省怀安县实验小学做了较为深入的研究。

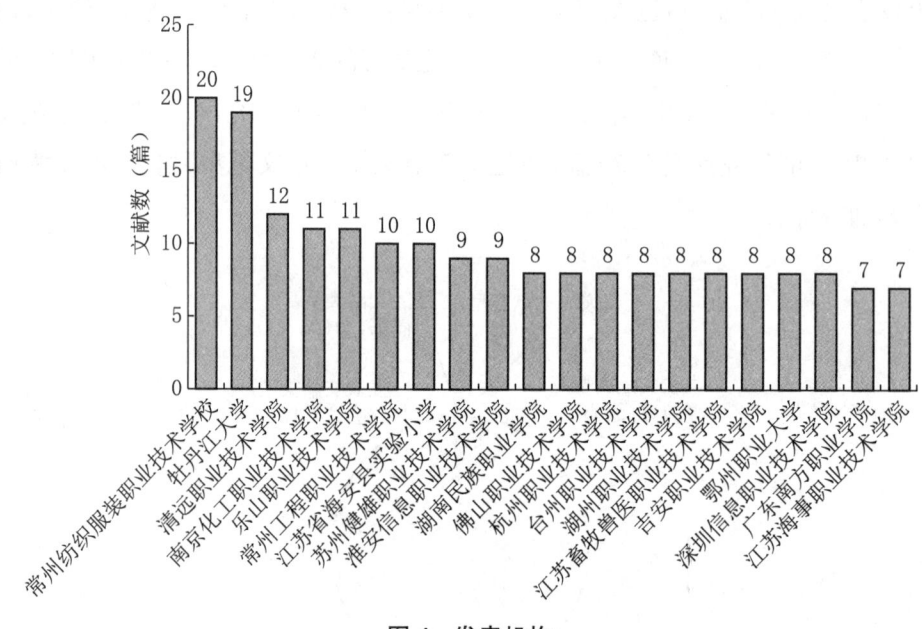

图4 发表机构

(四)英语项目化学习研究影响力相关因素

本次研究统计了国内发表英语项目化学习文献被引频次数量,结果发现,发表文献数量与被引次数没有相关性。例如,王志敏、雷术海虽然不是发表文献数量最多的作者,但是被引频次总数分别为65次和50次,这说明学术影响力和专业性并不受发文数量影响,而主要由被引频次来反映。尽管引用本身具有一定的时滞性,但是被引次数总体上还是反映了文献的科研质量或影响。

表1反映了发表英语项目化学习的文献单篇被引频次排序前10位的情况,与发文数量对比发现,发文数量和单篇被引频次两者之间没有密切关系,进一步说明了学术影响力与发文数量无关,而与被引频次有关。另外,我们也发现10篇高被引频次文献中有2篇是湖州职业技术学院雷术海的论文。因此,无论在发文数量,还是单篇文献被引频次上,湖州职业技术学院在英语项目化学习的研究上都有较强影响力。

表1 发表文献单篇被引频次排序前10位文献列表

序号	题名	作者	来源	发表时间	数据库	被引	下载
1	大学英语教师激发学生学习动机策略的有效性研究	王志敏	上海外国语大学	2013-5-1	博士	65	9525
2	基于工作过程的高职英语课程项目化教学研究	雷术海	张家口职业技术学院学报	2009-6-20	期刊	50	589
3	以"项目化"实践教学培养应用型人才创新能力	谢春晖 林志东 王 忠	中国大学教学	2009-3-15	期刊	38	931
4	"商务英语"课程实施项目化教学的实践探索	王海波	中国大学教学	2013-8-15	期刊	36	1116
5	高中英语任务型听力教学的设计与实践	邱婉丽	华东师范大学	2003-12-1	硕士	33	1492
6	高职公共英语课程项目化教学改革研究	雷术海	济南职业学院学报	2010-2-15	期刊	28	388
7	项目化教学在职业教育中的应用研究	肖 乐 崔 焱 江凤英 曹 园	铜陵职业技术学院学报	2018-3-25	期刊	26	241
8	"项目化教学"在高职教学改革实践中的探索	汤 晓 朱建华	考试周刊	2008-7-29	期刊	25	352
9	基于工作过程的高职公共英语项目化教学模式的实证研究	窦菊花	湖南科技学院学报	2012-12-1	期刊	24	451
10	论项目化教学在高职英语教学中的应用	陈京丽 张明珠	成人教育	2011-4-10	期刊	23	349

三、英语项目化研究的主要内容及观点

运用CiteSpaceIII对检索文献的关键词进行共现网络图谱分析,我们发现关于英语项目化学习的研究主要集中在以下几个领域:大学英语、基础教育、教学困境(图5)。阅读这些高频次关键词的文献,对主要观点进行梳理和归纳,我们可以了解我国对英语项目化研究的学术关注内容及研究深度。

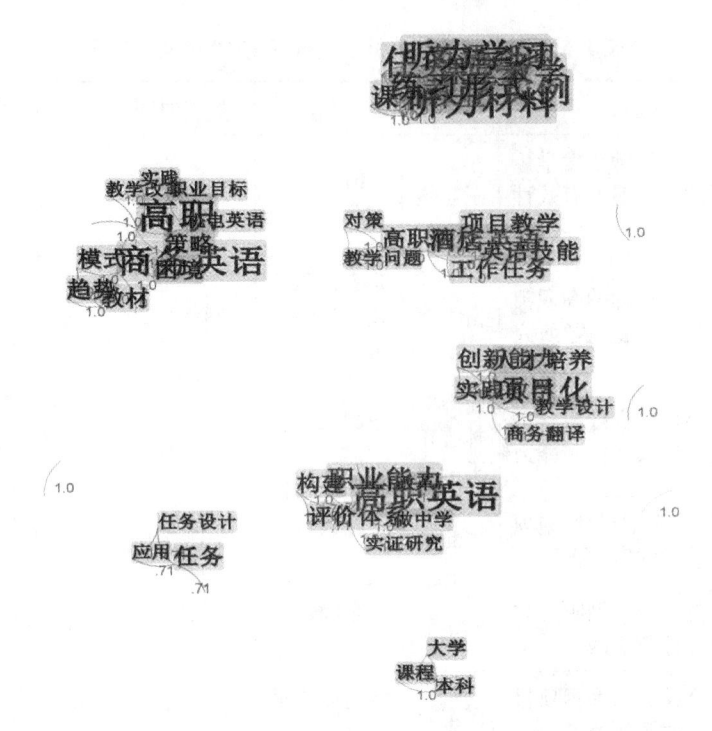

图 5 检索文献关键词的共现网络图谱分析

（一）大学阶段英语项目化学习

大学英语教育中，高职院校由于其职业教育的特征，率先将项目化学习运用在日常教学中，以培养高等技术应用型人才。项目化在高职英语学科中的运用，主要有以下几种：1.将传统教学嵌入项目任务。在高职公共英语中，形成了"产品导入主题——传统教学与项目化教学相结合——将所学概念引入产品——检查评价——形成评价表"的教学模式。[1] 2.围绕职场，项目任务，合作学习。以职场为基础确定教学内容和方向，用与职场相关的项目活动拓展教材的实践内容，构建高职英语教学大课堂，培养学生在职场环境中综合应用语言的能力。[2]

随着大学英语教学改革的实施，许多高等教育学校，如山东大学将项目学习纳入大学英语教学之中，学生每学期都要完成一个项目，其成绩计入期末考核成绩。[3]随后，高校出现大量项目化学习实践研究，学者们纷纷尝试在英语专业语法课、语音课、听说课、文化比较课以及口译课等课程中内化项目学习法。陈红梅在商务英语听说教学中尝试了"项目式学习法"，证明项目学习可以促进学习者英语知识与商务知识体系的主动构建,培养英语语言技能,同时培养学习者团结合作的职业态度。[4]于添伊将项目学习应用于大学英语语音教学,测试学习效果并培养学生的自主学习能力。[5]顾卫星、叶建敏将大学英语中华文化教学与项目化学习结合起来,展开中国地方文化英语教学。[6]陈卓发现口译课程中,"支架渐隐"(fading)在口译项目化教学中,能促进责任转移,通过把责任由支架和学生双方转移到学生单独一方,以促进学生的技能获得。[7]也有学者运用项目化学习的模式培养大学英语自主学习。

项目化教学中的教学评价也是学者们研究的重点。教学评价随课程设置的改变而改变,在多种评价方式相结合的指导思想下,将终结性评价与形成性评价、测试与测量、过程与结果、知识与能力等多样化的评价方式和内容相结合,使评价能够检验并提高学生的专业素养,促进专业能力的提升,并形成更为有效的反馈和激励效果,使学生在英语学习中有的放矢,目标明确。[8]

随着英语项目化学习在本科和职校中的广泛运用,项目化学习有别于其他教学模式的教学效果得以实证:这种教学更加有利于提升职业核心能力,提高学生对外交流的能力,提升学生的自主学习能力和英语综合应用能力[9],有效激发了学习者的英语学习热情,项目化学习的9大特质对7个动机构念有着程度不一、效果明显的影响。[10]

(二)基础教育的项目化学习

基础教育的项目化学习,包括小学、初中和高中的英语项目化学习。研究内容主要聚焦英语课内教学设计、项目化作业设计以及课外教学设计,如综合实践课教学设计、课外英语阅读课设计。

英语学科的项目类型有以下六种模式。第一种模式是遭遇式的项目。例如,学生在街上采访外国人,或者与国际学校留学生展开即时交流。第二种模式是 Media or Texts Projects。这个项目来源于各种各样形态的媒介。例如,文学读本、诗歌文本、新闻、视频、音频等各种学习媒介。第三种模式是 Mixed Projects。这种模式也就是上述两种项目整合起来,既育人又育文,人文结合,是内涵最丰富,学生产出最有效的一种项目模式。第四种模式是 Research and Information Project。是学生基于图书馆、网络或档案来进行主题式的探究调查的项目模式。第五种模式是 Survey Project,如问卷调查、采访并最终形成报告的科学式的调查。第六种模式是 Performance and Organizational Project。例如,课本剧这种表演类的项目。[11]目前运用较多的是第三种模式和第六种模式。随着网络技术、云平台技术等现代教育技术手段的发展,彭飞娥、林丽斌、张红梅结合教学实践构建智慧校园环境下项目式学习的新型教学模式。将虚拟仿真技术和大数据分析技术与项目化教学相呼应,完成项目引入、项目探究和项目成果展示。[12]江苏省海安市实验小学在项目化学习过程中,根据教学需要,对教材进行适当的取舍与调整,整合教材单元主题。左菁以初中英语教学为探究核心,对项目化教学法在英语课堂中的应用进行分析,并结合具体的课堂实例提出项目化学习法的有效实施策略,按照课堂教学的方法将项目化学习分为:列举型项目、信息差项目、比较型项目、决定型项目、解决型项目、创造性项目。[13]高中阶段的项目化学习有3个关键因素,即清晰明确的教学目标、贯彻始终的真实性问题、细化到人的具体任务。[14]

随着课堂教学设计的项目化研究,课内和课后作业的项目设计也引起了学者重视。黄海东提出单元概念下,课外作业和课内作业结合的项目化作业设计,如探究制作型、调查研究型、解决问题型和表演展示型。[15]徐秋霞则发现项目化作业符合"双减"政策:采访调查型作业,在合作探究中培养学生语言能力;手工制作型作业,在探索中提升学生和创造性思维能力;汇报展示型作业,在真实情景中锻炼学生自信表达能力。形式多样的作业内容不仅能够激发学生的作业热情,引发学生关注自我、关注真实世界的兴趣,还培养了学生"用英语做事情"的能力。[16]

在基础教育阶段,项目化学习往往也以其他课型出现,利用分散而跨度大的时间段完成,这往往也是项目化最先开始运作的形式。徐永军、罗晓杰基于Stoller 所开发的语言项目学习的教学模式,构建了适合我国初中英语综合实践课使用的语言项目学习的教学模式,并为初中英语教师实施语言项目学习提供了若干建议。[17]刘立探索了整本书阅读教学和项目化学习法结合的设计。[18]朱珠通过将初中英语教学与STEM 有效融合,充分发挥STEM 在教学中的优势,更加注重学习的实践性、自主性以及创新性等,运用不同学科之间的内在联系,促进学生综合能力的提升,突出学生的主体作用,促使初中英语教学质量及水准得到提升。[19]

(三)英语项目化学习教学和研究困境

英语项目化教学在实际教学的运用也面临困境,项目化教学作为一个兴起的概念,到了中国的课堂中还需要不断"本土化"。研究者发现,高职项目教学中没有突出"工作、市场导向",教学形式表面化,没有提高学生的参与度,没有选择科学合理的英语课本,没有完善的师资力量。[20]而在基础教育阶段,侯肖、胡久华指出项目式学习在实施中遇到了普遍性问题,教师给学生提供的问题解决空间小,教师代办情况比较普遍,小组合作不到位,时间安排不合理,学生在查阅资料、汇报交流、合作共享等方面存在技能的不足,教师面对复杂问题的应对措施和经验有待发展。[21]针对教学困境,学者们也提出了对策,如让学生参与解决问题,亲身经历解决问题的过程;注重学生合作、交流、探究等。

结语

通过梳理1998—2022年国内学者研究英语项目化学习的状况特点以及研究内容,可以看出我国学者对英语项目化学习在基础教育和高等教育阶段的实施以及教育困境都做了深入广泛的研究,对项目化实践经验有了多层次、多角度的理解。英语学科项目化学习也从以高职院校为试点,逐渐向大学乃至基础教育阶段铺开。尤其在基础教育阶段潜心研究、投入实践的学者越来越多。当然,英语学科项目化学习如何更加有效地为我国培养具有核心素养的新型人才,还需要更多的修正研究。如何平稳地从传统教学过渡至项目化教学,如何解决时间少、教材不适切等问题,还需要更多学者探索项目化学习策略、开发项目化教材以及做好项目化教师培训。

参考文献:

[1] 唐长江.基于职业核心能力的高职英语"项目学习"的教学设计和实践[J].价值工程,2014,33(01):254—255.

[2] 韩玲.基于职场的高职英语教学模式研究——以项目为驱动促进合作型学习[J].金华职业技术学院学报,2013,13(01):30—34.

[3] 高艳.项目学习在大学英语教学中的应用研究[J].外语界,2010,(06):42—48,56.

[4] 陈红梅."项目式学习法"在高职商务英语听说教学中的应用[J].吉林工程技术师范学院学报.2010(7):53.

[5] 丁添伊.项目教学法在大学英语语音教学中的运用[J].佳木斯教育学院

学报,2012(01):279,282.

[6] 顾卫星,叶建敏.基于项目学习的大学英语中华文化教学探索——以"中国地方文化英语教学"课程为例[J].山东外语教学,2017,38(04):27—36.

[7] 陈卓.大学英语口译项目学习中教师支架渐隐研究[J].开封文化艺术职业学院学报,2020(06):78—79.

[8] 禹春晖.基于职业核心能力的高职英语"项目学习"的教学设计和实践研究[J].郑州铁路职业技术学院学报,2014,26(04):94—95.

[9] 李顺清.基于项目式学习的高职英语教学模式探究[J].中小企业管理与科技(中旬刊),2019(08):117—118.

[10] 王勃然.项目学习模式对大学英语学习动机的影响因素分析[J].外语电化教学,2013,(01):37—41,68.

[11] 杨玲.如何设计小学英语项目化学习[J].天津教育,2022(16):183—185.

[12] 彭飞娥,林丽斌,张红梅.智慧校园环境下小学英语项目式学习创新研究[J].教育与装备研究,2019,35(03):12—19.

[13] 左菁.项目化教学在初中英语教学中的运用[J].试题与研究,2022(13):1—3.

[14] 牛纪强.核心素养背景下的高中英语项目式教学[J].校园英语,2022(12):51—53.

[15] 黄海东.单元话题背景下英语课外作业项目化实践尝试[J].英语教师,2018,18(21):131—133,144.

[16] 徐秋霞.巧妙设计作业支持项目学习[J].小学教学研究,2022(16):77—79.

[17] 徐永军,罗晓杰.国外"语言项目学习"及其对我国英语教学改革的启示[J].教育,2015(11):79—80.

[18] 刘立.基于项目化学习的整本书阅读教学的实践与研究[J].中学生英语.2021(10):1.

[19] 朱珠.初中英语教学与STEM的有效融合[J].第二课堂(D),2022(01):86—88.

[20] 李经宁.高职英语的项目化教学实施现实困境和策略研究[J].校园英

语,2021(02):39—40.

[21] 侯肖,胡久华.在常规课堂教学中实施项目式学习——以化学教学为例[J].教育学报,2016,12(04):39—44.

第四辑

科学

23 STEAM 课程中的探究活动设计及实施的研究
——以"食物与营养"一课为例

小学自然学科　朱晨佳

项目化学习已经成为"双新"时代背景下小学自然教学工作开展的重要方向。依托 STEAM 教育理念的跨学科项目化教学能够充分凸显学生的主导地位，促进学生未来学习生活必备科学素养的形成。小学自然教师需要不断优化教育理念，给予学生高质量的 STEAM 课程探究活动的设计与实施。

一、研究背景

STEAM 教育包括科学教育、技术教育、工程教育、艺术教育以及数学教育。教师通过科学教育能够培养学生的科学观念，引导学生掌握科学领域中的相关知识；通过技术教育以及工程教育能够进一步促进学生实践能力的提高，促进学生综合素养的形成；通过艺术教育能够提升学生的人文艺术素养；通过数学教育能够引导学生着重探究数学知识在各领域中的实际应用，在提高学生推理能力、计算能力的同时，帮助学生理解数学学科的应用价值。[1]

"制作喂鸟器"是一个 16 课时左右的 STEAM 探究项目，主要是从上海周边鸟类调查开始，了解鸟类的食性等生活习性与身体构造、生活环境间的关系，从而引发制作一个喂鸟器来帮助野生鸟类生存的过程。

"食物与营养"是"制作喂鸟器"这一 STEAM 项目中的一课，是该项目中涉及相关科学知识习得过程的课时教学。主要研究鸟类进食之后，食物在体内是如何转化成能量的，但介于我们无法真正跟踪食物在鸟类体内的转化过程，所以借助最简单的酵母这一生物对糖类的分解过程着手研究，进而使学生初步了解食物在体内会分解成身体所需的营养物质，并提供生命活动所需的能量。

从生活中发现问题，用生活中的另一个物体来替代研究对象，从而解决了发现的问题,这样的探究过程无疑是学生喜闻乐见的。本课时着重利用前一实验的实验现象来激发学生自主提出下一个待解决的问题,这样可以有序推进整堂课的教学活动,顺利完成本堂课的探究任务,得出相应的结论,并解决实际生活问题。

二、探究活动缘起:问题的产生与设计

(一) 情境问题真实化

问题情境的设置是教学设计的重要部分,应突出学生主体地位开展多学科、跨学科的探究实践活动。创设真实多样的问题情境,有助于学生将已有知识经验与问题情境相联系,引起认知冲突,让学生积极思考,认识科学本质,促进知识迁移,培养学生利用已有知识解决实际问题的实践能力和创新能力。同时应保护学生的好奇心,激发学生学习科学的内在学习动机,增强科学课程与育人目标的联系。[2]

"制作喂鸟器"这一项目的初衷是为了保护野生鸟类种群及数量,尤其是在科技发达的城市中,人类如何做到与大自然和谐相处,共同构建一个和谐的生态环境,是当代人们应该思考和解决的一个问题。而这个STEAM项目正是迎着这样的真实问题出发,以小见大,从鸟类如何在人类相对集中、生态环境并不能完全满足生存的现状中,继续能以相对稳定的种群数量发展为主线,通过一系列的学习和活动来解决这样一个真实的问题。

"民以食为天",设计、制作完喂鸟器后,里面装有的食物如何给鸟类提供营养和能量呢? 又一真实的问题出现在学生的脑海中,环环相扣推动项目的进行。

(二) 繁复探究简单化

小学生的认知水平具有一定的年龄特点,他们能通过表象简单总结规律,但理性思维的发展还比较有限,所以要探究食物在身体里的过程对于他们来说难以实现。

我们虽然不能将食物进入鸟类身体后进行可视化的研究,小学生也无法理解食物在人体内分子化的转化过程,但可以化繁为简,用酵母模拟鸟类,用糖模拟食物。用展现酵母如何分解糖来获取能量的过程,让学生理解鸟类进食后一系列的能量获得是如何进行的。

学生对于酵母并不陌生,因为家中制作包子、馒头、面包等食物都需要用到酵母。但又不那么熟悉,因为对于酵母产生作用的具体方法和过程,学生的认知

是模糊不清的。所以本课时借助酵母让学生了解食物与能量的关系非常贴近生活,有利于激发学生的学习兴趣。

(三)探究活动层次化

探究活动需要根据学生年龄特点进行层次化的设计,从他们已有的生活经验、科学前概念、认知水平发展、思维推理能力和兴趣特点等出发,遵守循序渐进的规则,进阶设计由简单到复杂的探究活动。

探究酵母如何分解糖类,获取能量,根据上述原则,设计了两个由简入难的实验。

1. 比较干酵母加温水及干酵母加温水、葡萄糖的现象区别

师:通过这个实验你发现了什么?

生:干酵母要有水才能被唤醒。

师:只有水就够了吗?

生:还不够,如果再加入葡萄糖,干酵母就能立即被唤醒,产生许多气泡。

师:那同学们知道为何会产生气泡吗?气泡又是什么物质呢?

(上网查阅资料)

生:由于酵母会"吃"葡萄糖,"吃"了之后会产生气泡,就是二氧化碳。

师:答的不错。其实,干酵母是没有活性的,它属于休眠状态,怎么样才能唤醒它呢?就是刚才大家说的加点温水,再给点"食物"——葡萄糖,它就能复活了。于是酵母开始"吃"葡萄糖,其实准确地说是分解葡萄糖。之后,酵母自身进行分裂繁殖,然后更多的葡萄糖就被分解成水和二氧化碳。二氧化碳在这个液体中需要跑出去,然后就形成了大家所看到的气泡。

师:那为什么有的小组产生的气泡多,有的小组产生的气泡少呢?我们实验开始的时候,所有的酵母、白砂糖和水的量都是一样的呀。

生:因为我们各个小组所加温水是自己调的,可能冷热不一样。

师:是的,太好了,你真仔细。冷热不一样是指什么不一样?

生:水温。

师:那什么温度范围的水能使酵母更活跃呢?

2. 探究什么温度下酵母最活跃

师:酵母活跃,表现出来的实验现象是什么?

生:产生的二氧化碳越多说明酵母越活跃。

师：那么怎么才能知道产生的气体多少呢？
生：可以把气体收集起来。
师：我们用气球来帮忙，应该如何设计这个实验？
生：把瘪的气球套在锥形瓶上，气球鼓得越大说明产生的气体越多。
师：那气球的大小用眼睛就能判别吗？能不能用更精准的方法来判定？
生：用绳子量一量气球最鼓的地方的周长。
……

三、探究活动设计与实施分析

"制作喂鸟器"的选课对象为四年级学生，每周 2 课时（或 1 小时）。其中课程内容包括鸟类身体构造与环境、蜂鸟与机器鸟、机器鸟的用途、食物与能量等四个基础知识单元，之后则是围绕"制作喂鸟器"，进行发现问题、定义问题、设计、制作、测试、改进、展示、评估等一系列问题解决过程。

这一课主要研究鸟类吃进去食物以后，食物在体内是如何提供能量的。借助酵母这样一个单细胞真核生物的模拟，达到了解食物与能量关系的目标。本课时的探究活动主要从学生的兴趣出发，围绕"好玩""有趣"，主动产生环环相扣的疑问，从而顺利开展探究活动，充分激发学生的学习热情。

（一）从"吃吃吃"产生疑问

"你吃过面包吗？吃过酒酿吗？"这个问题一抛出，学生的热情就被燃起。第一是因为"吃的"，第二是因为这些食物的确在生活中很常见，每个人都可以谈谈自己看见、尝过的体会。这样，就能顺利找到这些食物的共同特点：制作过程中有酵母的参与。为什么小小的酵母能使食物产生这么多变化？再一次吊起学生的胃口，顺利展开对酵母的研究。通过上网查阅资料和师生共同探讨，我们就能得出关于酵母的一些基本知识。

（二）从"叫醒酵母"开启探究之旅

本课时利用单细胞真菌酵母作为研究对象。酵母虽然非常小，但是仅仅 1 g 酵母中就拥有约 25 亿个真菌。这种真菌只消耗极少量的糖就可以生产大量的二氧化碳。并且，酵母能利用自身的酶来分解更复杂的糖类，使复杂分子的糖变成一种它能利用的形式。

同学们看到一包包干酵母粉都纷纷产生怀疑，"它们真的能使食物产生各种各样的变化吗?"一个个这样的疑问就自然而然地产生了。这时教师提出要像变魔术一样"唤醒"酵母时,学生就跃跃欲试。出示了实验步骤之后,学生就着手开始进行"有糖和无糖"两种对比实验的探究。

通过对比,发现有糖的那杯酵母水能产生气泡,说明酵母被唤醒了。从亲自动手实践中,学生得出唤醒酵母的两大条件:温水、糖类,两者缺一不可。

(三)从"比一比"中激发学生深度探究热情

经过探究活动一,学生不仅得出了正确的结论,还发现有的小组酵母产生的泡沫多,有的则比较少。教师先卖个关子,故意不告诉其原因。

让产生泡沫比较多的小组同学交流自己的经验和心得,让学生猜一猜其中的原因。再由学生提出探究主题"温度不同是否会影响酵母的活性",提出让酵母来比赛吹气球,在"比一比"的激励下,学生摩拳擦掌地参与其中。

酵母在糖的催化下,产生的二氧化碳由于无处可去只能不断堆积,这样气体就慢慢填充入气球。所以,在感官上,学生能够从测量气球直径的大小来判别酵母活性如何,从而让学生了解鸟类与食物间的关系,更能延伸到自然界动物与食物、能量间的联系。这样的建模式实验既能够把复杂问题简单化,又能激发学生的学习兴趣。

(四)从"评一评"中回归探究本质

评价在教学中的作用十分重要:1.确定探究活动的效果;2.促进持续改进;3.评估探究的价值;4.为后续的探究提供指导和帮助。

表1 "食物与营养"探究活动评价表

评价维度	量化标准	达成情况
学生参与度	积极参与整个探究过程,主动参与实验、讨论等	☆
学生贡献	提出了有价值的问题或建议,对问题的解决做出了突出的贡献	☆
学生能力	掌握了相关的科学知识、实验技能和分析能力,能够独立完成任务	☆
探究成果	完成了探究目标,获得了可靠的实验数据和分析结果,对问题有了深入的探究	☆
探究方法	采用了合适的实验设计、数据分析方法和结论解释,能够充分利用资源完成任务	☆
探究态度	认真负责,积极参与,富有创造力和团队合作精神	☆

使用课堂评价表对探究活动进行评价可以帮助学生更好地理解探究活动的目标和价值,提高学习兴趣和积极性,促进探究能力和学术素养的提高,并获得知识和技能的收获。此外,评价表还可以促进学生的学习动机,提升自主学习能力,从而提高整个探究活动的效果和质量。

四、探究活动的设计与实施的结论

在 STEAM 课程中,探究活动是非常重要的一部分,它旨在通过让学生自主探究和解决问题,培养学生的创造力和解决实际问题的能力。

在设计探究活动前,首先需要考虑为什么要进行探究,与 STEAM 课程应牢牢结合,不应该是教师抛出一个架空的问题,而是学生在推进项目进程时自发地发现问题。这样的内在驱动性问题有利于学生发掘自身的潜力去想方设法地解决。

在设计和实施探究活动时,需要根据学习目标和学生的兴趣和能力来选择适当的探究方式。对于一些基础知识的探究,可采用实验、调查、建模等方式;对于一些抽象概念的探究,可以采用讨论、辩论、演讲等方式。教师在探究过程中应予以搭建相应的学习支架,如提供探究资源、把控探究时长等。在完成整个探究过程时,确保活动具有一定挑战性,鼓励学生整合各种资源、小组内合作、组际间合作和适当的竞争。

在完成探究活动后,应对整个活动进行评价。从多维度来评价,如课中的表现性评价、课后的评价单整体评价等。多评价主体进行评价,如学生自评、同伴互评、师长评价等。让评价促进探究活动每个环节的开展。

本课成功地利用酵母进行了两个探究实验,探究了酵母在食物与营养中的作用和生长环境,并通过实验设计和实践,提高了学生的科学素养和实践能力。引导学生探究科学知识的内涵,将科学知识放在真实情境中,促进学生领悟科学知识与其他知识的内在逻辑关系,并鼓励学生敢于质疑,并结合真实情境思考解决。为学生创造了更加优秀的学习环境,促进学习方式的转变,让他们更好地掌握知识和技能,为未来的发展做好准备。

参考文献:

[1]方勇.新时期 STEAM 教育理念下的小学科学教学分析[J].教育界,

2023(10):83—85.

[2] 朱鑫月,李红梅.新课程理念下小学科学课的教学有效性探究——以"感受我们的呼吸"为例[J].教育科学论坛,2023(16):16—19.

24 科学核心概念下的项目化学习设计
——以"小光影 大世界"课程为例

小学自然学科 陈美霖

项目化学习是一种以"项目"驱动学生完成任务的学习方式,强调学习情境的真实性。学生在完成项目的过程中建构概念、理解概念,从而逐步形成专家思维。[1]近年来,项目化学习在学科教学中得到了广泛的应用,而且开始强调聚焦学科核心概念,帮助学生建构系统、有序的知识体系。《义务教育科学课程标准(2022年版)》也明确提出:"聚焦学科核心概念,精选与每个核心概念相关的学习内容,设计相应的系列学习活动,在学习学科核心概念的基础上,理解跨学科概念,并应用于真实情境。"[2]本文尝试将小学科学教材中"光"相关的主题知识进行整合,设计了"小光影 大世界"项目化课程,基于"物质的运动与相互作用"这一科学核心概念进行项目化实践探索。

一、明确核心概念,确立项目化学习的核心目标

(一)项目背景

光和影对学生而言并不陌生,生活中到处都是光影艺术。比如物体为什么会发光?光为何是五彩斑斓的?影子又为何能变化多端?种种疑问值得学生去探索,但是光的知识较为抽象和枯燥,且难以理解。仅仅依靠教材中独立的几节课,学生难以真正理解并应用。因此,本文围绕核心概念,创设情境式的项目化学习,让学生在解决项目化任务时,实现对概念的深入理解和对知识的迁移应用。

(二)"小光影 大世界"项目化学习的概念表

《义务教育科学课程标准(2022年版)》明确提出了13个学科核心概念和4个跨学科概念,与"光"主题相关的内容属于核心概念"3.物质的运动与相互作用"中的学习内容"3.3声音与光的传播",基于此,确定了本次项目化学习的概念

表,如表 1 所示。

表 1 "小光影 大世界"概念表

核心概念	学习内容	内容要求
3. 物质的运动与相互作用	3.3 声音与光的传播	⑩ 描述光被阻挡时形成阻挡物影子的现象。(3—4 年级) ⑤ 知道光在空气中沿直线传播。(5—6 年级)

二、围绕核心概念,设计项目化学习课程

本项目以设计、演绎皮影戏作为驱动性问题,学生在项目中以皮影设计师的身份,体验该领域专业人员所做的真正的工作。比如学生在搭建戏台、制作皮影时需要考虑光源的大小和位置与皮影戏的呈现效果,并在演绎过程中进行改进。通过概念学习、模型制作,学生能够在完成作品的过程中加深对科学概念的理解。

(一)围绕核心概念,确定学习目标

1. 科学观念:通过观察不同物体的影子,进行不同颜色的光混合实验等方法,知道光在空气中沿直线传播,知道不同颜色的光混合在一起形成新的颜色,从而了解皮影形成的科学原理。

2. 科学思维:能解释影子形成的原因;能基于实验得出的证据,知道光沿直线传播与光影的关系;能够进行综合考虑,比如光源的大小和位置与皮影戏的呈现效果相关;能在过程中进行改进。

3. 探究实践:具有在真实情境中提出探究问题和制订探究计划的能力,具有一定的构思、设计、操作、优化的能力。能够考虑到戏台、幕布、皮影的大小比例关系。了解构图、色彩、光影,注重作品的整体美感度。能从多学科、跨学科的角度进行设计制作,从需求出发,经历构思、设计、操作、实现等过程,获得作品模型。知道制作皮影所需要的材料和工具,能够从原理上说出可选择的材料的特点。

4. 态度责任:能积极参与互动,乐于与他人合作交流,共同解决科学问题。

(二)围绕学习目标,创设体验情境

入项之初,通过播放一段中国传统皮影戏《大闹天宫》的视频,引起学生对皮

影戏的好奇心。接着,向学生引入驱动性问题——学校收到了张江海派皮影文化园的邀请,要求同学们演绎一出皮影戏,届时将进行展示演出。你们小组想要设计什么皮影戏来进行展示呢?

(三)规划项目流程,展开实施操作

本项目首先从一段皮影戏片段入手,激发学生探究皮影的兴趣;接下来以小组合作的方式展开对皮影制作的进一步探究,在学习皮影戏工作原理的基础上,学生掌握制作皮影戏的方法,教师引导学生关注皮影材料的特点,尝试利用身边的材料进行制作;在最后的演绎环节,引导学生重视皮影呈现效果的美观性,利用不同颜色光的混合效果打造皮影戏台的光影效果。本项目学习流程图如图1所示。

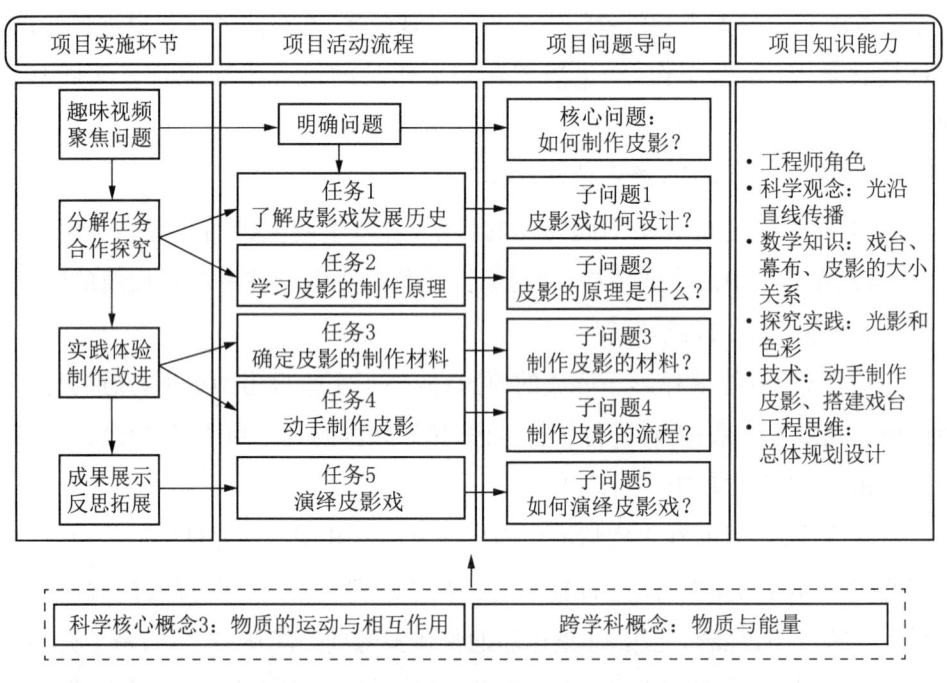

图1 "小光影 大世界"项目学习流程

三、项目化学习实施策略

在项目化学习设计完成后,教师要重点关注项目的实施以及学生在项目中的参与和表现。本项目以问题链的形式将学生需要完成和掌握的科学概念串联在一起,变成一个个子任务,学生需要分步解决子任务中的具体问题。在本次项目化学习中,学生化身为皮影设计师,经过自由组队,进行关于皮影戏和皮影制作的分组探究。

(一)环节一:趣味视频,聚焦问题

驱动性问题的设计是项目化学习的"核心"。[3]在"小光影 大世界"这一项目化学习课程中,学生围绕"如何制作皮影并演绎一出皮影戏"这一核心问题,进行小组的分工与合作,共同探究,在一个个子任务的驱动下逐步实现问题的整体解决,最终完成项目的解决方案。[4]教师从播放中国皮影戏的经典片段《大闹天宫》入手,让学生对皮影戏感兴趣,继而乐于了解中国皮影戏的发展历程,感受中国传统文化的源远流长,进而聚焦到本节课的核心问题——如何制作皮影并演绎一出皮影戏。

(二)环节二:分解任务,合作探究

为了更好地推进项目的开展,注重学生的过程性成果,在"小光影 大世界"项目中,设置了五大任务:一是了解皮影戏发展历史,对皮影戏形成初步的整体了解与感知;二是学习皮影的制作原理,了解皮影的形成是利用光在空气中沿直线传播的科学原理,不同颜色的光混合可以形成新的颜色;三是确定皮影的制作材料,了解制作皮影所需材料的主要特点,设计预算方案,确定制作的基本材料;四是动手制作皮影、搭建戏台,根据皮影形成的科学原理,综合运用科学、数学、美术、工程、技术等多学科的知识,完成制作;五是演绎皮影戏,学生根据自己的特点和能力,进行合理分工。比如,有些学生是负责打光的,有些学生是负责配音的,有些学生是负责操控皮影的。

任务一:了解皮影戏的发展历史

学生自由分组,一般4—6人一组,成立皮影戏项目制作团队。学生以皮影设计师的身份投入项目的学习中。学生在欣赏完《大闹天宫》的皮影戏片段后,自主展开探究,收集中国皮影戏的发展历史资料,了解皮影戏作为非遗文化的地位,上网查阅张江海派皮影文化园的皮影文化,体验传统皮影文化与现代科技的融合。

任务二:学习皮影的制作原理

学生利用现有的知识探讨皮影戏的基本原理,通过观察、实验操作,知道光沿直线传播,光线照射到不透明物体时会被挡住,形成影子。学生进行光源实验,知道影子的方向、长短、大小等会随着光源的位置、照射角度及距离的变化而发生变化。

任务三:确定皮影的制作材料

学生在学习皮影的制作原理时,知道形成影子的条件是光照在不透明的物体上,由此引导学生思考制作皮影的材料需要满足什么特点。在了解传统皮影制作所需要的材料和工具后,引导学生从科学的角度关注所需材料的特点,鼓励学生利用身边的材料进行制作,提高学生的创造力。比如皮影的主体部分需要不透光、牢固的材料,操纵杆要硬挺、不易弯折,操纵杆和主体部分之间有连接处,戏台的幕布需要透光性良好的材料,等等。在这个阶段中,教师还要有意引导学生考虑材料的可获得性、易加工性,向学生渗透工程思维中的工程造价——合理预算,让学生计算材料成本,优化自己的选材。学生制作的基本材料和工具有吸管、扭扭棒、书写纸、硬卡纸、毛线、烘焙纸、打孔器、剪刀、双面胶、彩色马克笔等。

(三)环节三:实践体验,制作改进

任务四:动手制作皮影、搭建戏台

小组成员分工合作,设计、绘制皮影形象,并进行选材制作,搭建适合自己皮影戏主题的戏台,通过动手制作进一步感受皮影制作的精细,感受其背后的光影原理。制作步骤为:①学生在书写纸上绘制皮影形象,并用彩色马克笔进行上色处理;②将制作好的皮影形象粘贴在硬卡纸上,保证皮影比较牢固、立体;③选择吸管作为操纵杆,在硬卡纸和吸管上确定连接点,并用打孔器分别在吸管和硬卡纸的连接点处进行打孔;④用扭扭棒或者毛线进行连接,根据实际效果调整;⑤用烘焙纸作为幕布材料,用大型的纸箱作为戏台的支架进行搭建。

(四)环节四:成果展示,反思拓展

通过戏剧表演,小组分工,以皮影戏的形式进行演绎。

任务五:演绎皮影戏

为了呈现更好的皮影戏舞台效果,学生需要将学习到的皮影戏相关知识和艺术表达方式结合。在此活动中,学生需要用不同的光源打造不同色彩的舞台效果。因此,在演绎皮影戏之前,小组成员还利用不同颜色的滤光片和电筒,进行了不同颜色光的混合实验,从做中学,获取真实的学习经历和体验,迁移应用到此处打造戏台的灯光效果。在演绎的阶段,小组的成员相互配合至关重要,例如哪个特效处需要什么样的灯光效果,负责打光的同学是否及时更换灯光效果,配音的小组成员与操控员之间配合是否默契,这些都在考验小组成员的前期分工与合作。团队不同成员之间有效配合、协同行动,为实现共同的课程目标而努力。

图2 学生进行不同颜色的光混合实验

图3 学生演绎皮影戏

四、项目化学习效果评价

表2 "小光影 大世界"评价表

评价项目	评价内容	小组达标情况(达标打"√",未达标留空)
皮影的选材	能根据皮影的工作原理选择合适的材料	
皮影的设计	有详细的皮影设计图,标注清晰	
皮影的制作	在规定的时间内完成制作	
成果展示	对自己和他人的作品作出客观评价	
小组合作分工	小组成员之间有明确分工	

"小光影 大世界"的项目化学习围绕小学科学"光"主题展开,以真实性驱动问题导入,引导学生以皮影设计师的身份投入项目,促进学生在解决项目问题中深化对科学概念的理解。基于核心概念进行项目化学习是当前的一个趋势和方向,如何围绕一个主题内容设计更符合学生特点的项目化学习,还需要在实践中不断探索与改进。

参考文献:

[1] 夏雪梅.项目化学习设计:学习素养视角下的国际与本土实践[M].北

京:教育科学出版社,2020:10,18.

　　[2] 中华人民共和国教育部.义务教育科学课程标准(2022年版)[M].北京:北京师范大学出版社,2022:2.

　　[3] 王淑娟.美国中小学项目式学习:问题、改进与借鉴[J].基础教育课程,2019(11):70—78.

　　[4] 张晓萌,张海燕."制作一个潜望镜"项目化教学设计[J].上海课程教学研究,2022(Z1):119—123,131.

25 聚焦科学核心概念：小学科学项目化学习的设计与实施

——以"食物的旅行"项目为例

小学自然学科　舒兰兰

一、项目背景

科学课程中设置 13 个学科核心概念，它们是所有学生在科学课程学习中需要掌握的核心内容，用科学核心概念来组织教学内容，不仅能够有效促进学生对所学科学知识的深度理解与科学活动的沉浸式参与，也是连接科学学科知识与核心素养之间的桥梁。[1]以科学核心概念为核心来设计项目化学习，能将科学知识体系、科学探究方法与技能、科学态度、解决问题的思维与方法、科学与社会的联系及规范蕴含于学生解决问题完成任务的学习经历中。[2]笔者基于上海科教版《自然》五年级下册"营养与消化"单元设计了项目化学习"食物的旅行"，基于此项目，对科学核心概念统整下的小学科学项目化学习的设计与实施策略进行分析和阐述。

二、聚焦科学核心素养的项目化学习整体设计

"食物的旅行"项目中，笔者确定了真实驱动性问题，即如何设计并实施面向学校三年级午间课的"食物的旅行"科普展演？随后，将驱动性问题解构成了 4 个关联紧密的子问题，每个子问题下学生面临一个真实性的项目子任务。将学生的项目实践变为一个个解决问题、完成项目任务的生动有趣的项目活动，进而引导学生对项目进行持续性的探究，最终解决驱动性问题，完成项目最终任务（见图 1），引导学生知识的有效构建和问题解决、团队协作等学习素养的发展。

（一）驱动性问题链的呈现

项目化学习最显著的特点就是真实性与实践性，项目化学习中学生的实践

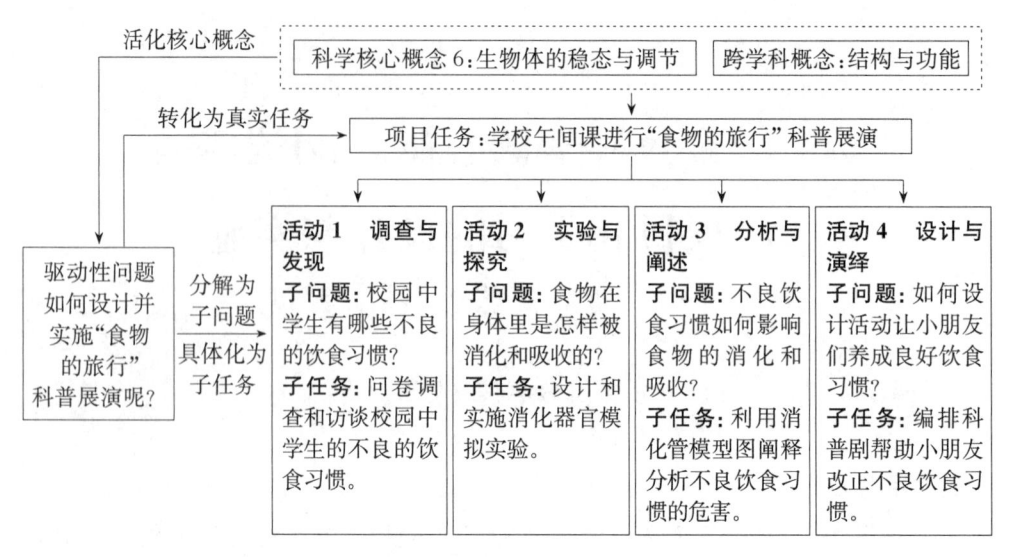

```
活化核心概念       ┌─ 科学核心概念6:生物体的稳态与调节 │ 跨学科概念:结构与功能 ─┐
                  └────────────────────┬──────────────────────────────────┘
         转化为真实任务                  │
                              项目任务:学校午间课进行"食物的旅行"科普展演
                              ┌──────┬──────┬──────┬──────┐
┌────────┐                    │活动1 调查与│活动2 实验与│活动3 分析与│活动4 设计与│
│驱动性问题│ 分解为              │发现     │探究     │阐述     │演绎     │
│如何设计并│ 子问题              │子问题:校园中│子问题:食物在│子问题:不良饮│子问题:如何设│
│实施"食物│─────               │学生有哪些不│身体里是怎样│食习惯如何影│计活动让小朋│
│的旅行" │ 具体化为            │良的饮食习惯?│被消化和吸收│响食物的消化│友们养成良好│
│科普展演呢?│子任务              │         │的?      │和吸收?   │饮食习惯? │
└────────┘                    │子任务:问卷调│子任务:设计和│子任务:利用消│子任务:编排科│
                              │查和访谈校园│实施消化器官│化管模型图阐│普剧帮助小朋│
                              │中学生的不良│模拟实验。 │释分析不良饮│友改正不良饮│
                              │的饮食习惯。│         │食习惯的危害。│食习惯。  │
                              └──────┴──────┴──────┴──────┘
```

图1 "食物的旅行"项目整体设计

探究是一个连续性的解决实际问题、完成真实任务的过程。[3]因此需要围绕驱动性问题为学生呈现相互关联、循序渐进的问题链,旨在引导学生思维,激发学生的项目探究动力,为项目实践中的问题解决提供学习支架。"食物的旅行"项目伊始对驱动性问题进行解构(如图1),为学生呈现出有序、完整的问题链,引导学生开展项目探究。这一问题链包含4个挑战性的子问题,问题之间具有一定梯度,前一个问题的解决为后一个问题做铺垫,引导学生在一个个子问题解决的过程中建构知识、发展能力,进而指向最终驱动性问题的解决和项目任务的完成。

(二)指向问题解决项目任务与实践

"食物的旅行"项目中,学生的探究实践是解决4个项目子问题,完成项目子任务,展示和分享阶段性成果的过程。其项目任务与实践如下:

1."调查与发现"活动

在子问题"校园中学生有哪些不良的饮食习惯"的驱动下,师生一起在课堂上制定"校园不良饮食习惯"调查问卷和访谈提纲。学生在课后进行线上问卷调查和线下访谈实践,收集整理调查数据后对调查结果进行分析,归纳校园中学生主要的不良饮食习惯及其频次,分析不良饮食习惯的形成原因和改进建议。

2."实验与探究"活动

本活动围绕子问题2"食物在身体里是怎样被消化和吸收的"展开。学生品尝小馒头后交流讨论,然后利用教师提供的学习支架搭建人体消化管模型,利用可视化的消化管模型一目了然地知道人体消化管的组成及其位置。接着学生通过设计与实验感受食道传送食物的功能和胃部消化吸收食物的作用,基于视频、文本等学习资料,分析口腔、大肠、小肠对食物消化与吸收的作用,进而理解人体消化器官分工协作承担不同的消化与吸收功能。

3."分析与阐释"活动

该环节中,学生为了解决子问题3"不良饮食习惯如何影响食物的消化与吸收"。利用拼接好的人体消化管模型进行班级展示,迁移应用所学的知识详细阐述食物的消化与吸收的整个过程,并且有理有据地分析四个主要的不良饮食习惯"吃的太多""吃得太快""吃的太烫""喝水太少"对于食物消化吸收以及身体健康的影响。班级展示优秀的小组在校园公共区域利用人体消化管模型宣传不良饮食习惯对身体健康的影响。

4."设计与演绎"活动

该环节旨在引导学生解决子问题4"如何设计活动让小朋友们养成良好饮食习惯"。学生以小组为单位,分工协作,编排科普情景剧,通过班级展示和评价的形式评选出内容和表演俱佳的小组。优秀小组利用学校午间课在三年级的班级中进行科普展演,利用科普剧这种绘声绘色、寓教于乐的方式为三年级的学生分析不良饮食习惯对身体健康的影响,引导他们在生活中改正不良饮食习惯,提升健康饮食的意识。

三、聚焦科学核心素养的项目化学习实践策略

(一)基于学生先前观念,促进科学核心概念的建构

科学课程中设置13个学科核心概念,它们是所有学生在科学课程学习中需要掌握的核心内容,通过科学核心概念的学习将核心素养的培养有机地融入其中。[4]科学核心概念不仅仅是项目化学习中高度凝练化的关键学习内容,也是连接核心素养的媒介。学生在开展学习之前拥有着相关主题的朴素前概念,这些前概念会阻碍或促进其学习,成为学生建构新概念的基础。[5]在参与本项目之前,每个学生都有着关于"食物消化与吸收"的众多先前观念,它们会极大程度

地影响本项目中科学核心概念的建构,本项目中实践策略如下:

1. 了解先前观念,激发学习主动性

为了了解学生的先前观念,"食物的旅行"项目在入项之后引导学生对学校学生不良饮食习惯进行问卷调查和现场访谈,意识到不良饮食习惯的普遍存在及其对身体健康的影响。在充分发挥学生学习的主动性,激发学生对于食物的消化与吸收主题的兴趣同时,触发学生的先前认知。

2. 引发认知冲突,促进概念转变

为了进一步引发学生的认知冲突,在活动2"实验与探究"中,让学生在品尝完食物后拼接食物经过的消化器官的路线图。学生对于食物的消化与吸收有着众多的先前知识,但无法在课堂上充分表达,通过动手拼接消化器官的路线图,可呈现不完整或者有误的先前认知。交流讨论后师生可以形成一致性科学认识,人体消化管模型拼接图也可以可视化呈现人体消化管的组成和具体位置,促进学生的概念转变和深度理解。

3. 实验探究,强化科学观念

在活动2"实验与探究"中,通过课堂讨论交流,教师发现学生对于"哪个器官是食物消化的主要场所"这一问题存在严重的错误认识,80%左右的学生认为"胃"是食物消化吸收的主要场所而非"小肠"。为了让学生意识到自己先前观念的错误,本项目首先引导学生小组合作设计并实施模拟人体胃部工作的对比实验,基于实验现象实证分析出食物需要在消化液的作用下才能被消化。与此同时,通过为学生展示与小肠同等长度的模型和相关视频文本资料,引导学生辨析胃和小肠的主要作用,理解并形成"小肠是人体消化和吸收的主要场所"的科学概念。本活动通过该实验改变学生原有的不恰当观念,进一步强化了学生对于食物的消化与吸收的理解。

(二)形式多样化的成果展示,激发学生的持续性探究实践

在项目化学习中,最后出项的成果展是同学们的高光时刻,学生将自己或者团队问题解决的成果用令人深刻的方式展示给公众,这是整个项目过程中的高潮。"食物的旅行"项目中学生的成果展示是促进学生自主反思和激发进一步探究实践的机会,本项目为了鼓励更多的学生充分展示,采取的有效性措施如下:

1. 设置分层次项目任务

本项目在入项课上进行了逆向设计,明确告知学生本项目需要解决的问题、

项目作品的要求以及展示评价的方式,所以项目伊始学生就明确了具体的任务内容和要求。项目化学习中学生的认知水平和问题解决能力不尽相同,有些学生难以完成项目作品可能是因为任务对于他来说过难。为了满足不同学习风格和能力水平的学生差异性的学习需求,"食物的旅行"项目将选择的权利交给学生,设计了三种呈现形式和难度不同的科普展演出项任务。

(1) 实验展示与互动:学生设计并实施消化器官的模拟实验,并在三年级午会课上与台下学生进行充分互动,在展示与互动的过程中清晰阐述食物消化与吸收的过程,分析不良饮食习惯对身体的危害。

(2) 模型展示与互动:学生利用可视化的人体消化管拼图模型,通过阐述、分析和互动等多种方式在校园阳光房、图书馆等公共区域引导其他学生知道食物消化与吸收的过程,了解不良饮食习惯对食物消化与吸收的影响。

(3) 科普剧展示与互动:小组通力合作编排"食物的旅行"科普情景剧,在三年级班级午会课上展示科普剧的过程中,与台下学生进行充分的互动交流,通过绘声绘色的科普剧,在寓教于乐的过程中让三年级学生理解到不良饮食习惯对身体健康的影响,引导其改正坏习惯,进而形成健康饮食的意识。

2. 逐级出项活动充分支持学生展示

一个面向全体学生、让学生展示自己精彩项目的展示会必然需要较长时间,怎样解决这一问题呢?"食物的旅行"项目采取的方式是逐级出项:首先是班级内每个学生或者小组展示科普展演的作品,师生基于评价量规评选出优秀的项目作品。然后选择"模型展示与互动"项目任务的优秀小组在校园阳光房、图书馆等公共区域进行科普展演,选择"实验展示与互动"或"科普剧展示与互动"的优秀小组在三年级的午会课上进行充分的成果展示。通过这种逐级出项的活动,一方面让项目展示的同学感受到大众的关注和认同,激发去持续、深入进行项目探究的动力。另外一方面充分辐射本项目的影响力,让学校里更多学生通过五年级学生的科普展演掌握食物消化吸收的过程,了解不良饮食习惯对身体健康的负面影响,意识到健康生活方式的重要性。

参考文献:

[1] 喻伯军.小学科学教学关键问题指导[M].北京:高等教育出版社,2020:70.

[2] 郭玉英,姚建欣,张静.整合与发展——科学课程中概念体系的建构及其学习进阶[J].课程·教材·教法,2013,33(02):44—49.

[3] 舒兰兰.大概念统整下的小学科学项目化学习整体设计——以"校园生物进化主题展览会"为例[J].上海课程教学研究,2022(06):42—46.

[4] 中华人民共和国教育部.义务教育科学课程标准[M].北京:北京师范大学出版社,2022:16.

[5] 高文,等.学习科学的关键词[M].上海:华东师范大学出版社,2009:192.

26 初中科学项目化学习成果展示中学习评价的应用
——以"自然界中的水循环"为例

初中科学学科 吴吉青

项目化学习让学生在新的情境中运用所学解决问题,创造出新意义与新知识,促进学生大脑的发展,知识、能力与态度的整合,奠定学生心智自由,对未来教育的转型具有深远的意义。[1]初中科学是一门综合性的学科,应用项目化学习的手段有利于学生学科核心素养的生成,在解决真实情景的问题中理解概念,形成专家思维,引发跨情境的迁移。通过项目成果的展示和交流,让所学的知识变得可视和易于讨论,设计应用过程性和总结性评价的量表,让学生再次回顾自己的学习历程,促进自我反思和成长。本文即以初中科学牛津上海版第六章《水与人类》的第三节"自然界中的水循环"项目化学习成果展示为例,尝试进行具体分析。

一、教学内容分析

通过"自然界中的水循环"项目化学习,学生将了解水的三态变化过程。学习利用粒子模型解释水的物态变化,描述自然界中水循环的过程,并能将其转化为面向四年级学生的科普手册。本案例即整个项目化学习的成果展示。[2]

二、教学流程设计

课前下发评价表,提前浏览所有作品,让学生进行遴选,形成初步评价意见。预选小组选择一个切入点做重点交流,自评互评。出示拓展作品,进一步学习评价。通过多组作品的交流,体会一份优秀的科普手册所需符合的要求,深化对所学知识的理解和应用,能提出具体化、可供修改的建议,并据此完善自己的作品。最后,出示四年级学生对作品的反馈,帮助学生了解四年级学生的喜好,强化学生完善作品的信心。

三、评价策略

（一）过程性评价，回顾反思促成长

项目化学习的过程性评价主要考查学生的认知策略和实践。[3]评价的依据来自整个项目学习的历程，可以让学生有意识地记录下学习过程中的经历，形成学习档案袋。课前设计工作日志，提示学生记录过程（如表1所示）。设计项目学习评价表，让学生能够对照自己和同伴的表现进行反思，调整学习状态。此外，增设"学习收获"，为学生留白，丰富评价内容，在交流中相互学习、成长（如表2所示）。

表1 "自然界中的水循环"项目学习工作日志

工作日志					
班级		姓名		完成方式	○单人○小组
职责（小组填写，可多选）		○组长 ○文字编辑 ○画师 ○设计师 ○其他＿＿＿＿＿＿＿			
《自然界中的水循环》科普手册制作进度（勾选完成进度）	完成	基本完成	完成一半	未完成	
明确项目任务，确定手册标题，设计初稿（小组初步分工）				
收集、编辑自然界的水相关内容，设计改稿				
收集、编辑蒸发与蒸腾相关内容，设计改稿				
收集、编辑液态水相关内容，设计改稿				
收集、编辑固态水相关内容，设计定稿，展示解说词初稿				
呈现作品，并进行展示				

表2 "自然界中的水循环"项目学习评价表

评价内容	评价标准			自评	互评
^	1分	2分	3分	^	^
坚持与专注	整个项目学习中不专注，表现出消极退缩，被动地完成任务，依赖性强，常以"我不会""不知道"等理由放弃不做	整个项目学习中大多数时候保持专注，能按照要求完成任务，遇到问题能尝试克服，但努力时间短，易受干扰而放弃	整个项目学习中全程保持专注，基本不受外界干扰，面对任务积极投入，能主动提出问题，遇到困难坚持尝试解决，不轻言放弃		

(续表)

评价内容	评价标准			自评	互评
	1分	2分	3分		
信息搜集与处理	不会搜集信息,对搜集到的信息没有基本判断,不做筛选、整理,直接呈现	搜集信息的方式单一,能意识到需要对信息的可靠性进行筛选,能对其做简单处理后呈现	能运用多种方式搜集信息,对搜集到的信息的可靠性进行筛选,并进行合理地组织和总结,选择恰当的方式整理和呈现		
理解与表达	通过项目学习,依然对核心概念有困惑,无法准确地在作品中进行表达	通过项目学习,基本掌握核心概念,能在作品中表达出来	通过项目学习,能全面掌握核心概念并应用,能清晰地在作品中表达出来并让人理解		
学习收获					

除了在学习伊始设计相关表格,引导学生记录证据、客观评价外,在展示交流前,指导学生展示的不是"做出"了什么,更重要的是"为什么这么做"。引导学生回顾项目历程,把自己当时的所思所想可视化,以此激发反思、促进成长。

(二)总结性评价,学习借鉴助理解

项目化学习的总结性评价主要考查学生最终的学习成果。[4]因此,设计了作品评价表(如表3所示)。在入项时,师生需就评价内容和初步标准达成一致,教师随之细化,并向学生公布,以便学生形成初步的评价意见。

表3 《自然界中的水循环》科普手册评价表

评价内容	评价标准		
	1分	2分	3分
内容选择	选择内容偏离主题	选择内容符合主题	能根据主题选择贴近生活且富有趣味的内容
内容表述	有科学性错误,没有对资料进行编辑	基本准确,能对资料进行编辑	科学严谨,能根据四年级学生的认知水平进行编辑
排版布局	没有排版	有基本的排版,图文兼备	能根据主题进行排版,图文分配合理,整体风格统一
交流展示	没有准备,讲解过程时断时续	声音清晰,语言流畅,能完整地进行展示	语音语调有起伏,展示内容丰富,能将观众带入情景,引起观众共鸣

但是,在最终展示前,学生的评价意见较为单一,难以给出具体化的修改建议。因此,提前让学生相互观摩、遴选作品,给予他们相互学习借鉴的机会。在此基础上,指导学生做好展示准备,让学生在观摩的过程中学习制作的过程和方法,在聆听反思的过程中学习评价建议。教师归纳总结,让学生知道问题的成因,引导学生寻找更多元的解决方案。

(三) 多元主体参与,答疑解惑拓思维

成果展示并不仅是展示精致而美观的作品,更重要的是通过展示进一步学习和交流。因此,课前通过问卷收集学生在制作和展示中存在的困惑(图1,图2)。在103份有效问卷中,学生在制作手册时最不确定内容选择是否合适(47.57%),其次不了解四年级小朋友的喜好(44.66%),在准备展示时受困于解说词的撰写(37.86%),有些怯场(37.86%)。通过多元主体参与评价,让学生聆听多方建议,可以帮助他们答疑解惑、拓宽思维。根据问卷结果和学生作品中存在的普遍问题,各组选择不同的切入点进行展示。

选项	小计	比例
不了解科普手册的形式	20	19.42%
不了解四年级小朋友的喜好	46	44.66%
不确定内容选择是否合适	49	47.57%
没有理解相关的科学知识	13	12.62%
绘画	29	28.16%
P图	22	21.36%
编写文字内容	12	11.65%
信息收集	16	15.53%
缺乏材料(如纸张、画笔等)	8	7.77%
其他	6	5.83%
没有困难	17	16.5%
本题有效填写人次	103	

选项	小计	比例
拍照技术	7	6.8%
PPT制作技术	25	24.27%
演讲解说词撰写	39	37.86%
设备支持(比如网络不佳、没有电脑等)	23	22.33%
有些怯场	39	37.86%
其他	1	0.97%
没有困难	27	26.21%
本题有效填写人次	103	

图1 科普手册制作中遇到的困惑   图2 准备展示时遇到的困难

第一组的切入点为文字编辑和图文比例。展示中,学生提到一个困惑:制作

中对"可供使用的淡水占全球水量的比例"这一数据不确定,该数据的网络搜索结果为2%左右,而书本呈现为不足1%。在仔细校对网络和书本信息后发现,网上的数据指全球总的淡水量,书本上才是可供人类使用的淡水量。据此对作品进行修改,并体会到完成作品的过程中始终秉持科学严谨态度的重要性。

据此,在对拓展作品进行点评时,学生们提出:若作品文字量太大,且直接摘自网络,未经编辑,应当舍弃连自己都不理解的内容,用符合四年级小朋友认知的方式重新编辑;对自己不太理解,但认为重要的内容,可查阅正规、权威的文献进行标注;若作品文字过少,且部分表述不够准确的,可做修改。教师总结:我们在不同阶段对同一概念的理解会发生变化,可选择多种方式来表现对这一概念的理解;对不同途径查询到的信息的辨别能力也会不断增强,可选择更具权威、可靠的信息来源。

第二组的切入点为图片编辑和内容选择。展示中,学生肯定了自己对图片的应用,同时提出了自己的困惑:选择的内容是否契合主题?如果内容过多难以舍弃,如何处理较为合适?这恰好是大家共存的疑惑。为此出示拓展作品,组织学生分别以正反两方的立场体会:手册内容较多合不合适?在对拓展作品的评价中,学生提到:若作品的内容皆与主题有一定关联度,但占比不当,可根据与主题的相关度调整内容占比,突出主题;若拓展部分内容较多,导致手册篇幅过长,形式不符,可利用技术手段解决,比如添加静态二维码,呈现动态视频讲解。这种问题解决方式立即引发热议,更由此拓宽了大家解决问题的思路:二维码除了链接视频,还可链接微信公众号、微博账号等;除了二维码,也可链接相关书籍、纪录片等,这样不仅满足了具有不同兴趣的读者,也解决了内容取舍的难题。借此教师总结:我们生活在科技飞速发展的自媒体时代,这给予我们更多的手段来分享我们的所知所想,拓宽手册的深度和广度,增加不同的阅读体验,突破传统纸品阅读的时间和空间限制。

第三组的切入点为小组合作及完整的项目回顾。从成立小组、任务分工、制订计划、实施制作、讨论修改到展示交流,完整地呈现了项目学习的过程。这些既是过程性评价的证据,也是总结性评价的依据。学生们边聆听边回顾,引起了不少共鸣,在评价中除了对这组作品的认可,更多了对自我的反思:学习良好的小组合作模式;约定项目进度,提高完成效率;拓展作品呈现方式,提升作品审美等。

除了自评、互评和教师点评外,引入学生最想知道的四年级学生的评价,以此回应项目驱动问题的真实情景,将整个课堂推向了高潮,学生们备受鼓舞,强化了进一步完善作品的信心和决心。

四、教学效果与反思

本次项目化学习的成果展示包含了过程性和总结性评价(评价量表及课堂实时点评),评价主体包括学生(自评、互评)、教师和四年级学生。在完成展示交流的过程中,学生们想要进一步完善作品的内驱力不断增强,积极主动地进行自我反思,体验到项目学习的成就感,可谓收获满满。针对本次教学,反思如下:

(一)了解困惑——有的放矢

评价的目的不是为了分出好坏,而是帮助学生指明可以改进的方向。因此,评价的重点可以针对学生普遍存在的问题和学习中遇到的困惑,通过范例、引导的方式让学生自己寻找答案。

(二)真实评价——驱动学习

项目化学习的驱动问题来自真实情景,评价反馈也应当回归真实情景,让学生在解决真实问题的过程中加深对概念的理解,激发学习的主动性。

(三)精心设计——事半功倍

在设计评价量表时,尽可能纳入学生学习的全过程,除了对核心概念的考察,也应包含核心素养的各方面,通过不同维度的表达,给予学生充分的指导,引导学生更深层次的探索、创造和合作。

参考文献:

[1] 夏雪梅.项目化学习设计[M].北京:教育科学出版社,2019:8—10.

[2] 中华人民共和国教育部.义务教育科学课程标准(2022年版)[M].北京:北京师范大学出版社,2022:31.

[3][4] 夏雪梅.项目化学习设计[M].北京:教育科学出版社,2019:114.

27 深度学习理念下的初中科学项目化学习设计
——以"设计鱼池水净化装置"为例

初中科学学科 乔丹璇

项目化学习是学生在真实问题的驱动下,通过持续探究、展示成果、反思评价,引发深度思考和实践,发展核心素养的学习方式,当前在上海各中小学备受推崇。然而,学生虽做得热闹,却未必学得开心、学得深入。有的学生需要老师推着走、在合作中躺倒不干、对核心概念缺乏理解,这是当前教师们普遍遇到的难题。[1]那么,如何通过项目化学习设计,促进学生深度学习呢?针对这一问题,笔者尝试解析深度学习理念的内涵和特征,提出如何在设计科学项目化学习要素中融入"深度学习"内涵,并以初中科学"设计鱼池水净化装置"项目为例,介绍如何支持学生的深度学习,为各位老师提供参考。

一、深度学习理念的内涵和特征

人们对深度学习的理解是认知层面的深、难,但这样的任务会打击学生的自信心、减少参与、阻碍合作,让学习深度大打折扣。美国研究协会将深度学习特征划分为"掌握核心知识、批判性思维和复杂问题解决、有效沟通、合作学习、学会学习和发展积极的学习心智"六方面。[2]也就是说,深度学习理念不仅有"促进深入理解、发展高阶思维"等认知层面,还包含人际和个人领域,要培养学生的自我管理、人际沟通等能力。[3]结合文献研究和教学经验,本研究提出,深度学习应具有以下特征:

(一)主动、愉快、投入地学习;
(二)能有效合作探究,互相启发;
(三)对核心概念有新的理解和应用;
(四)能评价和改进自己的学习。

二、深度学习理念下的科学项目化学习设计要点

为促进学生深度学习，我们在设计项目时，必须融入深度学习内涵特征，支持"认知、人际、个人"三领域的发展。因此，参照夏雪梅博士提出的六维度设计法[4]，结合科学课程标准的要求，在设计核心知识、驱动性问题、认知策略、学习实践、学习成果及公开方式、评价量规时，我们需要注重：

（一）征集驱动性问题，激发学习心智

驱动性问题是学习的核心，决定了学生是否深度参与。因此，教师应向中学生征集来自生活、网络中的真实困惑，并引导其思考如何解决，比如"如何改进黑板擦，让值日更轻松""如何消灭教室内的蚊子""如何判断盆栽植物是否需要浇水"等。培养学生的问题意识，引导他提出一个好的问题，比知道如何解决这个问题更有意义。此外，教师可以创设游戏、实验、争论，制造认知冲突，进一步激发学生的求知欲。

（二）参照"6E"学习模式，有序合作探究

中学生有一定的学习能力，但为什么一到合作探究，就容易产生混乱和矛盾？通过访谈几位学生，笔者发现，学生在小组合作时，往往对"下一步该做什么""如何做"无法达成一致。因此，教师应提供问题解决的支架，比如参照著名的"6E"教学模式[5]，制定"界定问题—讨论方案—建造模型—改进模型—测试评价—展示交流"工程设计流程，帮助学生制定计划、形成共识，有效地开展合作探究。

（三）围绕核心绘概念图，讲述概念转变

学习的目的不是"造物"，而是"育人"。在认知层面，学习的关键在于概念转变。但中学生重实践不重思考，缺乏促进概念转变的支架。因此，教师在设计科学问题链时，应围绕13个科学核心概念、4个跨学科概念来反问，并教学生绘制概念图[6]，互相比较、借鉴，不但能显化思想、诊断问题，还能促进创新。

（四）商议表现性量规，评价驱动创新

有趣的问题、有效的合作、核心概念理解是培养创造力的前提，但还不足够。要想激发学生的"探究与想象、坚毅与审辨、合作与担当"意愿，培养创造力，评价必不可少。因此，教师应抓住"定义问题、产品迭代、学习产出、设定目标"等关键环节，设计表现性评价量规，激励学生自我监控、以评促学。当然，教会学生用量规，不如与学生共同制定量规，共同列举优秀表现，比如"积极地批判彼此观点、开展合作、虚心采纳建议"等，才能激发创造力表现。

三、以深度学习理念设计"设计鱼池水净化器"项目

（一）征集驱动性问题，激发积极学习心智

"设计鱼池水净化装置"项目灵感来源于学生提出的创意"利用虹吸原理循环利用水"，加上牛津版科学六下第六章"水的净化"单元要求学生了解水污染的现状与治理、学习净化水的方法。笔者不禁思考，为什么不让学生来探究水净化、设计水净化器、治理水污染呢？

为进一步征集问题，入项时，教师发起游戏"评价鱼池水质"。学生纷纷来了兴趣，经过实地采样、水质检测，发现"浑浊发绿、发臭偏酸"的鱼池水对鱼菜共生系统不利，也危害戏水学生的健康，感到"作为学校一员，我们应该为学校的环境保护贡献力量"。因此，就以上问题，师生共同商定目标"设计水净化装置，使净化后水的酸碱度、硬度、余氯等达标"，并小组分工、积极探究。

（二）遵循"6E"教学模式，有序合作探究

合作学习的关键在于"人人有事做、事事有人做"。为确保各小组都知道做什么、怎么做，教师要着重介绍"界定问题—讨论方案—建造模型—改进模型—

表1 "设计鱼池水净化装置"活动设计

	活动设计	学习成果
入项：提出挑战	活动一：鱼池水质调研 鱼池水质如何？有哪些杂质？ 如何设计水净化装置？	水质检测单 分工记录 评价量表
深入：探究核心概念	任务二：探究净水材料的结构和功能 海绵的结构如何决定其功能？ 活性炭的结构如何决定其功能？ 明矾的性质如何决定其功能？	概念图
改进：解决问题	任务三：设计制作水净化器 如何设计水净化装置的结构？ 任务四：测试模型 该净水装置的净化效果如何？ 任务五：迭代产品 如何改进净水材料的关键结构？	材料清单 设计图 水质检测单 实物模型
出项：展示评价	任务六：展示答辩 为什么要这样设计？关键环节、创意是什么？ 任务七：评价和反思 如何评价小组作品？如何评价个人付出？	展示PPT 项目反思

测试评价—展示交流"学习模式,要求各组按流程开展调研、计划、设计、迭代,学生各自落实角色,再有效地整合,做出决策。此外,应选择什么材料、如何设计净水器结构、如何改进净化效果,这些问题没有现成答案,都要学生通过设计对照实验、收集证据来得出最佳结论。

(三)围绕核心概念绘图,促进概念转变

为引导学生聚焦核心概念"净水材料的结构和功能"进行交流和创造,教师设计"绘制概念图"活动,帮助学生发散思维,思考"如何选择净水材料""如何设计装置结构"。借助概念图,学生对"净水材料的结构和功能"有了新的认识,比如"海绵有孔隙,能过滤和吸附""活性炭有丰富微孔,能吸附色素""明矾能变胶状,能凝聚杂质"等,这些是学生之前所不了解的。此外,学生还想到磨碎活性炭、先过滤再吸附、设置小孔减缓水流速度等,这些创意都指向概念转变。通过与他人比较概念图,原本含糊不清的问题也变得明朗了。

(四)商议表现性量规,评价驱动创新

为以评促学,驱动创新,在入项时,师生商定不但要从"创意设计、功能实现、PPT制作、展示答辩"四环节评价作品和小组表现,还要聚焦个人表现,借鉴图2中的《指向创造力的学生表现性评价量规》,共同制定了学生个人的过程性评价量规。此外,在出项时,结合小组分数和个人得分,每位学生或写或说,要评一评自己的表现、收获和不足。通过内容、形式、主体多元的综合评价手段,帮助学生逐渐成为具有丰富思想、情感、能力的主动学习者。

表2 指向创造力的学生表现性评价量规

		待发展	合格	良好	优秀
探究与想象	定义问题	辨别需要创造性解决方案的问题	描述问题或挑战,辨别解决问题所需的信息(已知的、未知的、要求等)	解释问题的重要性,并确定问题的界限	透过不同的角度(文化、经济等),或从多个立场,深入描述问题,重新定义问题或挑战
	迭代	把想法表示出来(如草图、流程图),以指导实际产出。根据直接反馈,对想法和流程进行修改	创建一个模型,以验证假设。根据具体反馈,对想法和流程进行有效修改	创建和验证产品的多个版本,进行复杂或细微的改进。放弃不合理的解决方案	在迭代中分析成功、失败,为下一步的决策提供信息。寻求反馈修改想法,在质量和数量方面实现改进

(续表)

		待发展	合格	良好	优秀
坚毅与审辨	资源	辨别任务所需的材料/资源	选择适合产品的材料/资源	有效地整合材料/资源以开发产品	调整材料/资源以开发创新的产品；以新的或意想不到的方式使用材料
	思维模式	解释努力和成功之间的关系（如"我越努力学习,我就越擅长"；"从现在开始,我将更加努力学习"）	展现出改进的愿望（如设定改进的目标,向他人寻求帮助）	展现出成长思维,以应对挫折（如坚持执行困难的任务,承担风险,从成长思维的角度解释失败）	积极改善劣势,采用有效的策略来提高成长思维（如坚持不懈、冒险、寻求他人反馈、利用外部资源）
	产出	完成一个产品	完成产品以满足计划的基本要求	按计划完成产品,满足所有要求,必要时进行更改	在原始计划之外改进产品
合作与担当	连接想法	把他人的想法和自己的想法做比较	把自己的想法和他人的想法结合起来	在他人的想法之间建立联系,并以此为基础产生新的独特见解	综合各种想法,充分利用小组成员的不同优势和视角,开发出一个原创的、有凝聚力的产品
	目标	为个人工作设定目标,辨别小组成员的个人目标	解释小组的长期目标,或制定每天目标	建立与长期目标相关的日常目标。描述小组成员朝着小组目标前进的进展	描述小组工作的范围和关联性。围绕目标,监督个人和小组工作进展,并区分工作的优先次序,做出充分修正

总的来说,深度学习理念下的科学项目化学习突破了"参与实践、完成任务"的局限,而是以"立德树人"为总目标,真正关注学生在思想、情感、能力上的进步和转变。这样的学习设计能挖掘每位教师、每个学生内在的创新力量,让我们走向丰富的社会实践,走向科学和科创。

参考文献：

[1] 安富海.项目化学习的实践困境及改进策略研究[J].上海师范大学学报

(哲学社会科学版),2022,51(04):119—125.

[2] 高东辉,于洪波.美国"深度学习"研究40年:回顾与镜鉴[J].外国教育研究,2019,46(01):14—26.

[3] 郭华.深度学习及其意义[J].课程.教材.教法,2016,36(11):25—32.

[4] 夏雪梅.在学科中进行项目化学习:学生视角[J].全球教育展望,2019,48(02):83—94.

[5] 谢丽,李春密.整合性STEM教育理念下的课程改革初探[J].课程.教材.教法,2017,37(06):63—68,62.

[6] 赵国庆.概念图、思维导图教学应用若干重要问题的探讨[J].电化教育研究,2012,33(05):78—84.

28 基于项目化学习的初中物理教学

——以"凸透镜成像"实验为例

初中物理学科 蔡 俊

一、引言

随着社会的发展和科技的进步,教育的目标和要求也在不断变化,项目化学习作为一种新型的教学方法受到了越来越多的教育者和研究者的关注和推崇。本案例旨在探讨项目化学习在初中物理教学中的应用,以"凸透镜成像"为例设计并实施了初中物理项目化学习。通过项目实践激发学生对于凸透镜成像知识的兴趣和好奇心,引导学生通过实验探究、数据分析、模型建构等方式深入理解凸透镜成像规律,提高学生的物理能力和素养。

二、基于项目化学习的初中科学模型教学设计

(一)基于项目化学习的初中科学模型教学思路

项目化学习的初中物理模型教学思路是让学生在真实情境中,以问题为导向,以合作为手段,以成果为目标,探究和运用物理知识。笔者的教学思路是:

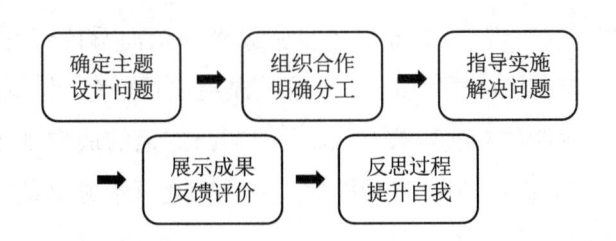

确定主题设计问题 → 组织合作明确分工 → 指导实施解决问题 → 展示成果反馈评价 → 反思过程提升自我

(二)项目背景

照相机是一种利用凸透镜成像原理,将外界景物投影在感光材料上,从而记录下来的装置。照相机的原理和结构与人眼有很多相似之处,也与初中物理课程中的透镜知识点密切相关。因此,利用凸透镜做照相机是一个既有趣又有意

义的项目,可以让学生通过动手制作和实际操作,深入了解凸透镜的成像规律和特点,培养学生的探究能力和创新能力。

(三)教学目标

知识目标:让学生掌握凸透镜的成像规律和特点,了解照相机的原理和结构,探究凸透镜在照相机中的作用和调节方法。

能力目标:让学生能够运用凸透镜成像原理,动手制作简易照相机,并进行实际操作,观察和分析成像效果,调节焦距、光圈等参数,提高成像质量。

情感目标:让学生体验项目化学习的乐趣和挑战,激发学生对物理知识的兴趣和好奇心,培养学生的合作精神和创造精神。

三、基于项目化学习的初中科学模型教学实践

本案例是让学生利用凸透镜成像原理,动手制作简易照相机,并进行实际操作,观察和分析成像效果,调节焦距、光圈等参数,提高成像质量。案例实施过程包括以下几个步骤:

感知模型 → 分析模型 → 评价模型 → 建构模型 → 拓展模型

(一)感知并分析模型

本环节目的是引起学生的兴趣和好奇心,激发学生的问题意识和求知欲,为项目化学习打下基础。教师通过展示一张照片,引发学生对照相机的成像原理的思考,让学生感知到凸透镜在照相机中的作用和调节方法,启发学生运用凸透镜成像规律来解释这个现象,培养学生自主思考和全面看待问题的能力。在引导学生进行思考和讨论的过程中,教师适时提出项目任务:利用凸透镜做照相机,让他们通过动手制作和实际操作,深入了解凸透镜的成像规律和特点,探究凸透镜在照相机中的作用和调节方法,完成一个有趣又有意义的项目,培养他们自主学习和合作学习的能力。

本环节的任务1是"教师通过让学生观看视频,引导他们理解照相机成像的原理是凸透镜可以将平行于主光轴的光线汇聚在焦点上,从而在焦点附近形成一个倒立的、缩小的实像"。学生根据教师提供的材料,如纸筒、半透明塑料薄膜、胶水等,分组设计和制作简易照相机模型。参考教师给出的示例图,确定凸

透镜、光圈、感光材料等部件的位置和尺寸,用纸筒做机身和镜头壳,用半透明塑料薄膜做成像面,用胶水固定好各部件。然后学生用自己制作的简易照相机进行实际操作,观察和分析成像效果。选择一个合适的景物作为拍摄对象,对准凸透镜,调节焦距和光圈,使成像面上出现一个清晰的实像,记录下不同焦距和光圈下的成像效果,比较成像的大小、清晰度、亮度和景深等特点。

(二)评价模型

本项目的任务 2 是"评价简易照相机的优缺点"。简易照相机是利用凸透镜成像原理,用纸筒、半透明塑料薄膜等材料制作的模拟照相机。它的优点是制作过程简单、成本低廉、操作方便,可以直观地观察凸透镜的成像效果,培养学生的动手能力和创新能力,缺点是成像质量差,不能记录下照片,不能反映照相机的多样功能和复杂结构。本任务的设计意图是让学生对自己制作的简易照相机进行评价,分析其优缺点,提出改进意见,提高自我认识能力。本任务采用评价模型,让学生运用凸透镜成像规律和照相机原理,对比简易照相机和真实照相机的异同,从成像质量、成像面、成像稳定性、记录功能、调节功能等方面进行评价(表1)。

表 1 简易照相机评价量表

评价项目	得分标准
成像质量	2 分:成像清晰,无模糊、畸变等问题; 1 分:成像较为清晰,但存在一些模糊、畸变问题; 0 分:成像质量差,难以分辨。
成像面	2 分:成像面完整,无歪斜、倾斜、错位等问题; 1 分:成像面基本完整,但存在一些晃动、抖动等问题; 0 分:成像面混乱,难以辨认。
成像稳定性	2 分:成像稳定,无晃动、抖动等问题; 1 分:成像基本稳定,但存在一些晃动、抖动等问题; 0 分:成像不稳定,难以看清。
记录功能	2 分:能够记录下照片,且记录方式简单方便; 1 分:能够记录下照片,但记录方式不够便捷; 0 分:无法记录照片。
调节功能	2 分:能够进行光圈、快门等基本调解,且调节方式简单方便; 1 分:能够进行光圈、快门等基本调节,但调解方式不够便捷; 0 分:无法进行基本调节。

本评价量表可以全面评价学生制作的简易照相机,并引导学生分析照相机的优缺点和改进意见。通过本任务,学生可以更深入地了解照相机的原理和结构,提高动手能力和创新能力。同时,学生也可以通过评价量表对自己的制作水平和问题进行自我评估和反思,提高自我认识能力。值得注意的是,评价量表只是一种工具和参考,学生的实际制作成果和评价水平还需要考虑其他因素的影响。

(三)建构模型

本环节中学生运用凸透镜成像规律,确定凸透镜、光圈、感光材料等部件的位置和尺寸,自己设计草图,动手制作简易照相机模型,实现凸透镜成像的功能。学生面临的项目任务如下:

项目任务3:

(1)如何在拍摄中计算选取凸透镜的焦距?

(2)如何调节焦距和光圈?

项目任务4:结合评价表,在原有草图的基础上进行绘制,并对设计进行评价与交流。

项目任务5:以分析现代照相机解决的技术难题评价表作为学习支架。

学生在完成简易照相机模型后,需要结合评价表,对自己的设计进行评价和改进。评价表包括以下几个方面:成像质量、成像面、成像稳定性、记录功能、调节功能等。学生需要根据评价表中的标准和指标,对自己的设计进行打分和反思,找出优点和缺点,提出改进意见。然后,在原有草图的基础上进行绘制,将改进意见体现在新的草图中。最后,学生需要与其他小组进行交流和分享,展示自己的设计成果,听取其他小组的意见和建议,进行互相学习和借鉴。

在完成简易照相机模型后,学生需要进一步了解现代照相机的原理和结构,分析现代照相机是如何解决一些技术难题的。教师提供一份分析现代照相机解决的技术难题评价表作为学习支架,让学生参考评价表进行针对性评价。

(四)拓展模型

学生在通过项目实践了解了利用凸透镜做照相机的原理和方法之后,教师引导学生进行项目拓展。"凸透镜成像"原理在日常生活中应用十分广泛,因此本项目在最后的"拓展模型"环节通过以下两个方面来引导学生进行更加深入的项目学习:

1. 课堂互动问答

教师在课堂上引导学生积极思考"凸透镜成像"原理在日常生活中的应用，学生在课堂上呈现自己关于凸透镜主题的生活应用的认识，不仅充分表达自己的已有观点和思考，而且将课堂上学习的内容与实际生活联系，这些美好的体验将引导学生进一步将课堂所学迁移应用。

2. 课后调查与展示

本项目中有一部分学生对凸透镜主题兴趣浓厚，笔者支持他们的充分探究，为他们提供图片、文本、网页和视频等学习支架，他们进行深入的调查研究，最后将自己的调查研究结果在班级进行公开展示。通过这种方式，不仅能够进一步提升展示同学持续探究的自信心，还能够通过精彩纷呈的公开展示激发其他同学对凸透镜主题的探究热情。

四、基于项目化学习的初中物理模型教学实施意义

项目化学习是一种动态的学习方法，学生在老师的引导下通过具体的学习项目，主动发现和探索现实世界的问题。[1]本文以"凸透镜成像"实验为例，探讨了基于项目化学习的初中物理模型教学的实施意义，主要有以下三个方面：

第一，可以提高学生的学习兴趣和主动性。通过设计真实、有趣、有挑战性的项目任务，激发学生对物理知识和现象的好奇心和探究欲望，让学生在解决问题的过程中体验到学习的乐趣和成就感，从而增强学生的内在动机和自信心。

第二，可以促进学生的深层理解培养迁移能力。通过让学生在真实情境中运用物理知识和技能解决问题，帮助学生建立对核心概念和原理的深刻理解，而不是停留在表面的记忆和应用。同时，通过让学生在多种问题情境中经历持续的实践，培养学生将所学知识迁移到新情境中解决问题的能力，而不是局限于单一的题型和范围。

在"凸透镜成像"实验中，学生需要对光线传播、成像原理等物理概念进行深入理解。通过实际操控透镜及光源，学生可以直观地观察到物体与透镜之间的距离、光源的强度等因素如何影响成像效果。这种实际操作使得学生能够理解物理原理背后的抽象概念，而不仅仅是死记硬背。

同时，项目化学习鼓励学生将物理知识与其他学科知识如数学、化学等结合，从而提高知识迁移能力。在实践中，学生将多学科知识相互关联，并运用到

实际问题中，从而提高知识迁移能力。

第三，可以发展学生的核心素养和综合能力。在项目化学习中，团队合作是至关重要的。以凸透镜成像实验为例，学生需分工协作，有的同学负责搭建实验装置，有的同学负责记录数据，有的同学负责分析数据并撰写实验报告。这种分工形式有助于培养学生的团队协作意识以及沟通技巧。在整个实验过程中，学生会面临各种问题，他们需要通过批判性思维来发现问题、提出解决方案并优化实验过程。这样的实践锻炼了学生的批判性思维能力。

在项目实施过程中，学生需要运用各种资源和工具，比如搜寻相关资料、使用实验器材、分析数据等。这有助于提高学生的信息素养和科技素养。同时，学生需要根据实际情况调整实验方案和策略，培养他们的问题解决能力和自主学习能力。总之，基于项目化学习的初中物理模型教学，不仅能提高学生的学习兴趣和主动性，还能促进学生的深层理解，培养迁移能力，发展核心素养和综合能力，这种教学方法有助于培养学生具备全面发展的素质，为他们未来的学术和职业生涯奠定坚实基础。

参考文献：

［1］上海市教育委员会办公室.关于实施项目化学习推动义务教育育人方式改革的指导意见［EB/OL］. 2023.09.01［2023.10.01］. https：//www.shanghai.gov.cn/gwk/search/content/d22c1043024d4d0e9d32b85fd3392186.

29 素养为本的"跨学科—项目式"教学设计

——以"酸雨对农作物的危害与防治"为例[①]

初中化学学科 朱程燕

随着社会发展的日益综合化,人们逐渐认识到面临的问题具有多样性和复杂性,仅靠单一的学科知识难以解决,因此对当前的教育提出了新要求——培养具有知识迁移和解决复杂问题综合能力的学习者。

"跨学科—项目式"教学模式是一种新型的教学组织形式,有助于学生综合能力的提升。学生通过一定时长的小组合作学习,在项目任务解决过程中,调用、整合多门学科知识,打破学科之间的壁垒,提升科学思维。"跨学科—项目式"教学的根本目的是从发展学生单一学科核心素养转变为发展学生综合的科学素养,通过对真实情境素材社会价值的挖掘,培养良好的社会责任感,进一步提升学生的核心素养。[1]

一、跨学科项目主题的确定

"二氧化硫的排放与酸雨"是《义务教育化学课程标准(2011年版)》中提供的情景素材,旨在让初中学生了解典型的大气污染物及危害。由于课程标准对该内容的要求是"知道",因此课堂中教师往往选用一些图片、视频等简单地介绍酸雨的危害。但是,简单的介绍难以让学生对酸雨的危害形成深刻印象,更无法体会"绿水青山就是金山银山"的理念。在和初三学生的访谈中了解到,学生曾在生物课上做过"测定种子发芽率"实验;在道德与法治课中学习过"可持续发展策略"。通过化学课的学习,九年级学生知道二氧化硫可以引起酸雨,知道一定质量分数的溶液配制,能正确使用pH试纸,理解酸性氧化物和碱反应的原理。

基于上述学情分析,笔者尝试用PBL(Project-Based Learning)的模式,以

---

① 本文发表于《中学化学教学参考》杂志2022年第8期。

"酸雨对农作物的危害与防治"为项目课题,将化学知识"酸雨的主要成分""一定质量分数的溶液配制""pH试纸的使用""二氧化硫气体的处理"与生物知识"种子的结构和种子萌发的条件"、道德与法治知识"可持续发展策略"进行整合(具体学习内容参见表1),让学生深刻感受到酸雨对植物的危害,进而培养良好的社会责任感。通过多门学科的知识整合,也将发展学生单一的学科核心素养转变为发展其综合科学素养。

表1 "酸雨对农作物的危害与防治"项目的学习内容

学 科	化 学	生 物	道德与法治
课本内容	沪教版化学(九年级上册)第三单元"走进溶液世界"; 沪教版化学(九年级上册)第二单元"浩瀚的大气"	人教版生物(七年级上册)第三单元"生物圈中的绿色植物"	人教版道德与法治(九年级上册)第三单元"文明与家园"
课堂涉及的课标要求	初步学会配制一定质量分数的溶液; 初步学会用pH试纸检验溶液的酸碱性; 知道空气污染的主要原因及防治措施	能描述"种子萌发的条件和过程"	知道"可持续发展策略"

二、学习目标的确定

在"酸雨对农作物的危害与防治"项目中,将全班分为若干组,以4~5人为一组,通过"模拟酸雨的配制""酸雨对种子发芽率的影响实验""资料查询酸雨的防治措施"三个子项目,打通学科边界,发展科学思维,落实立德树人的根本任务。本项目的学习目标及与之相关的科学素养和中学生发展核心素养如下:

(一)学习目标

1. 能将浓硫酸稀释成不同浓度的稀硫酸。
2. 能正确使用pH试纸测定溶液pH值。
3. 能应用二氧化硫的性质,分析酸雨防治措施的原理。
4. 能设计测试种子发芽率实验,发展控制变量的科学思维。
5. 能从政府报告、两会提案议案中寻找环境问题的治理方针。

(二)科学素养

科学观念、科学思维、科学探究、社会责任。

(三) 中学生发展核心素养

理性思维、勇于探究、信息意识、国家认同、技术应用。

三、跨学科项目设计思路

本项目的设计思路见图 1。

```
                  项目：酸雨对农作物的危害与防治
                 ↙                              ↘
    项目初态：知道酸雨有危害  →  项目终态：知道酸雨对种子发芽率
                                  的具体影响；知道酸雨防治的措施

         活动线              知识线                素养线
```

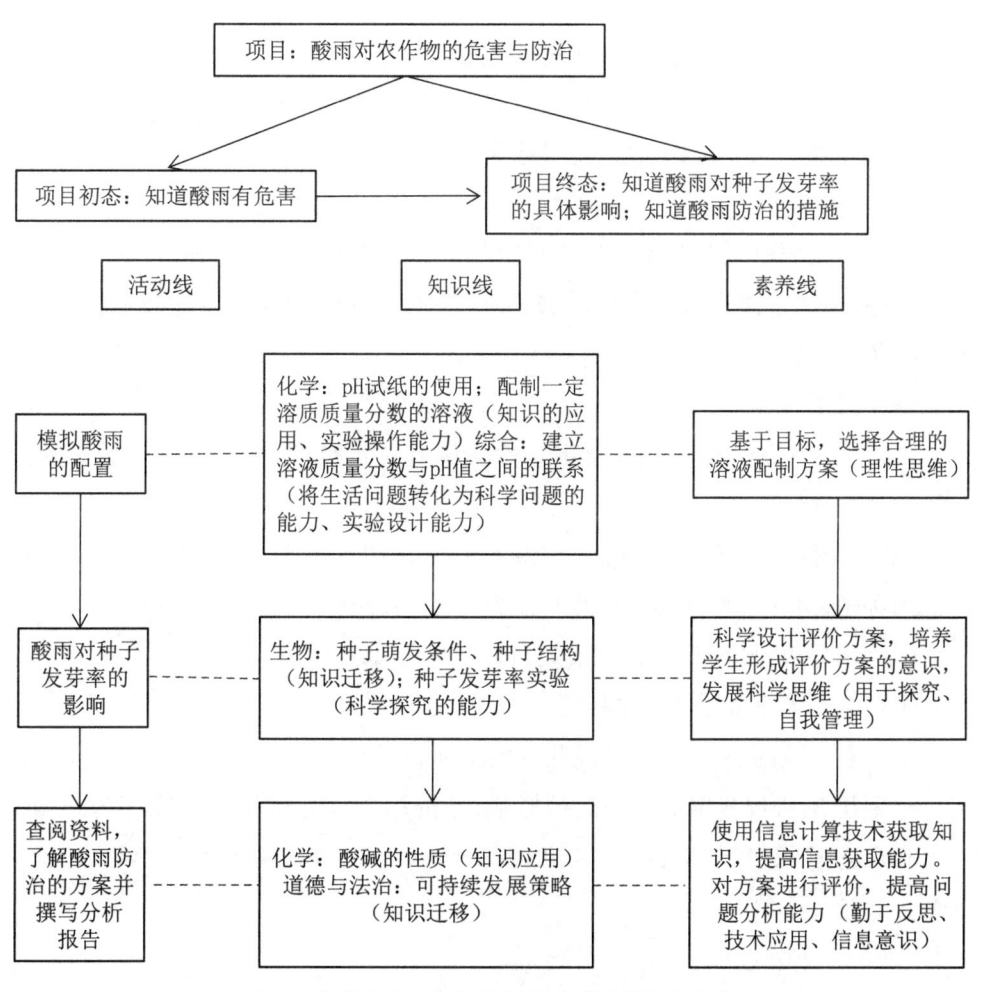

活动线	知识线	素养线
模拟酸雨的配置	化学：pH试纸的使用；配制一定溶质质量分数的溶液（知识的应用、实验操作能力）综合：建立溶液质量分数与pH值之间的联系（将生活问题转化为科学问题的能力、实验设计能力）	基于目标，选择合理的溶液配制方案（理性思维）
酸雨对种子发芽率的影响	生物：种子萌发条件、种子结构（知识迁移）；种子发芽率实验（科学探究的能力）	科学设计评价方案，培养学生形成评价方案的意识，发展科学思维（用于探究、自我管理）
查阅资料，了解酸雨防治的方案并撰写分析报告	化学：酸碱的性质（知识应用）道德与法治：可持续发展策略（知识迁移）	使用信息计算技术获取知识，提高信息获取能力。对方案进行评价，提高问题分析能力（勤于反思、技术应用、信息意识）

图 1 "酸雨对农作物的危害与防治"设计思路

四、跨学科项目的实施

(一) 选定项目

【资料】酸雨可导致土壤酸化，酸化的土壤肥力减退，会导致农业减产。日本的调查表明,酸雨使某些谷类农作物减产 30%。在美国,酸雨使农作物每年损失 10 多亿美元。据我国农业部门统计,全国受酸雨侵害的农田达 530 万公顷,每年损失粮食 63 亿千克。

【驱动性问题】资料中的数据告诉我们,酸雨对农作物的危害很大,如何设计实验证明酸雨对农作物的危害？你知道政府部门采取的酸雨防治措施有哪些？能从原理上解释这些措施吗？

【学生】选定项目"酸雨对农作物的危害与防治"。

设计意图：通过资料数据量化酸雨的危害,提出相关驱动性问题"如何设计实验验证酸雨对农作物有危害？",引导学生确定研究的项目。

(二) 拆解项目

【学生】依据驱动性问题,对项目进行拆解,自主分析需要完成的子项目：(1)收集酸雨；(2)通过对比实验,观察酸雨对农作物的影响；(3)查阅资料,了解酸雨的防治措施。

【教师】引导：

(1) 受天气、环境的影响,收集自然酸雨有一定难度,可自己配置模拟酸雨代替自然酸雨。

(2) 酸雨对农作物的影响,可以观察植物的生长情况,但是受时间影响,也可选用种子,对比观察酸雨对植物种子发芽率的影响。

【学生】分组讨论,确定完成该项目的整体方案：

子项目 1：模拟酸雨的配制；

子项目 2：测试酸雨对种子发芽率的影响；

子项目 3：查询我国的酸雨防治措施,分析其中的化学原理,撰写报告。

设计意图：由学生自主讨论为主,教师加以引导,确定整体项目方案,发挥学生的主体性。

(三) 活动探究

任务一：模拟酸雨的配制(课时安排：2 课时)。

【教师】酸雨指 pH 值小于 5.6 的雨水,常见的酸雨有硫酸型酸雨和硝酸型酸雨,今天我们来配制 pH＝3、pH＝4 的硫酸,模拟出硫酸型酸雨。由于初中阶段大家没有学过 pH 值的计算,老师给大家做了换算,pH＝3 的硫酸换算成质量百分比浓度约为 0.0049%,pH＝4 的硫酸换算成质量百分比浓度约为 0.00049%。每组配制两种溶液各 100 mL,以浓硫酸为原料,该如何配制?

【教师】引导:浓硫酸的稀释需要注意什么?如何将它稀释成所需的浓度?

【学生】思考、计算、讨论浓硫酸的稀释方案。

【学生】以小组为单位:

(1) 交流方案;

(2) 学生实验:配制模拟酸雨;

(3) 使用 pH 试纸测试所配溶液的 pH 值。

设计意图:该活动对学生要求较高,涉及溶液稀释的计算、浓硫酸的稀释操作、pH 试纸的使用方法,通过任务的完成,可以帮助学生落实主导学科的知识。小组讨论中,由学生自主发现问题、解决问题,提高学生的参与度,真正落实自主学习。

任务二:测试酸雨对种子发芽率的影响(课时安排:2 课时)。

【学生】回顾生物课中"测试种子发芽率"实验,应用控制变量法设计对比实验,探究酸雨对种子发芽率的影响。

【学生】以小组为单位:

(1) 设计实验方案:取 A、B、C 三个盘子,分别放入 100 粒黄豆种子。A 中加入 100 mL 普通雨水,B 中加入 100 mL pH = 3 的酸液,C 中加入 100 mL pH = 4 的酸液,分别浸泡 10 h,将液体沥干,盖上纸巾。装置放在阳光充足、温暖的地方。3 天后观察记录数据,计算 A、B、C 中黄豆的发芽率。

(2) 根据方案完成实验。

(3) 撰写实验报告。

设计意图:通过该实验,学生可以直观感受到酸雨导致种子发芽率降低。实验中用到对比实验及统计平均数的思想,能够提升科学探究能力,实验报告的撰写有助于学生养成规范、求真的学习习惯。

任务三:查阅酸雨的防治措施,撰写分析报告(课时安排:1 课时)。

【教师】引导:

(1) 防治酸雨的措施有哪些?

(2) 体现了物质的哪些性质?

(3) 怎么理解"绿水青山就是金山银山"?

【学生】课后自主查阅资料,了解酸雨防治的方式。从化学角度分析,治理方法所涉及的化学原理、物质的化学性质;从政治角度解析我们国家应对环境问题出台的国策。学习结果以文本的形式呈现,相互交流。

设计意图:通过酸雨的治理方式,学会应用化学知识和绿色化学思想解决生产、生活中的问题;通过酸雨防治措施的讨论,了解绿色化学思想的重要性,学会理性地分析化学问题并认识化学学科的价值;通过对国家政策的学习,了解我国资源国情,明确人口、资源与环境之间的关系,树立可持续发展的理念。

(四)小结反思

【教师】通过"酸雨对农作物的危害与防治"这一项目,大家能否谈谈对你学习上有什么启示?

【学生】

回答1:重视每一门学科的学习,在遇到复杂问题时可以整合多方知识;

回答2:方案设计中需要思考细节,对于不合理的地方需要及时修改;

回答3:加强同学间的交流,团队的力量远大于个人的力量。

……

设计意图:让学生谈学习的收获,有助于他们自我总结学习方法,反思研究过程中的疏漏和不足,重视不同学科间的整合,增强知识迁移能力,培养团队合作精神。

(五)课后:项目评价

教师对每组的项目情况做评价,评价目标有以下几个方面:

1. 通过"模拟酸雨的配制",诊断并发展学生溶液配制、pH试纸等实验操作的规范性。

2. 通过"测试种子发芽率"实验,诊断并发展学生应用控制变量法设计实验的水平、实验报告的撰写水平。

3. 通过资料查询,诊断并发展学生的自学能力和对绿色化学的认识水平。

4. 通过酸雨防治措施的点评、讨论,诊断并发展学生运用化学知识解决实际问题的能力及其对化学学科价值的认识水平。

五、教学启示

"跨学科—项目式"教学模式对教师有一定的要求,除了熟悉本学科的知识内容与课标外,还要熟悉本学段学生学习的其他学科教材和课标;主讲老师在课前与其他老师要充分沟通,以保证项目中不出现违反科学性的错误。在教学中应给予学生足够的讨论、交流、实验、反思时间,强调学生自主建构项目问题解决思路,不能因为耗费课时多而导致探究活动有名无实,"跨学科—项目式"教学有时需要从课堂延伸到课后,需要教师及时跟踪、反馈、总结项目结果。

参考文献:

[1] 黄满霞,秦晋,杨燕,傅志杰.核心素养导向下的"跨学科—项目式"教学设计——以"我帮稻农选好种"为例[J].化学教学,2020(10):50—55.

第五辑

艺体

30 项目化学习在小学美术教学中的实践探究
——以"喜庆蛋糕"为例

小学美术学科　江　悦

一、项目实施背景

根据《义务教育艺术课程标准(2022年版)》的实施意见,新一轮教育改革的深入使美育受到越来越多人的关注和重视。"双减"政策的落地,虽是为了减轻学生过重的课业负担,但在减负的同时又强调艺术教育的重要性。可以说,美育对培养全面发展的人起到至关重要的作用。

中小学美术常态课堂存在学习方式被动化、学习活动单一化和学习成果经验化等问题,因此,教师从跨学科项目化学习的视角出发,以学生为主体,体验为核心,将"喜庆蛋糕"相关的文学和音乐价值融入美术课堂当中,实现文学、音乐艺术与美术教学的完美融合,使学生在自主与合作当中解决学习中的问题。尝试以跨学科项目化学习优化美术常态课堂,能够更好地调动学生的学习积极性,更有力地促进小学美育工作的展开。

二、项目探寻:寻找项目,学科融合

项目化学习是学生运用多种学科知识进行自主学习的教育形式,这种学习方法能够促进学生对知识的理解、迁移、综合和创造。众所周知,中国教育的优势是基础扎实,短板是缺乏创造力,项目化学习能够在保证基础扎实的基础上,补足创造力短板,使学生能够在情境学习中获得经验,并迁移创造力运用。

小学美术教学如何开展跨学科融合,关键在于寻找项目。通过大量的资料查询和经验总结,可以从学生日常生活的兴趣和困惑、互联网信息、美术馆资源等方面切入。比如一年级学习的"下雨了""多变的太阳""雪"等课题,都是学生困惑的物理问题,将这些物理问题与美相结合,刚好对应物理与美术的课程;和

日常生活息息相关的透视比例问题，也刚好可以对应数学与美术的课程；"昆虫乐园"课程，可以通过对昆虫的声音模拟和动作模仿，完美进行音乐、美术和体育的跨学科融合；水墨画课程，可以将美术、语文和地理学科进行融合；"上海的石库门"课题可以把语文、建筑和美术课程进行融合；"非遗技艺和传统节日"也可以很好地将美术和语文学科进行融合。综上种种，都是学科融合很好的项目。当然，这里举出的只是很少一部分的例子，研读教材就会发现美术的跨学科教学可以从很多方面着手，要找到美术和其他学科之间的连接点，要让学生在丰富多样的学习活动中获得更多的知识认可和解读。[1]

本文就以蛋糕为切入点，通过举办生日派对，学会用黏土制作生日蛋糕，并通过生日古诗祝福语与音乐将自己的祝福送给他人，使美术与语文和音乐学科得到更好的跨学科融合。

三、项目实施：合理分析，落实项目

（一）教材分析

"喜庆蛋糕"这节课属于上海教育出版社美术教材一年级第一学期第四单元"有趣的形体"中的内容。本课着重学习泥工的基本技法，运用所学习的泥工技法表现装饰是制作的要点。学生对于蛋糕不陌生，在生日聚会上、婚宴中、蛋糕店中都见过和吃过，蛋糕是学生们喜欢的食品。通过欣赏比较、交流体验等方法，学生在情境中了解蛋糕的特征，并学会运用不同的泥工技法装饰蛋糕。制作装饰蛋糕，让学生体验泥塑的乐趣；创设情境，让学生相互赠送自己制作的蛋糕，并学习有关生日祝福的古诗和音乐，激发孩子们用多种形式关爱他人的情感。

（二）学情分析

对于彩泥塑造蛋糕，学生有着新奇的感觉和尝试的欲望。在学习此课之前，学生已经学过团、捏、压、搓、切等基本的泥工技法。但一年级学生的泥工课学习尚浅，大部分学生在学习一次课程之后对泥工技法的表现并不熟悉，这里就需要运用多媒体的演示，帮孩子们回顾和加深各种泥工技法的运用，以便制作形象更丰富的蛋糕。本节课在回顾泥工技法的基础上要求学生运用叠加、排列等方法来装饰蛋糕，初步尝试立体造型。虽然学生在现实生活中早已接触蛋糕，生活经验方面可以说是很丰富的，但每位孩子的认知创造思维都有所不同，这样的不一致性也促使孩子们有着巨大的发展空间,老师要好好把握机会,激发孩子们发现美、创造美的能力,大胆表现新颖的蛋糕形象。同学们每年都会给自己的家人或者朋友过生日,在这个过程中大家总是以一句简单的"生日快乐"给他人送上祝福,这就显得太过于单调和无趣,要是能够用优美的古诗或者有趣的音乐给他人送上祝福,就更有趣味了。

(三)教学实施

优良的实施过程是达成美术项目化学习的重要保障,因此在实施过程中,以学习运用各种泥工技法,设计制作蛋糕的造型及装饰的方法,感受所制作的蛋糕造型变化的美,体会泥工制作的乐趣,激发关爱他人的情感为教学目标,教师设计了"化身蛋糕师制作蛋糕"和"蛋糕送祝福"等活动,在情境中让孩子们学习蛋糕的制作。

教师在上课初始便创设生日派对情境,展示各种蛋糕造型的图片,启发学生观察蛋糕在造型和色彩上的特点。通过日常对蛋糕的印象和对照片的观察,学生总结了蛋糕造型多样、色彩丰富的特点。接着,教师邀请学生戴上糕点师帽子和围裙,变身为糕点师,为生日派对制作蛋糕。正式进入教学环节,通过创设情境能最大限度地激发孩子们学习的欲望和创造的欲望,为接下来的蛋糕制作进行铺垫。在学习制作蛋糕的过程中,教师先出示糕点师制作蛋糕视频,总结制作蛋糕的步骤,并用黏土示范抹奶油方法,同时对上节课所学泥工技法进行回顾。通过对蛋糕图片的观察和讨论,学会用不同的泥工技法制作泥点、泥片和泥条,并对蛋糕进行排列、叠加的装饰,帮助学生掌握其中要点。学生作为糕点师,被赋予身份感的认同,在制作蛋糕中格外认真积极。最后的展示与表达环节中,教师肯定学生的创造性表现,并创设生日派对情景,鼓励学生相互赠送蛋糕,通过学习优美的生日祝福古诗和音乐,同学们相互表达对同学的关爱。

(四)实施反思

美术项目化学习即便有较好的项目基础、比较完善的教学实施,但也不能保证一帆风顺。以"喜庆蛋糕"一课为例,本节课主要让学生学习用彩泥制作一个造型美观、色彩搭配协调的蛋糕。其中重点是彩泥叠加排列的装饰方法,难点是用泥点、泥条和泥片装饰蛋糕。在本节课的设计上,跨学科融合教学,将语文和音乐与美术课程相结合,力求以一种更丰富的形式来呈现这节课。实施中紧紧围绕本课教学目标,力求做到目标突出,重难点明确,能让学生提高课堂效率,在一节课中学有所获。上完这节课后,针对教学进行了反思,主要是教学的成功之处和教学中的不足,以及一些改进意见。

1. 较为合理的地方

第一,教学过程中创设生日派对情境,并邀请学生角色扮演,成为糕点师制作蛋糕,极大程度激发孩子们的学习兴趣。此外,通过欣赏各种蛋糕照片和观看蛋糕制作流程,让学生在观察与比较中初步感受蛋糕的造型和色彩美,以及蛋糕制作步骤,为接下去孩子们制作蛋糕进行铺垫。在展示环节同样是生日派对的情境,在此情境中教授孩子们祝福生日诗句和歌曲,并现学现用表达同学之间的祝福。

第二,整节课针对重难点进行相应的教学设计,先是抹奶油过程中的教师示范和泥工技法的总结,接着是裱花过程中讨论泥点、泥片和泥条对应的泥工技法以及排列和叠加的装饰方法,让学生在讨论与尝试中掌握其要点。整个教学环环相扣,让学生更好掌握知识要点。

第三,正视孩子的个体化差异,提出基础层面和拓展层面的作业目标。基础层面主要面向部分有困难的学生,提出他们能够达到的目标;拓展层面向多数学生,重在横向发展,拓展知识面。从而使每个学生都能找到属于自己的目标发展区域,人人获得成功的希望。

2. 不足及改进

第一,在观察探讨蛋糕造型和色彩的特点以及制作流程的教学环节中,直接让学生欣赏各种蛋糕照片和观看蛋糕制作流程,这样的教学设计会稍显突兀,可以创设参观蛋糕店的情境,更好地切入教学学习。因为在蛋糕店中可以欣赏到各种各样的蛋糕和看到糕点师制作蛋糕,让同学们回忆以往自己走入蛋糕店中所见到的情景。

第二,在进行学科融合,教授孩子们故事和音乐的教学环节中,通过视频播放和教师讲授的方式来教授知识点,但忽略了每个孩子的个体差异化。因为一年级小朋友学习能力不同,出示的古诗和音乐在难易程度上没有进行区分,所以导致一部分学习能力较差的学生较难接受这些知识点。之后在讲授这一知识点环节中,要对古诗和音乐进行知识难易程度的分层处理,做到每位同学都有相应的知识点掌握。

第三,教学目的是培养学生的想象创作力,虽然教师与学生共同欣赏了各种蛋糕,分析归纳了蛋糕的造型和色彩特点,但是并没有进一步引导学生在自己的创作过程中进行大胆的变化和创作。在欣赏优秀学生作品的时候,也应该让学生们各抒己见,谈谈他们对自己设计的蛋糕的设想,从而鼓励学生们奇思妙想,从简单的基本型出发,产生各种各样的创想,形成丰富有趣的蛋糕新形象,从中培养创新意识。

四、总结

以"喜庆蛋糕"为例,基于美术学科的跨学科项目化学习,通过美术与语文、音乐间线索的交织,在设定"生日派对"这一情境中展开教学,更好地强化学生的学习主体性。学生在不断探索中,用实践不断完善自己的艺术创作,并能够用创造性的思维和方法为创作提供更多可能性。跨学科项目化教学是一种很好的培养学生整体性和创造性解决问题的方法,在之后的教学中也要重视美术和其他学科的融合,使学生在美术常态化课堂中将自己欣赏美、创造美的能力得到更多的提升。[2]

参考文献:

[1] 纪海荣.项目化学习在小学美术教学中的应用要点与策略[J].美术教育研究.2021(21):159—160,163.

[2] 魏会.基于项目化学习的小学美术常态课堂探索[J].基础教育参考.2021(07):50—52.

31 创建项目化学习情境，探寻纸版画教学新魅力

——以"乐寻弄堂，拯救消逝的记忆"一课为例

小学美术学科　张晓彬

一、项目背景

我一直在思考如何改变传统的教学模式，让学生能够学得有深度，能够从被动的学习转变为自主的学习，如何能通过创设真实的美术教育学习情境让学生转变学习方式，促进学生的个性化学习。此次项目化学习教学设计内容与我主持的区课题"融合上海弄堂文化的小学美术纸版画教学实践研究"相对接，是对项目化学习活动的推动和提升。石库门是中西建筑的结合，带有明显的混血特征，它内涵丰富：既承载着上海一代又一代人的回忆，也见证着近代上海乃至中国的历史发展，更是红色革命诞生的摇篮。然而，现在的小学生对石库门弄堂历史人文可以说一无所知，或者一知半解。应该让学生懂得挖掘、推广，用行动守护珍贵的上海本土文化。于是，在这个学期我尝试设计上海弄堂情境，让学生在一个项目化学习的情境中参与学习，我们教师不再被教案、教参"牵着走"，学生也不再被老师"牵着走"，学生可以把美术版画基础性学习与主题活动相整合。

二、项目依据

"乐寻弄堂—拯救消逝的记忆"项目化学习设计，基于以下三个方面的思考进行选题。[1]其一，基于教育政策导向。当下提倡传统文化教育，中小学要开设地方美术课程，帮助学生了解地方文化传统和文化遗产。上海弄堂作为上海本土地方文化遗产，将其文化资源纳入小学美术课堂教学不仅可以让学生感受上海的人文魅力，了解上海弄堂文化，又可以增强学生民族自豪感。其二，基于学科单元知识整合。小学美术教材中版画制作单元，要求学生掌握各种纸版画的设计和制作方法，创作各种纸版画作品，培养学生动手设计和制作能力。[2]其

三,基于学生自身素养所需。小学中高年级学生不再满足于碎片化、浅显的课堂美术知识,探秘上海弄堂文化符合学生的年龄在持续性探究中的求知需求。

三、驱动性问题

我设计了问题情境:寻找上海弄堂里的记忆。这样的情境性驱动问题,是根据教学目标的关键点设计的,它不是简单作答就能解决,而是需要让学生根据已有学习经验,通过问题形成寻弄堂、探弄堂的学习行动,把学生快速带入本课知识学习的氛围中,促使其积极主动思考和解决问题。

四、项目课时

项目课时是项目化学习得以实施的保障,有了课时的保障弄堂项目才能得以实施。乐寻弄堂项目采用集中研究和小组自主研究相结合的方式,以美术学科为主导,兼具历史和拓展探究学科。课堂集中研究5课时,课后拓展学习5课时,以图表的形式列出项目化推进时间轴,确保项目能顺利推进。

五、学习目标

(一)自主阅读书本上的拓印方法,了解纸版画拓印过程,提高分析整理、提取信息的学习能力。

(二)小组合作尝试拓印作品,发现问题、分析问题、解决问题,提高归纳总结能力,形成合作探究能力。

(三)在拓印学习的过程中,养成仔细观察、积极思考的好习惯,形成敢于尝试、勇于探究的态度。

六、活动要点

通过小组分工合作、实地走访观察、自主阅读资料、尝试制作拓印出纸版画作品,养成善于观察、勤于思考的好习惯。

七、活动支架

在确定了项目的学习目标后,教师需要设计有力的学习支架,让探究学习在项目推进中得以持续发生。

(一) 实地探访任务单设计

弄堂项目按照阶段分解成项目子任务,以核心问题"乐寻弄堂、拯救消逝的记忆"为出发点,设计递进式的问题或任务串,学生围绕问题,结合学习任务单(图1)展开弄堂探究学习任务单。

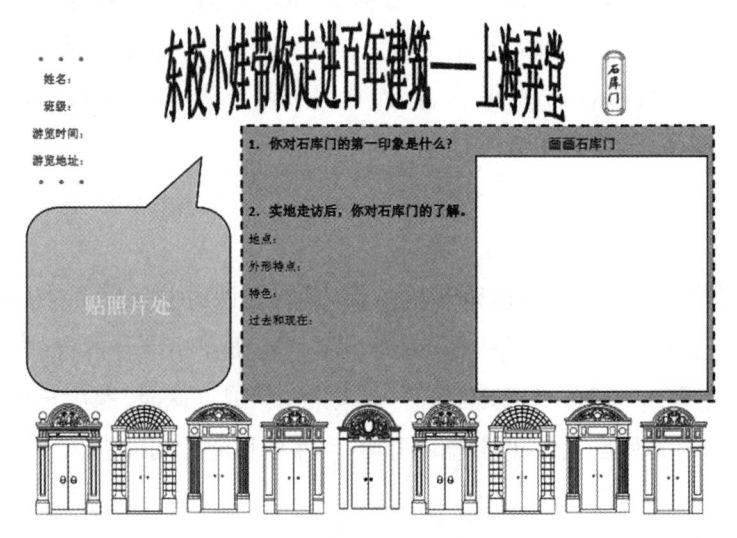

图1 学习任务单一

(二) 小组工作任务单

学生自主分配小组,确定研究主题。资源与工具的合理利用可以让学生像专家一样解决问题,所以教师提供学习资源包、网址、书籍、博物馆信息等,开展"实地寻访、探秘解惑、创作作品、布置展览"四个环节的弄堂学习活动。本次共分为六个小队,分别是食在弄堂小队、弄堂建筑小队、红色之旅小队、霓裳风情小队、弄堂游戏小队和时光记忆小队。

(三) 课堂实践学习

1. 实践三阶段

(1) 第一阶段:探秘解惑

学生通过网络探究收集相关背景信息,小组整合资料交流汇报,用思维导图和PPT演示弄堂发展史。

(2) 第二阶段:实地寻访

分组实地参观游览,了解弄堂里的衣、食、住、行、用等,弄堂与历史、经济、文化之间的紧密联系。

(3) 第三阶段:创作作品

在美术课上,学习纸版画制作方法,制作相应的版画作品。

(4) 第四阶段:布置展览

将制作的作品整理收集,与学生一起筹备画展。

2. 课堂教学实录

(1) 活动导入

① 师:同学们,上海市实验学校东校第十届艺术节正在如火如荼地进行中,本次三年级美术学科项目化学习探究的主题是"乐寻弄堂,拯救消逝的记忆",上节课我们每组都聚焦石库门弄堂文化,围绕"画什么能唤起老弄堂的生活回忆"这个问题进行了作品的创作。接下来每组选一位同学介绍一下你们组的最佳作品。

② 各小组推选代表介绍自己的作品。

③ 师:刚才同学们都从不同的研究主题和方向,对自己的作品内容进行了总结,接下来我们来欣赏两张图片,说一说你更喜欢哪一种绘画形式。

④ 我们为什么都喜欢这种?想不想研究怎样制作一幅版画作品呢?

(2) 实践探究

① 接下来是我们小组研究时间,请各组拿出任务单(表1)。

② 教师指导学生学习任务单:任务单上有两个小任务,第一个小任务是什么?谁理解了先来说一下?第二个小任务是什么?谁能告诉我?

③ 接下来老师给大家10分钟时间,我们比一比,看哪组先制作完成一幅纸版画作品,并完成任务单的填写,各组分工合作开始吧!

④ 汇报探究结果:

第一个完成纸版画拓印的是×小组,请他们组的汇报员来交流一下吧。

第一项小任务汇报:拓印使用的工具有哪些?哪些小组和他们组是一样的?

第二项小任务汇报:拓印过程是什么?分别用了哪些工具,喷水壶作用是什么?木蘑菇的作用是什么?

还有什么疑问?(学生提疑惑)。谁能回答一下吗?

第×小组你们作品完成得那么漂亮,步骤也非常准确,有什么诀窍吗?……

表1 "乐寻弄堂,拯救消逝的记忆"项目化学习小组任务单

小队：　　　　　　　　　　　记录员：

任务1：完成纸版画拓印,你们都使用了哪些工具？（在使用的工具下打√）							
工具	吹塑版	抹布	铅画纸	喷壶	木蘑菇	炫彩棒	竹签	清洁棉

任务2：简要写出拓印的完整过程,也可以写出小组的疑问或想法。	
拓印过程	疑问或想法
第一步：	
第二步：	
第三步：	
……	
拓印结果(勾选)：满意(　)不满意(　)	

提示：拓印过程可以用上"先……接着……然后……最后……"

(3) 尝试操作

① 出示情境：石库门弄堂版画作品展。

② 布置任务：完成个人作品,完成后贴到指定位置。

③ 完成个人评价表。

④ 自评——互评：介绍自己作品内容、作品效果、自己的得失等。

(4) 活动总结

师：今天,我们一起尝试用炫彩棒拓印制作弄堂纸版画作品,大家都表现得很棒！大家在小组合作探究学习的过程中能自主发现问题,分析问题,解决问题。下阶段我们将围绕"如何向他人推广弄堂文化"这个问题展开研究。

(四) 设计成果发布会

1. 展示成果

弄堂项目由学生筹备组织,通过展示与交流的方式,向全校师生汇报小组活动安排、成员分工、研究内容、设计创意、项目成果。学生采用考古秘籍、海报展览(图2)、小组汇报、童谣演唱、视频制作、画展展览(图3)等形式,多角度展示个人和团队的学习成果。

图 2　小组海报　　　　　　　　　图 3　画展展览

2. 小组评价表

各小组通过一系列的展示之后,通过项目评价表来评价各个小组的项目化学习研究成果(表2)。

表2　"乐寻弄堂——拯救消逝的记忆"项目成果评价表

评价人：　　　　　　　　评价小队名称

评价指标		分级标准(1—10星)
主题设定	主题符合研究内容	(　　　)星
内容选择	图文选择彰显石库门文化底蕴	(　　　)星
	图文选择丰富,具有吸引力	(　　　)星
	图文选择最能体现研究主题	(　　　)星
海报设计	版面设计完整、合理	(　　　)星
	版面形式图文并茂,彩色绘制	(　　　)星
	版面设计新颖,富有创意	(　　　)星
项目赘述	语言表达准确、流畅	(　　　)星
	文字语言富有表现力	(　　　)星
	形式丰富,创意新颖	(　　　)星
总评		(　　　)星

(五)知识与能力迁移

学生在老师的指导下尝试设计、制作石库门相关主题的纸版画作品,几经优化迭代。下一阶段的学习中，学生还能把学到的版画知识迁移到文创产品开发中，并开发了一系列文创作品，文创拓印画、文创弄堂书签、文创弄堂 T 恤、文创弄堂环保袋等。

八、项目总结

在项目化学习的背景下，我对小学美术纸版画课堂教学模式进行了全新的尝试。这种项目化学习设计促使"教的设计""学的设计"发生转变，将学生的学习兴趣完全调动起来，激发他们的学习潜力，推动他们真正地学习美术学科纸版画，但是它后续也面临很大的挑战，需要我们在以后的教学中更加努力。

参考文献：

[1] 夏雪梅.项目化学习设计：学习素养视角下的国际与本土实践[M].北京：教育科学出版社，2018：8.

[2] 钱初熹.基于项目学习的美术教育[M].上海：上海教育出版社，2021：10.

32 初中音乐项目化学习的必要性及项目化合作学习实施策略

初中音乐学科 许 可

一、新课标对初中音乐课程的思路指导

初中音乐课程实施标准在2022年有了新的修订。初中音乐课程标准是义务教育艺术课程标准的一部分,是对初中音乐课程的全面指导。根据《新(2022)版课程标准解析与教学指导——音乐》的解读,修订后的新课标明确了艺术学科的学生培养目标要以核心素养为主导,促进学生全面发展;教学目标和课程实施要遵循艺术学习和学生身心发展规律;学科发展要凸显艺术课程特点,强调在艺术实践和体验中发展素养;课程改革要提倡学科融合和跨学科学习,加强课程内部和外部的联系;课程评价要以核心素养发展水平为基准,合理设定学业质量标准。[1]

新课标的音乐部分在课程标准方面,从原有的布鲁姆提出的"知识与技能,过程与方法,情感态度价值观"三维层面,发展提升为"指向学生通过课程学习成长为一个什么样的人",自此实现了向核心素养成长方向的转变。课程培养目标聚焦核心素养培养,强调培养人的审美感知、艺术表现、创意实践和文化理解。课程目标还融入对他人的理解和尊重、规则意识、责任担当、人际交往、合作交流、学会学习、发现并解决问题的育人目标。课程实施中,教学方式产生变革,教学要紧扣"人"的发展,课程的真正价值在于人。教师在教学中不仅要关注"如何教",更要关注学生"如何学""学得如何",尤其要重视提升学生的主观能动性,突出学生的主体能动作用。

新课标基于各年段儿童和青少年生理和心理的特点和差异性,从音乐学习认知特点出发将义务教育阶段细分为四个学段,明确了各学段的发展目标。其中初中是第三学段(六—七年级)、第四学段(八—九年级)。各学段发展目标既有对前一阶段目标的沿袭又有具体实施要求的提高。目标既突出了共同的核心

素养培育，又体现了对学生在各学段音乐学习和素养发展的差异化要求，循序渐进，逐步提高。教师在实施过程中要避免产生一个目标对应一个核心素养的误解，核心素养本身是不可割裂的统一体，各素养之间互相影响互相融合，在教学实践中可以有具体侧重，但要认清整体性的本质。

二、项目化学习对实施新课标下初中音乐课堂的重要性

Markham(2011)认为，项目化学习其实是"知道"和"做到"的集合。[2] 作者认为，项目化学习的特点是抓住了参与者"人"的核心素养要素，通过教育实践的设计和参与，参与者不断相互提升和融合，同时促进参与者的内在认知和外显能力的发展。

美国巴克教育研究所把项目化学习（Project-Based Learning，简称 PBL）定义为一套系统的学习方法，关于其概念的定义有很多。结合国内现提出的学习素养理论，笔者采用夏雪梅博士提出的"项目化学习"的界定，指的是"学生在一段时间内对与学科或跨学科有关的驱动性问题进行深入持续的探索，在调动所有知识、能力、品质等创造性地解决问题、形成公开成果中，形成对核心知识和学习历程的深刻理解，能够在新情境中进行迁移"。[3]

在新课标的指导下，对初中音乐课堂实施项目化学习对达成教学目标有重要的促进作用。初中音乐课堂项目化学习的参与者是音乐教师和学生。音乐教师根据自身艺术基本知识、技能水平、艺术审美体验、艺术专项特长，结合对课程标准的深度理解设计项目化学习实施方案。在设计过程中，教师将围绕学生的审美水平、参与意愿、音乐素养、文化理解、互动交流、人格特性做项目规划。学生则在综合性项目化学习中习得所接触到的任务解构、专业知识、基本技能、合作学习、情绪管理、集体交流、学教转化、互动评价等，能在真实情境中解决问题。

项目化学习是新时代创新课堂学习方式之一，初中音乐课堂新课标的总体思路强调了初中音乐课堂要遵循时代性，要不断促进育人方式的变革。项目化学习契合新课标总体思路。初中音乐课堂项目化学习建立在音乐学科逻辑之上，教师基于学生音乐学习实践中萌发的疑惑提出导向问题，学生集体探索相关知识并解构相关音乐知识技能，教师引导学习方向，学生尝试练习音乐知识和技能，教师给予专业指导，学生和学生、学生和教师互相答疑及对知识和技能习得水平作出初步评价,学生给出导向问题的解答或者进行舞台表演实践。这符合新课标对初中音乐课堂在保持原有学科逻辑的基础上,增强一体化和系统性设置的要求;符合新课标要求课程设计要遵循学生音乐学习和身心发展的特点。项目化学习过程涉及相关音乐学科及跨学科知识,符合新课标提倡学科融合和跨学科学习要求。项目化学习重点是学习过程中的实践和体验,学生在参与初中音乐项目化学习各项实践中,获得对音乐的直接经验、丰富的情感体验及提升审美体验。这符合新课标强调在艺术实践和体验中发展素养。

三、初中音乐项目化学习之合作学习实施策略

（一）教师实施

1. 基于课堂合理安排合作学习时间——量化策略

初中音乐一节课40分钟,教师要考虑学习任务量,合理安排小组学习。初中音乐一学期有16—18节课,教师要基于学期课程目标,合理安排项目化学习量和教学结合。

衡量时间安排是否合理,则从学生学习效果优劣、情感体验丰寡、审美角度宽窄、相关学科知识积累量多少、技能技巧水平高低等角度多维度考量。以下为我们制定的学期教学任务安排计划表(表1)。

表1 上海市实验学校东校教学进度计划表(2022学年度第一学期)

学科音乐　使用课本沪教版七年级第一学期　执教教师许可

周次(时间)	教学内容	教学形式
1(9/1—9/4)	准备课	讲授
2(9/7—9/11)	欣赏《春》《秋的喁语》 歌唱《夏天》	欣赏及唱歌
3(9/14—9/19)	口风琴吹奏1(基础) 复习歌曲《夏天》	项目化活动1
4(9/21—9/25)	欣赏《冬天的篝火》 歌唱《踏雪寻梅》	欣赏及唱歌
5(9/28—10/2)	口风琴吹奏2	项目化活动2
6(10/5—10/9)	口风琴吹奏3	项目化活动3
7(10/12—10/16)	欣赏《母亲》 吹奏《可爱的家》	欣赏及演奏

(续表)

周次(时间)	教学内容	教学形式
8(10/19—10/23)	欣赏《同伴进行曲》《索尔维格之歌》 吹奏《友谊地久天长》	欣赏及演奏
9(10/26—10/30)	我的舞台我来秀(音乐表演)	创编及表演
10(11/2—11/6)	歌唱《爱的人间》 复习吹奏《可爱的家》《友谊地久天长》	唱歌及演奏
11(11/9—11/13)	欣赏《自由探戈》 拓展学习拉美舞曲音乐、舞蹈	欣赏及舞蹈
12(11/16—11/20)	欣赏《故乡的亲人》 歌唱《红河谷》	欣赏及唱歌
13(11/23—11/27)	欣赏《春节序曲》	欣赏
14(11/30—12/4)	欣赏《好日子》《正月十五闹元宵》 吹奏《金蛇狂舞》	欣赏及演奏
15(12/7—12/11)	欣赏民乐《飞天》、管弦乐《图画展览会》	欣赏
16(12/14—12/18)	吹奏《欢乐颂》《音乐在空中回荡》	演奏
17(12/21—12/25)	口风琴复习	项目化活动4
18(12/28—1/1)	音乐期末考试1	
19(1/4—1/8)	音乐期末考试2	

2. 基于学生特性合理规划分组——分组学习策略

初中音乐课堂基于一个行政班实施,教师要体察到各班级的年龄段、班风、学风、人数、性别比等特点,以此来规划如何设计符合此班级特性的项目化学习方案。年龄段影响教师对学习任务的分解、对过程和结果评价的指标;班风影响教师对学习过程的管控力度,及对合作密切度的判断;学风影响教师对学习任务完成度的预设和评价;人数和性别比影响分组的数量和男女生比例。

教师要掌握班级内学生的音乐特长、突出的性格特点、情绪反应等个体特性,以便分组及学习过程中有针对性地引导和指导。

一般初中音乐课小组合作人数以6—8人为宜,其中包含男女生人数尽量一致,每组至少有1—2名音乐特长生或爱好者。组长的人选则采用教师推荐和学生自荐最终由全体成员投票决定。

图 1　分组效果图

3. 基于课程敏锐抓住合作学习点——任务单式学习策略

单元学习前,教师对教学内容有初步规划。规划依据是单元重难点、学生的课堂反馈、课程知识学习的特点等。

对于知识了解型内容,如作品创作时代背景、艺术家生平、作品曾经出现过的重要场合等可以规划为导向性问题在临下课时提出,小组成员可利用自由时间在家使用电脑、到图书馆收集资料、问询相关人士等方式多途径多数量收集整理信息。第二节课再小组讨论形成结论,并公布结论,教师适当予以分析讲解和评价。

对于作品学习和表演的内容,如歌曲唱编演、舞蹈体会、器乐学奏等,可以设计1—2节课的项目化学习任务单。下图以沪教版六年级第一学期第一单元项目化合作学习"红旗颂"活动为例。(表2、表3)

表 2　第一单元项目化合作学习任务单

(第一阶段)

小组名称		
小组成员		
项目内容一	了解《红旗颂》	
导入性问题 (勾选1个问题 展开探究)	1. 作者及本作品创作背景。	
	2.《红旗颂》体裁?举例说说与之相同的作品。	
	3. 尝试从音乐要素特点和应用角度分析《红旗颂》	
小组子问题		
小组探究结论		

表3　第一单元项目化合作学习任务单

(第二阶段)

小组名称	
小组成员	
项目内容二	创演《红旗颂》
小组创作构思	
小组成员任务	
创演效果反馈	

4. 基于项目化学习任务展开细致讨论——讨论式学习策略

项目化学习任务进入课堂,教师要确定学生的理解度,鼓励合作学习时间内,小组内及小组间展开细致讨论,教师及时了解及参与各学习小组的讨论。最终达成学生明确学习任务、明确学习方法、明确学习目标、明确评价指标。

5. 基于小组合作动态及时调适——动态调整策略

项目化学习实施中,教师整体把控各小组动态,包括:提出的问题是否合理及准确,小组成员间交流是否顺畅,学习任务是否明确,每个小组成员是否在投入地学习。教师还要解答音乐相关专业问题,解答国家性、民族性、精神追求、思维观念、时代性等人文性问题,解决学生情绪情感波动问题等。

6. 基于学习恰当给予评价——全面评价策略

项目化学习中,教师要及时恰当给予各方面评价。包括:知识性评判、态度性评价、效果性评价、过程性评价、认同性评判、核心素养发展相关性评价。评价的方式包括:公开评价、私下评价、口头评价、荣誉墙式评价、学习记录单式评价、表演考核评价。

表4　音乐项目化合作学习评价表

小组名称								
项目内容								
小组成员								
项目任务完成(自评)								
课堂表现(互评)								
合作情况(组长评)								
总评								

说明:"小组名称""学习内容"由小组长填写。学习评价格,完成了画√,未完成则不画。"总评"由老师填写。

(二)学生实践

1. 保持好奇心投入学习过程

学生能感受到教师的以"生"为本,学为中心。学生的学习兴趣被学习内容和学习活动吸引,能乐于参与,放松心情,能够激发出表现欲望,能感受音乐的情感表达,理解音乐要素的特性应用,能够主动学习,真正去体验音乐,甚至能够发展出音乐特长。

2. 善于发现问题敢于提问

学生学会倾听、观察、记忆、感悟、组织语言,及时将自己的灵感表达出来,勇于提出问题。学习体验中,学生要积极身体律动、图谱表达、乐谱唱读、手势、声势、乐器演奏,用各种体验感悟实践,在实践中分析信息,探究感性如何通过音乐理性地表达出来,在探究中,利用联觉机制调动多种感官参与音乐学习,及时抓住自己的疑问,组织好语言,大声表达出来。

3. 合作学习中与他人相处

合作学习活动前,学生要掌握发言、聆听、表演、观赏、提问、解答、多人交流的方法,要思考怎样达成小组有效沟通。

学生在合作学习中,不仅要考虑到本人,还要考虑到学习伙伴。学习时的探索、酝酿、想象、疑问、选择、即兴尝试、组织声音等环节和过程中,要考虑到学习伙伴的同步的实践过程和临场反应,在自我觉察的同时要保持聆听和体察他人的能力。

4. 觉察情绪和与之相处

学生在合作学习中,对自己的情绪要及时反应。成功的喜悦,难题的困惑,思考被打断的烦躁,被忽略的愤怒,突然的沮丧、失望,想要完成的急迫,犯错误后的自责、指责,等等复杂的情绪反应来临时,要有与之相处的应对方式。成功后的喜悦可以在恰当的时候分享出去,也可以自己乐一乐;难题的困惑可以自己思索,可以提问求助;思考被打断的烦躁可转可忍可叹息。学生在学习过程中与各自情绪相处的方式常常会让笔者眼前一亮。

5. 探索多种信息获得方式

项目化学习有收集信息的需求,学生可以尝试探索学习多种信息获得方式。

6. 自我评价和评价他人

学生通过项目化学习之合作学习,进行自我评价和评价他人的实践。对自我和他人的评价标准要统一,评价的面要立体多维。如自我评价可以尝试从"学习态度、合作投入度、学成度、愉悦指数"等方面考虑。评价他人分为组内和组外，小组内互评可以根据合作学习内容从"学习态度、交流通畅度、学成度、表演效果、创新创意度"等方面评价。

四、结语

柯达伊曾经说过："我们相信，音乐是一门人文科学，必须从理性加情感的角度去接近它。如果音乐课的气氛充满趣味、充满了对有训练的注意力的期望，并且如果感情方面被逐渐形成的技艺所丰富，那么显然所有这样的音乐既不是'娱乐'也不是一种'别致的玩意儿'，而是作为和其他同时在学校得到公认的科目一样具有同等价值的知识主体。我们从不怀疑音乐教育的感情功能；但是我们相信情感一定由某种有持久价值的理性来支撑。"[4]在初中音乐项目化学习实施中，学生获得知识、技能、情感、理性的发展。

初中音乐课堂中，教师在实施教学时一方面要认识到学生的艺术表现、音乐创造等是获得情感体验和审美体验的重要途径，既要重视审美体验和情感体验，也要重视在各种学习实践活动中尤其是项目化学习活动中的各种体验。另一方面要认识到，音乐学习中重要的收获是实践能力，这种能力建立在思维、心理、认知等跨学科领域的实践融通中。还要认识到，学生音乐素养的组成部分、学生实践能力的实施部分、学生对音乐的文化认知部分共同构成了每个学生的"人"，"人"的成长是教师在新课标背景下规划设计初中音乐课程实施的本源。教师在设计课程教学时多面掌握教学方式、学习方法、实施策略，从中择优选择合适的对象，这里就能看到项目化学习在新课标实施背景下应用于初中音乐课堂的优势所在。

参考文献：

[1] 杜宏斌.新版课程标准解析与教学指导音乐[M].北京：北京师范大学出版集团，2022：14—47.

[2] Markham，T. Pmject Based Learning[J]. Teacher Librarian，2011，39（2）：38—42.

[3] 夏雪梅.项目化学习设计：学习素养视角下的国际与本土实践[M].北京：教育科学出版社，2018：7—16.

[4] [匈]爱尔佐伯特·索妮.科达伊教学原理与实践——通向音乐教育之门[M].高建进译.北京：中央音乐学院出版社，2009：4—6.

33 结合项目化学习小学体育与健康长拳项目的教学环节设计

小学体育学科　张雯卿

随着教育改革的深入和新课标学科核心素养的提出,项目化学习的研究逐步加深,利用项目化学习设计培养学生核心素养的关注度逐渐提高。项目化学习设计包括教的设计和学的设计,两方面一一对应,指向发展学生的知识迁移能力和实践创造能力。这些与体育与健康课程新课标中所提出的"大单元教学与学生核心素养的培养密切相关"相一致。所以项目化学习设计是推动学生核心素养发展的重要途径。

一、项目化学习设计的本质与体育与健康课程核心素养的关系

（一）项目化学习设计的本质

项目化学习旨在提高学生对知识的深度迁移能力、解决问题的能力,手脑并用能力、学习过程反思能力。基于这些项目化学习的目的,项目化学习设计的本质特征是对知识的深度理解,遵循深度整合知识、深度参与思考、深度反思学习这三个原则。谢宇松老师结合斯坦福大学蒙哈德教授关于"探究性项目导向深度理解的三个关键步骤"提出项目化学习设计中教学层面的设计包括创设问题情境、提供学习支架、组织全程评价三个环节,对应学习层面包括问题分析、信息处理、成果展示三个环节,指向对知识的深度理解。[1]

（二）体育与健康课程核心素养

体育与健康课程核心素养包括:运动能力、健康行为、体育品德。以核心素养为中心结合课堂教学,各个水平学生身心发展特点已经课程内容的特点,细化为总目标、水平目标和内容目标。其中总目标为:

1. 掌握与运用体能和运动技能,提高运动能力。
2. 学会运用健康与安全知识和技能,形成健康的生活方式。

3. 积极参与体育活动,养成良好的体育品德。

内容目标包括:基础知识与基本技能、技战术运用、体能、展示或比赛、规则与裁判方法、观赏与评价。[2]

（三）项目化学习设计与培养学生核心素养的关系

随着对项目化学习设计研究的深入和核心素养的推进,越来越多的老师认为,项目化学习是推动培养学生核心素养的重要途径。在体育与健康课程中,核心素养是在一个个课程内容的教学中逐渐培养的。项目化学习设计中的"问题分析",是在体育与健康课程中根据学生的年级及兴趣,选择适当水平的课程内容。"信息处理"与学习课程内容相对应,其中所强调的深度与体育与健康课程新课标中大单元教学设计的目的是相通的。体育学习从表层来看是身体参与学习,新课标中为了培养学生的核心素养,要求学生从身体到思想精神全面地参与学习,从而达到有深度和广度的学习。"成果展示"浅层可以表现为在大单元教学完成后及时对运动技术、战术、规则以及精神的掌握,深层可以表现为对体育与健康课程核心素养的反馈与回归。项目化学习设计的本质为对知识点深度理解,而体育与健康课程的核心素养正是由身体到心理、精神,层层递进逐渐加深的,因此通过项目化学习设计的环节,实现对教学内容的深度理解,从而培养核心素养是可行且有效的。

中华传统体育项目包含的内容十分广泛,新课标中主要选择了中国式摔跤、武术和舞龙这极具代表性的三样。其中武术是中华民族的传统文化,蕴含了丰富的精神内涵,随着一代代人的传承创新,其文化底蕴、教育意义历久弥新。《中国武术教育倡议》总结了五点武术教育的价值,分别是:立德、增智、强体、育美、尚劳。这五点价值与体育与健康课程核心素养高度一致,其中"强体、尚劳"对应核心素养中的"运动能力","育美"对应核心素养中的"健康行为","立德、增智"对应核心素养中的"体育品德"。

二、基于项目化学习"长拳"在小学阶段的教学环节

长拳是中国传统拳种之一,它是在查、华、炮、洪拳、少林拳等拳种的基础上,结合其特点编创而成的。其动作舒展,适合为学习武术打基础。长拳项目有丰富的历史文化背景,适合学生进行深入的学习。长拳的基本动作灵活多变,组合的自由度高,适合学生进行自主的编创。长拳在竞技武术赛场上的比重相对其他传统拳种较高,有利于学生欣赏和了解竞赛评分规则。以上特点说明长拳这

一项目适合进行项目化学习。以小学二年级为例，新课标大单元教学要求一个项目进行18课时的教学。在这18课时中要求达到"能够说出基本的动作术语，知道项目的起源与发展、基本礼仪。在学练的基础上体验简单的动作组合"。学生在大单元的学习过程中，需要学习基本的长拳动作，在教师的引导下学习长拳的文化起源与文化背景，在掌握基本动作基础上尝试创编简单动作组合体验攻防，学会欣赏长拳比赛。最后进行小组的动作组合展示和长拳相关知识的汇报展示。

（一）深度整合知识

项目化学习设计的这一环节要求对课程内容有充分的了解，并且关注知识点内部逻辑。与之对应的是核心素养中的运动能力和体育品德，细化到课程内容主要对应的是基础知识与基本技能方面。项目化学习从教学内容的内部联系出发，结合武术的文化内涵，将细碎的基本动作整合增加教学的趣味性，提升学生对长拳学习的认同感。

1."长拳"在小学阶段的主要内容

"长拳"这一课程在小学阶段的主要内容包括：基本动作和简单动作组合，可以以段前一、二、三级拳操和初级长拳的动作为基本教材，包含基本的手型、手法、步型、步法；知道项目的起源与发展，了解武术的基本的礼仪和其中蕴含的精神，了解武术比赛的规则。

2. 从教学内容的内部联系出发进行教学

"长拳"在小学阶段的主要内容包含了武术的基本功，武术常说"四击、八法、十二形"。"四击"表示踢、打、摔、拿。"八法"为外四法——手、眼、身法、步，内四法——精神、气、力、功。在小学阶段的教学内容中就包含了"四击"中的"打"和"八法"外四法中的"手、眼"。通过在练习过程中强调武术的本质"技击"，并通过双人的互动对练可以让学生进一步感受到内四法中的"气、力"，在学习练习中引入武术的历史文化精神内涵，使得武术内容深入到内四法中的"精神"。

3. 结合武术丰富的文化内涵进行跨学科教学

传统武术是中华民族的文化瑰宝，在体育之外包含着诸如历史、人文、地理、生理等多学科的知识。多育并举、跨学科教学是新课标着重提出的。

武术有130多种不同的拳种，以地域区分可以分为南拳、北拳，由拳种特点区分可以分为内家拳、外家拳、象形拳等。每一种拳都有丰富的历史背景和独特的风格，如少林拳起源于少林寺武僧看护寺院的拳种，不断发展形成了刚健有力、朴实无华的拳法特点。在进行大单元的教学中可以引导学生欣赏不同的拳种，并自己利用互联网资源对感兴趣的拳种进行深入了解，展示阶段可以与美术课联动以小报等形式进行展示，与地理学科联动研究为什么会产生各地不同的武术拳种。

中国古代有科举和武举这样的人才选拔途径，其中清代武举的档案较为清晰，在国家第一历史档案馆中大致记录了每一位武状元的籍贯与中举年份，大多数武状元的家乡都有相关的武状元故居和武状元文化，可以引导学生根据这些有限的信息进行探索，提高学生的信息搜索能力、资源整合能力。

（二）深度参与探究

项目化学习涉及"深度参与探究"这一环节，主要通过日常的课程教学来实现。小学教育倡导兴趣化，所以在深度整合知识的基础上，需要做到提高学生的兴趣。本环节在体育课教学中是最为主要的，它直接对应着课堂中的练习与思考。在课堂的练习过程中学习知识，培养技能，发展体能，培养兴趣，培育品德。这一环节主要对应着核心素养中的运动能力和健康行为。

1. 课堂教学的组织形式

长拳教学中主要教学"拳、掌、勾"三种掌型和"弓、马、扑、虚、歇"五种步型。常规的教学主要是双脚开立的冲拳推掌和静力性的武术步型。利用项目化学习设计，结合武术的本质，在掌型的教学中可以双人推掌，在推和收的过程中感受发劲和化劲。在教学武术步型时可以进行双人弓步牵拉角力。运用双人合作感受武术基本动作的圆融转换和动作在实战中的运用，从而达到对知识进行深度探究的目的。

学生的个人身体素质不同对长拳动作的学习进度也有所不同，在教学中要做到因材施教、分层教学。如对于学习较快的学生可以着重提高学生动作的标准性，鼓励学生在自己掌握正确动作的基础上学会纠正错误的动作。在此基础上可以进行分组教学，丰富教学组织形式，培养学生加强合作、互相学习、互相尊重的能力。

2. 体能的发展

要对体育与健康课程的教学内容有深入的参与与探究，离不开良好体能的支持。体能是体育运动的基础，通过体育练习可以促进体育发展，循序渐进。"长拳"这一教学内容蕴含的体能是全面的，在教学过程中可以通过以接力跑，小组挑战等趣味游戏为基础的组织形式并融入武术内容来发展学生的体能,从而达到进一步深入学习的目的。

3. 相关知识点的学习

项目化学习设计不仅仅追求学习的深度也要求广度,"长拳"从技术本身来说包含基本的运动技能、战术、体能。从其表现形式上看还包含了比赛和展示,在学习过程中可以按照传统的个人展示形式展示,也可以鼓励学生双人多人合作,从队列队形、对练实战等多方面来展示学习的内容。在这个过程中学生不仅仅可以将所学内容进行展示,也可以提高欣赏和评价的能力。

不论是传统武术还是现在的竞赛武术,都包含了以中国传统文化为基础的武术礼仪,其中最为基础的就是抱拳礼。在武术大单元教学时可以将课堂常规的师生问好改为师生互行抱拳礼,提高学生对武术的认同感。

对于各个大单元的教学,新课标要求学生有欣赏运动项目和了解比赛规则的能力。可以组织学生观看正式的武术比赛,在欣赏顶尖技艺的同时,也可以了解武术竞赛的规则。在学生掌握简单武术动作的基础上,可以组织以班级为单位的小型武术比赛,请动作掌握比较好的同学担任小裁判,加深学生对长拳评分标准的了解。

(三)深度反思学习

在项目化学习设计中,这一环节可以起到回归、提高的作用。学生在这一环节回顾课程内容的教学过程,作用是多方面的。这一环节可以对应核心素养中的"体育品德"。

通过反思"长拳"基本动作的教学过程,总结出合作、互帮互助的良好品德;回顾体能练习,总结出勇于挑战、坚持不懈的精神品格;总结观赛欣赏过程,培养勇于挑战;不断进取的优秀品质。

通过项目化学习设计前期的"深度整合知识""深度参与探究",在反思学习阶段可以组织跨学科教学的成果展示与分享。如结合美术学科的武术文化小报,相关的知识分享等,鼓励学生通过多种形式展示成果,提高学生的探索创新精神,培养学生敢于尝试、独立思考的能力。

通过项目化学习,可以使长拳项目的学习更加深入。"深度整合知识""深度参与探究""深度反思学习"三个环节的层层递进有利于体育核心素养的培养。本文对于项目化学习设计的三个环节与长拳教学的关联性进行了论述,没有对每课时进行具体的教学设计,后续需要进行继续讨论。

参考文献:

[1] 谢宇松.项目化学习设计的出发点[J].教学与管理,2020(32):24—26.

[2] 中华人民共和国教育部.体育与健康课程标准[M].北京:北京师范大学出版社,2022:74—78.

34 论多媒体技术在核心素养时代体育课中的应用

初中体育学科　李　菲

随着科技的进步,许多教育者都开始采取积极措施来提高他们的工作水平。例如,现代数字化和网络技术,动态监护系统、心率检测等设备已经大大改善了体育课堂的氛围,这些措施不仅提高了学生的学习热情,还帮助学生提高了独立思考和创新的能力,以快速掌握和理解相关学科知识。本文探讨如何使用多媒体技术增强体育课的效果,并迎接一些复杂问题的挑战。此外,还将着重分析多媒体技术如何帮助教师提升教学效率。

近年来,由于IT技术的飞速进步,许多传统的教学方法都受到了挑战。利用多媒体技术或工具进行教学的现象尤为普遍。它不仅能够提高学生的参与度,还能够帮助学生更好地理解和掌握知识。然而,使用多媒体工具并不总是带来积极的效果,因此,作为教师应该谨慎地评估它们的优缺点。面对新技术新挑战,21世纪的体育教学需要一个全新的方法和态度。现代的教学方法可以通过先进的媒介比如互联网和手提电脑,实现对现代体育的快捷、高效的掌握。这对于提高体育教师的专业水平和创造力都非常重要。

一、多媒体技术和教学的概念

所谓多媒体技术,《辞海》中说:"通过计算机对文字、数据、图形、图像、动画、声音等多种媒体信息进行综合处理和管理,使用户可以通过多种感官与计算机进行实时信息交互的技术,又称为计算机多媒体技术。"

所谓多媒体教学,通过使用现代技术,如多媒体,我们能够将电子教育与现实世界相融合。这种现代的教育方法通过使用各种不同的媒介来实现,它具有丰富的内容、灵活的操作功能,有利于激发学生的兴趣,增加他们的信心,从而提升他们的学业成绩。

二、多媒体应用在体育教学中的现状

（一）传统体育观念的影响

尽管现代社会的发展使得计算机、互联网等先进的 IT 得到了广泛的应用，但是许多老师的体育教学思维却没能得到改变，他们只是坚持传统的身体训练，缺乏运用现代化的多媒体工具来辅助授课，也没能充分了解如何运用这些工具来提高教学效果。虽然在体育教学中，身体训练依旧至关重要，但使用多媒体工具进行辅导却有着显著的优势：它们形象、逼真的表现力以及对于学生的深刻理解，都使它们成为一种有力的工具，让学生们有机会在有限的时间里，充分发挥自己的潜力，从而获取最佳的训练成果。[1]通过运用多媒体信息技术，不但能够激发学生学习积极性，让他们更容易理解和掌握知识，而且还能够激励他们积极参与到实践中来，以便更好地掌握和应用科学知识。

（二）多媒体资源制作能力不强

如今，制作多媒体体育教学课件已经不仅仅是 PPT 或简易动画的简单过程，而是一个复杂的过程，需要编制者拥有丰富的技术背景，包括基础编程技能、脚本编写、视频拍摄、剪辑、合成等。此外，我们还需要掌握运动生理学、心理学、解剖学、体育竞赛规则、裁判法以及体育常识，并且要深入了解学生的身心发展状况，以便更好地完成课件的开发。为了更好地进行体育教学，我们需要个人和团队的共同努力，以便制作出一个完善而实用的多媒体课件。

（三）优秀多媒体资源匮乏

虽然多媒体教学软件逐渐普及，但是许多体育老师仍然缺乏足够的关注，导致他们的课件数量和质量都较低。很大一部分原因是，他们通常只能独立完成一件任务，而没有足够的时间和精力来完成一个能够满足所有需求的、具有良好表达能力和逻辑性的多媒体体育课件。优秀的、能够普及使用的课件仍然少之又少，这与缺少专门的制作团队有密切关系。

三、多媒体技术引入体育教学的意义

（一）恰当使用多媒体工具，有助于有效唤醒并激发学生的学习热情

在张军生、沈庆军、李猛等人关于信息化与体育教学的文章中几乎都无一例

外地提到,多媒体技术在课堂应用的重要意义之一就在于激发学生兴趣,进而真正实现寓教于乐。

根据心理学的研究,激励学习的关键要素是认知的热情。当人们感到热情旺盛时,他们会更容易记住并巩固知识。多媒体技术作为一种新型工具,可以为我们提供更加丰富的信息,让我们能够更好地了解和探索。因此,我们应该使用更具有创造性的方法,激发学生的学习热情。体育课特别是室内运动,与传统的文化课不同,它具有丰富的活力和深刻的思想,同时也包含了一系列晦涩难懂的理论和实践,因此,老师们必须把它们转换为易于理解、易于接受的实践,让学生们能够更加深入地接受,进而唤起他们的热情。通过运用多媒体技术,我们可以让传统的教学方式发挥其最佳的功效,让课堂气氛活跃起来。例如,当我们讨论关于篮球比赛的知识时,我们可以通过创建动画来展示比赛的过程,同时通过语言来辅助,让学生们更好地理解比赛的规则,激发他们的兴趣,增强他们的参与度,激发出学生积极探索的热情。

(二)充分利用多媒体资源,有助于有效提升学生的智力水平,促进其全面发展

通过播放一些视频,可以帮助学生提高他们的视觉敏锐度、思维敏捷性和形象思维。这些视频有助于让他们将所看到的事物与日常生活中的事物相结合,增强他们的理解和观察能力。"注意安全,预防事故"的概念很复杂,因此,我们应该利用多媒体来帮助学生更好地理解科学锻炼身体的方法。[2]例如,可以播放这些视频:两位同学正在运动,他们正在穿着皮鞋参加"注意安全,预防事故"的活动;他们正在迅速地完成训练,然后立刻回到座位休息。我们可以鼓励学生们进行小组合作,发现并讨论"注意安全,预防事故"视频中两位同学做法中的缺陷,并分享想法。这种做法既可以帮助学生更好地掌握"注意安全,预防事故"的知识,也可以培养他们的观察力、自主性及解决问题的技巧。

(三)合理应用多媒体,有助于突破教学重难点

在课堂中合理应用多媒体的重要意义还在于能够更好地帮助突破教学的重难点,这在于振清、沈雪峰等人的文章中也均被提及。教学重点是一堂课教师想要传授的知识或技能点,而学生在学习掌握这些知识或技能过程中普遍遇到的最大问题就是一堂课的难点,而传统教学方式,教师除了依靠自身的讲解和示范外,不得不依靠大量的辅助练习手段来帮助学生体验。[3]然而,由于技能动作通

常只是瞬间的,学生很难从不同的视角去理解它们的精髓。通过使用信息技术,我们可以有效地解决这个问题。例如,在教学"横箱分腿腾越"一课时,可把教学中的起跳、撑箱、提臀分腿、展体挺身、落点缓冲等动作拍成课件,通过插入要领提示文字、慢动作回放等,把从助跑到起跳时踏板位置、手臂摆动路线、撑箱点、提臀分腿路线等以慢镜头的方式呈现在学生面前,让学生对支撑跳越中的重难点,能够仔细观察、反复体会,从而把技术要领领会透彻。[4]当学生能够对动作概念做到心中有数,那他练习的积极性和兴趣也将大大增强,进而提高练习效果,缩短了教学过程。

四、多媒体技术介入体育课堂教学的具体策略

(一)多媒体技术在室内和室外教学中的作用

多媒体技术在不同课堂情况下的应用要有所区分,室内理论课中多媒体技术可以作为一种主要的教学手段。课堂教学的展开和深入均可以借助多媒体技术,在这种情况下,教师应当充分考虑到教学过程的拓展性,尽可能不要把多媒体内容做成一个封闭的系统,而是随时能够在教学过程中按需要进行添加或者拓展,这样才能充分保证学生的思维不受现有教学内容的束缚。[5]在进行户外体育活动时,我们需要尽力避免一些障碍,例如缺少WiFi、无线设备,屏幕尺寸过大导致无人监控等。如果情况允许,我们建议在活动中使用一台笔记本电脑,并将其作为一个独立的设备。[6]此外,我们还建议通过将一台设备与其他设备相结合,实施分组教学,将学生按照组别进行训练并欣赏各种多媒体资料。但无论采用何种方式,多媒体在室外教学中,其角色往往是一个辅助工具,能为学生在学练之余随时就课堂技能的情况进行自主观看,避免了学生因为一个动作想不通而只能停下等待教师指导而造成的时间浪费。

(二)多媒体技术资料要适合教学内容和教学任务的需要

应用多媒体技术进行体育教学,制作多媒体课件所选用的素材一定要适合教学内容和教学任务的需要。[7]切不可因一时找不到合适的而选择一些不太适宜的材料应付使用,如此教学的效果将大打折扣,甚至产生副作用。只有依据教学目的,在教学内容和教学手段上进行合理选择,才能实现课堂教学效果最优化。多媒体技术要在教学上起到辅助作用,任何无益于教学任务完成的信息技术都不能采用。这要求教师平时多留心,能在理解课程标准、吃透教材的基础上广泛而细致地收集、整理和筛选材料。材料的来源主要有以下几个途径:(1)从影视、录像、VCD 光盘或网上获取;(2)从现有教学软件中根据需要有选择地截取;(3)从图书、资料、报纸、杂志中获取;(4)利用某些软件或摄像机、录音机等器材自己制作。所以,在教学中,对信息技术进行选用时必须结合教学内容和学生情况,只有这样才能发挥其积极作用。

(三)制作适合教学的多媒体课件,才能实现教学效果最优化

在使用多媒体技术进行体育教学时,我们需要特别注意:课程内容要科学合理,教育意义重大,教学手段要实用有效,让学生感到有趣,练习设计要有效巩固,并且要有互动性。[8]正如在前文中提到,目前体育教学课件面临的一个问题就是量多质次,缺少系统、优秀的课件。多媒体技术只是一个手段,它的效果取决于制作它的人的技术、知识和技能水平,我们应当大力提倡对多媒体资源的共享利用,目的是为了能够更好地集思广益,把优秀的资源引到我们的日常教学中去,但这绝不是教师因此就"一股脑儿",本着"拉到篮子里都是菜"的心态去搜集和使用多媒体资源,而是一定要有自己的鉴别与取舍。"取其精华,去其糟粕"是一种获得优秀的多媒体资料的方法,它不仅能够修正原本存在的缺陷,而且还能够在其他方面得到更好的发展。

五、多媒体教学对体育教师的促进作用

(一)改进了体育学科的传统教学方法

利用先进的多媒体技术,老师可以更加有效地传播知识,从而更好地展示他们的课堂观点,并且可以利用不同的视频、音频、文字和动态效果,更加直观地展示他们的教育理念。[9]这种方式已经彻底颠覆了以往老师单独授课的模式,使得学生与老师可以利用多种工具互相交流,形成互相促进的学习环境。这样,学生就会更加积极地参与到课程中来,老师也会更加生动地传授知识,从而显著地提升了课程的实际效果。

(二)促进体育教师提高自身素质

多媒体技术这种全面的媒介,既能够帮助老师传授知识,也能够帮助学生掌握知识。教师在课堂中早已从一个主导角色转变成一位引导者角色,但多媒体技术对教师的能力和责任感也提出了更高的要求。教师自身应当积极树立信息化背景下的教育观,不断提高自身信息化教学的能力水平,同时,还要具备更扎

实的专业基础知识、能力和有效的教学指导手段,只有这样,才能真正有效地利用多媒体技术来指导学生的学练。

六、结论

通过文献综述与课堂实践发现,多媒体技术应用在中学体育教学中所面临的困难有三点:受到传统体育教学观念影响、多媒体资源制作能力不强、优秀多媒体资源匮乏。把多媒体技术引入体育教学的意义有如下几点:合理应用多媒体,有助于有效地激发和调动学生的学习兴趣,有助于有效地影响学生多方面的智力因素;有助于突破教学重难点。当使用多媒体工具来辅助体育课程时,我们必须考虑如何使其发挥最大的效果。应根据课程的特点,使用相应的工具来提高效果;使用的工具必须符合教学目标,并能够满足相关的需求;确保工具的有效性,使其能够协助学习者最好地了解并学习专业知识。最后应用多媒体教学对体育教师的促进作用,可以归纳为:改进了体育的教学方法、促进体育教师提高自身素质。

经过几年的努力,最新的多媒体技术已经成功地应用于体育教学,达到现代化的目标。尽管它的制作、播放以及应用的方法还有待改进,但它的成功率远远超出"灌输"的水平。通过多媒体技术,可以大幅度改善学习环境,提高学生学习的独立性和探究性,帮助体育老师提升专业水平,以便他们更好地满足新的学习需求。如果我们能够更清楚地认识到在体育课中多媒体技术应用所面临的挑战与机遇,明确多媒体技术手段在今后教学过程中的价值和意义,并且积极地投入自身素质及应用能力的提高,相信今后的体育教学将更加科学、有效、让学生喜爱,更让学生受益。

参考文献:

[1][7] 沈庆军.分析初中体育教学中多媒体教学的运用[J].中国信息技术教育,2014(18):121.

[2] 苏剑锋.浅谈体育教学中学生非智力因素[J].体育科技,2005(4):94—96.

[3] 李猛.信息技术在初中体育课堂的应用[J].课程教育研究,2014(30):191—192.

[4] 王兰巧.谈体育课中动作示范的运用[J].忻州师范学院学报,2007,23(2):76—77.

[5][6] 张军生.多媒体在体育教学应用中存在的问题及解决措施[J].辽宁师专学报,2015,17(4):60—62.

[8] 沈雪峰.浅谈信息技术在初中体育教学中的运用[J].课程教育研究,2014(6):222—223.

[9] 龚海燕.多媒体技术对体育教学过程的影响[J].武汉体育学院学报,2001,35(2):61—62.

35 应对体育中考新实施方案的教学模式探讨

初中体育学科 朱 青

自 2019 年版《上海市初中毕业升学体育考试实施方案》发布以来,学校体育教学工作迎来了新的挑战。[1]面对不断变革的体育中考实施方案,尤其是新实施方案中的增改项目,如何进行有效的教学应对,需要学校体育教研组快速响应、团队协作,并及时进行教学新模式的深入探讨。

一、把握时代命脉,理清中考新形势

体育中考不仅推动了学校素质教育的进程,也提高了学校体育的地位以及学生参与体育运动的积极性,促进学校、社会和家长对学生体质健康的关心和重视,有效促进课程改革的实施。新一轮体育中考实施方案的颁布,是社会不断进步的必然结果,所以解读好新实施方案的内容与改革的方向,对学校、对学生、对国家和社会都有着积极的意义。

(一)全面贯彻党的教育方针,坚持"健康第一"的指导思想,促进社会、学校、家庭对学生体质健康状况的关心和重视,将其实践意义真正落到实处。不管是上海中考体育的 30 分,北京的 40 分,还是广东的 70 分,这些很现实的分数都是为了促进社会、学校、家庭重视学生的健康,重视学校的体育工作。

(二)引导学生积极参加体育活动,养成自觉进行体育锻炼的习惯,完成中小学课程标准规定的初中生学习体育的基本任务,达到《国家学生体质健康标准》(2014 年修订)(以下简称《健康标准》)提出的基本要求,促进身心全面健康发展。[2]以《健康标准》中身高体重指标为例,它在单项指标权重为 15%,若一个学生的 BMI 值超标达到肥胖级别,那么他的单项得分为 60 分,按权重分值计算为 9 分,一下子扣了 6 分,而体质健康的优秀标准为 90 分,那么要达到优秀就非常难了。因此应该充分利用这些评价指标,帮助学生建立科学的健康意识,提高学生的身体综合素质,促进学生全面发展。

（三）实施的体育考试与学校体育课程教学相结合,与实施国家学生体质健康测试相结合,与学生日常锻炼过程相结合,与培养学生体育兴趣爱好和特长相结合。通过多项目引导,坚持科学的育人导向,尊重学生的身心差异和兴趣特长,顺应初中体育课程多样化改革方向,增加体育中考的项目多样性和选择性。不增加学生实际测试项目,减轻学生负担,同时有利于促进体育课教学质量的提高,促进体育课程的改革与发展。这里一定要明确,减轻学生负担,其实也是要减轻教师的负担。体育教师不是全才,因此应该结合学校特色或初中体育多样化的改革方向,对一些非教材规定的教学内容进行一定的筛选,也是这次新中考实施方案中非常重要的一个方向。

二、详解增改项目,剖析考评细则

组织体育教研组成员多次对新实施方案进行研讨,针对新增的4分钟跳绳、乒乓球、羽毛球、网球和武术项目,进行全面而又详细的剖析,不仅要对考试内容与考试方法非常清楚,还要明确考试的计分、评价与标准。若要求每位教师都掌握所有体育中考项目的细则,对教师来说难度较大,因此我们进行了调整。

（一）分项目主负责制

根据组内教师的特长与人数,每个考试项目由1—2人主要领衔,不管是校内的分项目教学研讨,还是校外的各类培训,凡是和这个考试项目相关的资讯、变动、报道等,都需要项目负责人主动积极地去关注。

（二）积极参与各类培训,做到"至少"和"最好"

对于体育中考新增项目的各类培训,我们的原则是至少一人参加,最好人人参加。这几年关于新增考试项目的培训和学习机会有很多,市级的、区级的、线上的、线下的,只要得到相关培训的信息,我们都会积极组织大家去参加。其中有一些考试项目,通过一次培训就可以基本掌握该项目的考试方法与细则,但是有些考试项目的考评细则比较复杂,需要多次培训,反复实践,这就需要教师进一步地深入学习。

（三）多次研讨与反复实践

参加过多轮的新增项目培训后,最重要的还是消化和实践,因此利用教研组备课组活动时间,必须对分项目进行研讨和实践。

首先项目领衔人讲解考试方法与评价规则,然后进行实地教学研讨和考评探讨。以羽毛球为例,主负责教师先利用图示和视频,对考试方法与评价规则进行了初步的讲解。然后现场进行了器材摆放、布置、器材使用要领以及测试方法和评价方法的讲解,教师们轮流上场模拟考试。通过这一轮培训,教师们对都能做到对考试内容和评价方法基本清楚。

但是第一轮组内研讨后,发现了新的问题,每次专用器械的搬运及使用都必须拖上负责老师,万一负责老师有其他工作,我们就有点束手无措了。因此我们马上进行了第二轮的组内研讨,要求人人都会使用专项器材,能对羽毛球发球机进行简单安装,能对发出球的速度、弧度、落点等进行调试,每个人都能正确地布置场地。通过全部流程的独立实践,每位老师就都能独立指导分项练习了。

在接下来的九年级课上分项目学练时,又发现教师分身乏术,因此我们马上调整研讨方向,对九年级的部分学生进行简要培训。在九年级已经明确选定考试项目的学生中,选定1—2名负责同学,进行简单的器材使用培训,既可增加学生的体育专项知识与能力,也可提高课堂的效率,加大练习的密度。

三、建立学生档案,精准助力新中考

面对新中考的改革,其实最焦虑的还是家长们,因此建立学生体育成绩数据库,能有效而科学地进行体育成绩的分析,并及时告知学生和家长,帮助其科学地分析,降低家长的焦虑,有助于家校和谐。

（一）建立学生数据库

在建立学生数据之前,首先要保证六到八年级的体育课教学质量,必须严格按照体育教材和日常考核项目进行全面而严谨的教学,这样进入九年级后才可以进行分项教学、精准教学,帮助学生更好地应对体育中考。

进入九年级后会进行第一次体育中考模拟选项,既是老师对学生情况全面的摸索,也是帮助学生和家长更快进入体育中考的备战状态。利用小程序问卷星,设计了第一次的问卷,问题相对简单,只是设计了四大类选项。结果问卷一发放,马上就从学生端和家长端得到了一些有启示的反馈,很多学生对选项非常迷茫,因为他根本不记得自己的体育单项测试成绩,家长们也都是一无所知,全凭孩子们"喜欢"或者"听别人说"。于是教研组马上研讨,将问卷的问题细致化,设计了第二稿的问卷调查,部分问卷详见图1、图2,增加了各项考试的满分标准以及最近一次测试的数据,使得填表的学生在填写的过程中深入了解了自己的体育测试成绩,也帮助学生和家长进一步明确体育中考的内容与标准。

图 1　体育中考预选问卷调查表部分(一)

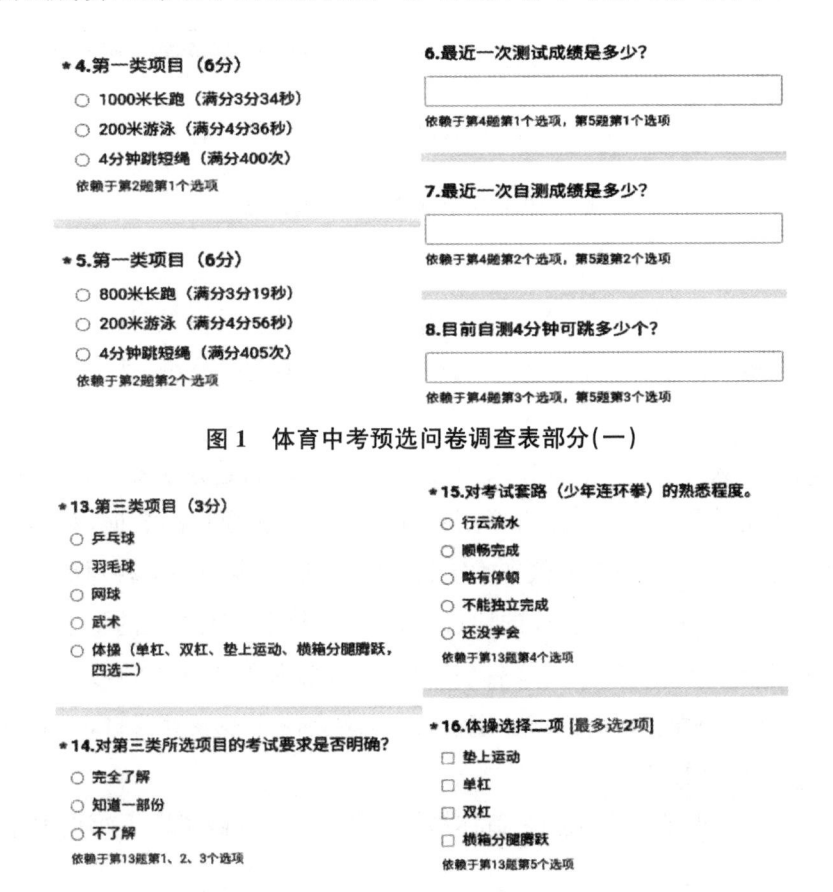

图 2　体育中考预选问卷调查表部分(二)

通过模拟选项的开展、数据回收、结果分析,直接得出了学生预选项目的大数据(如图3),可以清晰地知晓每一类选项的人数,进而对年级教学计划进行有效地调整,帮助教师精准安排课堂教学内容,有效助力学生体育中考。

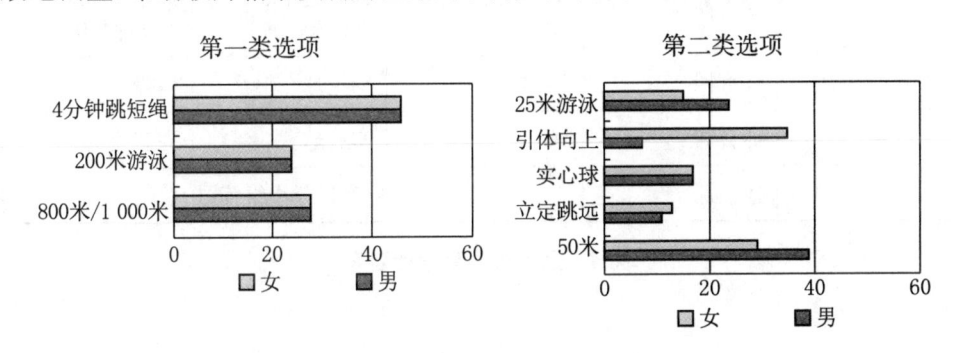

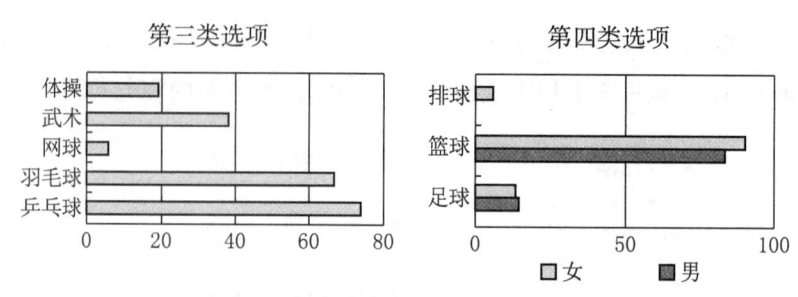

图 3　体育中考预选单项人数汇总

（二）分项融合教学

为了制订更合理的教学计划，充分利用教师和课堂的有效时间，根据学校现有的男女合班制的上课形式和学生的预选项目结果数据分析，进行了分项融合教学。

首先是排课时尽量保证九年级的班级同时上课，这是分项融合教学的前提，只有这样才能做到分项混班融合学习。其次根据预选项目的数据，对不同项目的人数进行初步分组，根据人数来确定教师的分项，基本为每个教师负责一个人数较多的项目，或两个人数较少的项目。其中，对每个选项小组的学生进行一定的练习要求的指导，并选定1—2名小组长，并在教师的指导下学习该练习项目的基本要求，如明确项目的练习要求和时间，学会使用秒表等器材，并能对小组练习的秩序进行简单的管理。

根据九年级四节体育课和一节体锻课的课时设置，做了以下每周教学计划（如图4）。

每周课时	课的性质	教师一	教师二	教师三
1	体育课	篮球	足球	排球
2	体育课	引体向上、1000米	仰卧起坐、800米	武术、4分钟跳绳
3	体育课	乒乓球	羽毛球	体操
4	体育课	50米	实心球	立定跳远
5	体锻课	分项目分小组练习		

图 4　九年级周教学计划表

(三) 模拟中考大演练

为帮助学生建立较为真实的体育中考意识,学校于每年体育中考前一个月进行体育中考模拟考试。根据学生预报名的选项设计了体育中考模拟测试单(如图5),学生持模拟考试单进行体育中考模拟测试。

初中体育模拟考试选测表

考生报名号：

学校						
姓名		性别		班级		
出生年月		联系电话				
体育模拟考试选定项目						
	项目			填写所选项目	备注	
分类	第一类	第二类	第三类	第四类		
选定项目						
测试成绩						
得分						
考官签名						

学生签名：_____ 家长(体育老师)签名：_____ 签字日期：_____

图5 初中体育模拟测试单

学校根据学生的考试选项,设定每个项目的模拟考试负责老师,以高标准的要求进行现场模拟考试打分,除原有的体育教研组的教师之外,还会邀请其他教师协助完成模拟考试,以提高模拟考试的真实体验。以武术模拟考试为例,三位考官就座后,学生的情绪和状态有了较为明显的变化,考试中出现了较多的意外情况,平时较为熟练的学生出现了遗忘动作,甚至紧张得完成不了整套动作的现象。体育中考模拟考试的试行,大大提高了学生对临场情况的应对能力,也缓解了现场考试时紧张焦虑的心理,有助于学生现场发挥出更好的运动水平。

最终将所有测试数据汇总,形成学校体育模拟考试汇总表(如图6),并利用数据分析对学生的模拟测试成绩加以分析,并在之后的教学中有针对性地进行体育中考总复习的阶段冲刺。

20**学年体育中考模拟测试

学号	姓名	性别	第一类 项目	成绩	得分(100分)	得分(6分)	第二类 项目	成绩	得分(100分)	得分(3分)	第三类 项目	得分(100分)	得分(3分)	第四类 项目	成绩	得分(100分)	得分(3分)	总分 满分15分
1		女	800米	3'29	90	5.4	50米跑	8.2	100	3	武术	97	2.91	篮球	26	100	3	14.31
2		女	800米	3'18	100	6	立定跳远	1.9	90	2.7	武术	92	2.76	篮球	29	85	2.55	14.01
3		女	4分钟短绳	420	100	6	仰卧起坐	45	100	3	乒乓球	100	3	篮球	28	90	2.7	14.7
4		女	4分钟短绳	390	90	5.4	实心球	6.7	95	2.85	乒乓球	95	2.85	足球	8.7	95	2.85	13.95
5		女	200米游泳	5'18	90	5.4	25米游泳	27	90	2.7	羽毛球	60	1.8	足球	8.3	100	3	12.9
6		女	200米游泳	5'05	95	5.7	25米游泳	24	100	3	体操	95	2.85	排球	45	100	3	14.55
21		男	1000米	3'59	80	4.8	实心球	9.5	95	2.85	体操	100	3	篮球	19	100	3	13.65
22		男	1000米	3'54	85	5.1	引体向上	7	70	2.1	乒乓球	100	3	足球	7.5	100	3	13.2
23		男	4分钟短绳	405	100	6	50米跑	6.9	100	3	乒乓球	95	2.85	足球	7.9	95	2.85	14.7
24		男	4分钟短绳	390	90	5.4	立定跳远	2.4	90	2.7	羽毛球	90	2.7	篮球	24	90	2.7	13.5
25		男	200米游泳	5'00	90	5.4	25米游泳	23	95	2.85	网球	95	2.85	篮球	21	95	2.85	13.95
26		男	200米游泳	4'33	100	6	25米游泳	22	100	3	武术	100	3	篮球	19	100	3	15

图6 体育中考模拟测试总表

通过学生体育选项预报名和模拟考试的两次预演,以及最后的数据汇总与分析,学生、家长和老师们都对体育中考的情况愈发清楚与明确,家长也不会再盲目地看待体育中考选项和考试成绩。教师通过日常教学中的渗透,使得学生对如何合理地选择项目,有了更理性的认知。从图7中可见,起初选择羽毛球的同学较多,是因为我校八年级开设了羽毛球多样化体育课程,学生们都以为有这样的学习基础,理所应当地选了羽毛球。但通过九年级的体育中考模拟测试,学生知晓了羽毛球的难度系数较高,满分率和高分率较低,因此调整了选项的方向,相信这样的大数据也是将来体育中考的大数据方向。

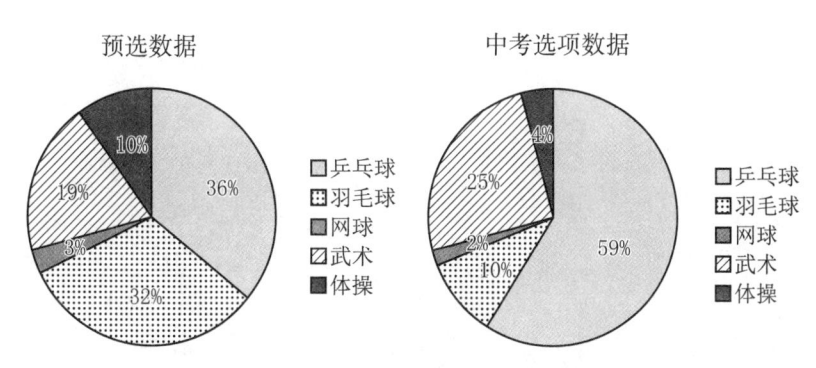

图7 预选数据与中考选项数据比较

所以到正式体育中考报名的时候,我们的工作反而变得简单了。不管学生和家长提出什么样的问题,我们都以预选数据和模拟测试成绩为基准,给予学生和家长合理的分析与建议。

结语

体育中考的推进与变迁,"迫使"家长提高对体育、体育课的认识,加强了学校、社会对学生参加体育运动的支持力度,而科学的数据分析与不断变化的教学实践过程,是真正推进有效教学改革的"强心针",是落实素质教育的必经之路。只有重视体育中考的改革,切实改变教师、家长和学生的观念,才能大力提高学校体育的育人价值,让学生成为体育中考的真正受益者。

参考文献:

[1] 上海市教育委员会.上海市教育委员会关于印发《上海市初中毕业升学

体育考试工作实施方案》的通知(沪教委规〔2019〕4号)[EB/OL].2019.04.28[2023.06.05].

[2]夏菊锋,沈霖,俞峰,顾永明.国家学生体质健康标准(2014年修订)锻炼手册(初中版)[M].上海:上海科技教育出版社.2015.

第六辑

德育及其他

36 基于德育活动的项目化学习设计与实施

——项目化学习在德育活动中的实施策略

小学德育 凌洁敏

教育的根本任务是立德树人,学校德育工作是帮助学生扣好人生第一粒扣子,打好人生品格的基础支撑,是基于学生成长需要而存在的。社会的不断发展,极大地改变着人们的生产方式和生活方式,同时也改变着人们的思维方式和学习方式,学校的德育工作也面临着新问题、新挑战。德育活动是推进学校德育工作的重要载体,通过项目化理念的指导,对德育活动进行项目化学习的设计与实施,可有效推进德育工作的实践创新,发挥德育工作的指导力、把握力和创造力,让德育彰显育人力量,助力学生的成长。

结合我校具体做法,本文从德育活动项目化的基本模式、德育活动项目化的设计路径、德育活动项目化的评价方式三方面具体展开。

一、德育活动项目化的基本模式

德育活动的项目化学习是基于学生视角开展的项目活动,通过一个或多个主题,将一系列分散的教学内容重新组合重构,形成一个个相互关联、能指向同一目标的学习活动。[1]针对德育的关键概念,聚焦真实问题进行系统的设计与组织实施,引导学生通过一个个项目主题的参与、体验、感悟,培养解决问题、合作与沟通等关键能力,建立与真实生活世界的联系,做到知行合一,让学生在实践中提升核心素养。

在实践中发现,有效开展德育活动项目化的模式有主题发散式和归纳聚合式两种。

1. 主题发散式

这是一种主题取向的德育活动项目化模式,先确定一个具有广泛意义的主题,再将其细化为若干个小主题,每个小主题均有真实驱动性问题,包含跨学科的内容,发散式展开。

以"我和我的祖国"迎国庆系列活动为例,本活动以"我和我的祖国"为大主题,围绕这一主题和中小学生的兴趣以及认知特点,细化为"讲述红色故事""打卡红色地标""说说祖国之美""迎国庆红歌会"四个子主题,这四个子主题的实践完成需要有驱动性问题设计,以及不同学科的知识支撑。如,子主题"读红色故事",驱动性问题设计为红色故事如何讲才能更深入人心?跨学科核心知识与能力如下:语文学科——了解革命战争期间革命先辈坚持理想、英勇无畏、艰苦奋斗的崇高品质,感受维护民族利益的伟大精神;学会关爱他人、关心集体、珍惜今天的幸福生活。道法学科——通过收集整理典型的革命故事和史实,了解我国人民在党的领导下,反抗侵略、反对压迫的民族英雄、革命烈士的英勇事迹,感悟实现中华民族的伟大复兴需要进行长期的艰苦奋斗,自觉发扬中华民族的优良传统。美术学科——通过相关题材的美术作品欣赏,了解团结、奋斗、勤劳、勇敢等传统美德,感受艺术作品所表达的革命传统、革命征程,了解革命精神并立志传承。信息学科——能用PPT或小视频的形式呈现红色故事,凸显现场氛围和效果,表达红色故事的深刻内涵。

学生在驱动问题的引领下,跨学科实践,最后呈现了许多丰富多彩的作品,创新性、审美性和技术性都得到了一定的提高。

2. 归纳聚合式

这是一种学科取向的德育活动项目化模式,从各个学科中提取相同的概念和因素,确定一个德育活动的主题,继而围绕这个主题进行有效整合,形成一个以真实驱动性问题为轴心的德育活动,这种方式是归纳聚合式的。

以"走进博物馆"社会实践主题活动为例,首先需从不同年级分段,提取关于博物馆的相关元素、目标要求等,通过整理我们发现在语文、道法、英语、音乐、美术等各学科都有与博物馆系列相关的课程内容。而平时在学生们眼中的"秋游""春游"活动以游玩吃喝为主,于是萌发了设计"走进博物馆"德育项目化活动的念头,整体规划各年级不同的博物馆考察任务:一年级——大自然野生昆虫馆,二年级——自然博物馆,三年级——月湖雕塑公园,四年级——上海科技馆,五年级——航海博物馆。真实驱动性问题为:你知道如何参观博物馆吗?需要学生行前查找资料,了解博物馆的相关信息,并召开年级行前会,进行信息分享;行中完成任务单,小组分工合作完成;行后完成相关海报、PPT

形式呈现项目成果。

图1 "走进博物馆"系列项目化学习活动

在"走进博物馆"活动项目化的过程中，学生对于春游秋游的概念进化为社会实践考察活动，在小组合作中提升了合作能力以及解决实际问题的能力。

二、德育活动项目化的设计路径

1. 从课程内容设计项目化

《中小学德育指南》把德育内容具体化为五大板块：理想信念教育、社会主义核心价值观教育、中华优秀传统文化教育、生态文明教育和心理健康教育。每个板块包含了多个小主题。这些内容分散在不同学段的各类课程内容中，并要求教师充分发挥课堂教学的主渠道作用，将德育内容细化落实到各学科课程的教学目标之中，融入渗透到教育教学的全过程。这就要求我们对五大板块的内容进行细致分类和梳理，提炼出不同年龄段的德育目标，有针对性地进行项目化设计，以达到核心品德的形成。如，在设计"心理健康教育之生命教育"主题活动时，以语文学科为例，小学低段的课文《小乌鸦爱妈妈》《这条小鱼在乎》《称赞》《"从现在开始……"》《掌声》等，使学生懂得尊重、欣赏别人，学会关心自我、关心他人，知道生命的珍贵。小学高段的课文《享受心安理得》《宽容》《信任》《跨越海峡的生命桥》等，让学生学会自我情绪调节，形成尊重生命、爱惜生命的意识，具有自我保护的能力,形成健康的兴趣爱好。[2]初中学段的课文《假如给我三天光明》《生命的舞蹈》等,使学生逐步认识生命的意义和价值,培养耐挫精神和悦纳自我的能力。

从课程内容设计项目化　　心理健康教育——生命教育

学段	内容	德育目标
小学低段	《小乌鸦爱妈妈》《这条小鱼在乎》《称赞》《"从现在开始……"》《掌声》	使学生懂得尊重、欣赏别人,学会关心自我、关心他人,知道生命的珍贵。
小学高段	《享受心安理得》《宽容》《信任》《跨越海峡的生命桥》	让学生学会自我情绪调节,形成尊重生命、爱惜生命的意识,具有自我保护的能力,形成健康的兴趣爱好。
初中学段	《假如给我三天光明》《生命的舞蹈》	使学生逐步认识生命的意义和价值,培养耐挫精神和悦纳自我的能力。

图2　从课程内容设计项目化学习活动设计之心理健康教育

立足于学科的德育活动项目化设计能更好地帮助学生将德育核心要素内化于心,外化于行。帮助他们形成良好个性,培养高尚的道德情操、健康的审美情趣。

2. 从实践活动设计项目化

中小学生天性爱动,传统德育的说教式灌输并无法激起他们的兴趣,到达他们的内心,他们渴望在蓝天白云下探索和创新。而实践活动契合了他们这一天性,可以充分调动学生的积极性,让他们迅速投入其中,使德育的成效大大提升。因此实践活动项目化设计是发挥德育作用的极佳途径。

中小学实践活动的内容十分丰富,按内容大致分为四大类:主题实践活动、劳动实践活动、公益实践活动、研学旅行活动。按照范围来看,分为两种:一种是校内的实践活动,第二种是校外的实践活动。校内实践活动有很多种,以我校为例,如校园五大文化节(爱心节、体育节、读书节、科技节、艺术节)、各类传统节庆活动、分年级开展的劳动实践活动等等,围绕爱国、健康、感恩、担当、行规等德育要素,构成校内实践活动的大框架。学生可以有选择有条理地开展校内实践活动,丰富活动的内容。校外实践活动的内容更加丰富,可利用爱国主义教育基地、公益性文化设施、公共机构、企事业单位、各类校外活动场所、专题教育社会实践基地等资源进行校外实践活动。如在社区进行志愿服务、组织研学旅行活动、开展农业生产、工业体验、商业和服务业等劳动实践等等。

在进行这些实践活动之前,要明确活动的目标及所要达到的成效,而且实践活动项目化设计要求具有连续性、发展性等特点,在此基础上进行实践活动项目化的选择和设计。这对培养学生健全的人格以及德育工作的顺利推进有十分重大的意义。

3. 从校园文化设计项目化

校园文化指的是一所学校所具有的特定的精神环境和文化氛围,包括校园建筑设计、校园景观、绿植美化等物化形态的内容,也包括学校的传统、校风、学风等精神形态的内容,是一所学校所具有的独特资源。它具有特殊性和隐藏性的特点,需要进行梳理和分类,系统化地提炼整合,形成系统化的德育构架,在活动中进行项目化学习的设计。

校园文化的项目化设计需要结合学校自身的环境及条件,学校的育人目标以及不同年龄学生的需求来进行。如,一年级的"美校园·大探秘"项目化活动,该项目化活动结合了一年级语文"入学准备"第2课《学校》和《实验东校一年级入学准备期课程》中《我爱学校》一课,以及美术学科"我的好伙伴"单元,以"如何快速找到校园十大景观"为驱动性问题,第一阶段:由语文老师在课上给学生观看校园十大景观的照片,并介绍这些包含校园文化的景观,学生了解景观的地点以及含义。第二阶段:"大探秘"项目化活动完全由一年级孩子自己组队,根据老师的介绍和每组一份的手绘校园地图,组内安排路线,并复习相应的景观知识,以求用最快的时间到达相应的景观处。第三阶段:同学们四五人一组,手拿学校的手绘地图寻找相应的校园景观,同时,沿途有五年级志愿者保障安全,并提醒时间。每找到一个景观处,就会有一位五年级的志愿者,身穿小马甲,手拿小印章,在地图上相应的位置盖上PASS章。完成活动任务回到教室之后,带队的志愿者还会从"合作能力、景观知识"等方面为每个组员评星。每个班级"PASS"章和星数最多的小组,得到了一份特殊的礼物——在喜欢的景点与校长合影! 第四阶段:美丽景观我来画——学生在美术老师指导下画一画自己喜欢的校园景观,美丽景观我介绍——在语文课介绍自己最喜欢的一处校园景观。这一项目化活动,立足于课堂,延伸至课外,基于语文教学,跨学科整合资源,在活动中不仅让初入学的一年级学生认识了校园景观,对校园文化有一个初步的了解,同时在活动的过程中也激发学生对学校的热爱之情,培养了学生的合作意识、勇于探索的精神,提升了人文素养。

三、德育活动项目化的评价方式

德育活动项目化的评价是及时反馈德育活动效果、对德育活动进行价值诊断的重要工具,评价方式要突出全面性、及时性、多维性等特点。

全面性,指项目化活动的评价要全面覆盖,包含知识、能力、情感、行为四个方面,如传统节庆活动之"火树银花话元宵",设计项目化评价表时涵盖以下几个方面:资料收集、资料分享、行为礼仪、合作能力、提问质疑、整合积累、交流展示。其中,资料收集、整合积累丰富学生现有的知识体系;资料分享、组内合作、提问质疑提升学生的表达能力、合作能力和质疑能力;行为礼仪,督促学生在整个项目化活动的过程中表现出应有礼仪,遵守活动要求,从行为规范上进行约束;交流展示则能让学生在整个项目化活动中进行提炼和总结,在项目化成果中体验成就感,并对元宵节这一中华传统佳节更生一份亲切感。

及时性,指项目化活动的评价不在活动结束后进行一个中评,而是贯穿于活动的前中后,这是一个发展性的动态评价。仍以"火树银花话元宵"为例,评价表中包含活动前、活动中、活动后三个阶段,每个阶段后都及时进行评价,有助于学生及时反思并修正自我,在项目化活动的过程中循序渐进提升自己的能力和素养。

表 1 "火树银花话元宵"德育项目化活动评价表

		自我评价	同伴评价	教师评价
活动前	资料收集			
	资料分享			
活动中	行为礼仪			
	组内合作			
	提问质疑			
活动后	整合积累			
	交流展示			
家长寄语				

多维性,指项目化活动的评价不局限于老师的"一家之言",如,"爱劳动

'慧'生活"项目化活动通过自我评价、同伴评价、教师评价以及家长的寄语,多元化的评价方式,能更有效地让评价督促学生行为,激励学生发展自身的能力,积极融入活动,提升学生的综合能力,让德育真正为学生的成长保驾护航。

表2 "爱劳动 '慧'生活"德育项目化活动评价表

小组名		组员			
评价维度	多元评价指标		学生自评	组员互评	师评
劳动思维	1. 在洒扫过程中,是否有与他人合作的意识;		☆☆☆☆☆	☆☆☆☆☆	☆☆☆☆☆
	2. 是否为解决遇到的问题出谋划策;		☆☆☆☆☆	☆☆☆☆☆	☆☆☆☆☆
	3. 是否有助人的意识和行为。		☆☆☆☆☆	☆☆☆☆☆	☆☆☆☆☆
劳动能力	1. 能认识并了解每一样工具的用途及使用方式;		☆☆☆☆☆	☆☆☆☆☆	☆☆☆☆☆
	2. 能达到地面清洁无污块、无纸屑、无垃圾;		☆☆☆☆☆	☆☆☆☆☆	☆☆☆☆☆
	3. 桌椅排列整齐、桌肚无垃圾;		☆☆☆☆☆	☆☆☆☆☆	☆☆☆☆☆
	4. 讲台、黑板、粉笔槽清洁整齐;		☆☆☆☆☆	☆☆☆☆☆	☆☆☆☆☆
	5. 书包柜整洁,无杂物堆放;		☆☆☆☆☆	☆☆☆☆☆	☆☆☆☆☆
	6. 门窗、墙面,常清理打扫无堆积灰尘;		☆☆☆☆☆	☆☆☆☆☆	☆☆☆☆☆
	7. 植物角、图书角摆放整洁,无水渍、无灰尘;		☆☆☆☆☆	☆☆☆☆☆	☆☆☆☆☆
	8. 卫生角、卫生工具摆放整齐。		☆☆☆☆☆	☆☆☆☆☆	☆☆☆☆☆
劳动习惯和品质	是否养成认真洒扫的劳动习惯和品质,形成勤劳、独立、有责任心、持久性等良好的品性。		☆☆☆☆☆	☆☆☆☆☆	☆☆☆☆☆
劳动观念	是否体会到洒扫的辛苦,尊重洒扫劳动者,尊重一切劳动成果。		☆☆☆☆☆	☆☆☆☆☆	☆☆☆☆☆

参考文献:

[1] 吴芸,严景.基于项目化理念的小学德育活动设计探索[J].现代中小学教育,2019,35(11):14—16.

[2] 翁铁慧.大中小学课程德育一体化建设的整体架构与实践路径研究[J].上海师范大学学报(哲学社会科学版),2018,47(05):5—12.

37 基于德育活动的项目化学习探索与实践
——以"上海红色之旅探寻"为例

小学德育 赵 灵

一、引言

上海是中国革命的发源地,具有丰富的红色资源和红色文化,值得深入挖掘。在德育活动中,我们采用项目化学习方式,旨在加强学生的精神引领和民族文化自信,[1]充分利用上海的红色教育资源,发布驱动性问题,设计了五个阶段性任务:共游上海——设计红色路线图;用心传承——制作红色书签;共读经典——红色故事分享;聆听岁月——优秀党员红色任务采访;践行红色精神——上海解放红色历程微展制作。学生分小组自主完成任务,通过小组探究、个人挑战、自我驱动等方式,优化项目实施路径,借助多种资源自主、多元地探索项目主题,锻炼了能力,从多层次和维度了解革命历史和英雄故事,发展了更加健全的道德观,解决了传统教学模式中教学内容死板、评价指标单一等问题。[2]本文将介绍德育项目化学习中"确定认知模型""评价与回顾""迁移运用"[3]等重要方法的实践与应用,以获得更广泛的红色教育活动经验。

二、"上海红色之旅探寻"项目式学习的设计

(一)发布驱动性问题

2022年9月30日"第九个烈士纪念日"之际,上海淞沪抗战纪念馆将举行公祭活动。这是一个非常合适的教育契机,我们可以通过学习英雄事迹等方式,汲取奋进力量,思考"我们可以用什么方式和途径来探寻上海的红色基因"。[4]请学生提出方案和意见进行讨论。我们将通过多种学习方式来开展"上海红色之旅探寻"项目式学习。

(二)任务分解与设计

我们将制作一个上海解放红色历程微展。为了便于自由组合、分组交叉选

择,将任务分解为有序的、可执行、可呈现的事项。这将为学生梳理一个思维操作系统,并为任务的完成设置操作支架(见图1)。

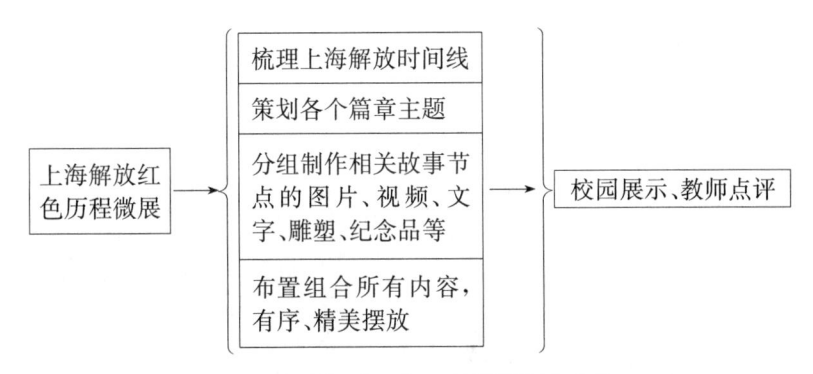

图 1 上海解放红色历程微展操作支架

（三）分组模块组合

学生将根据不同任务安排,相对集中地组成"红色之旅探寻小队",内部投票选出队长组织。所有团队都先进行充分的资料收集和整理,再踏上"上海红色之旅探寻"之路。最后,集中交流任务成果。

红色实践任务的目标是了解、梳理上海革命过程中的历程,并细化其中发生的事件和感人的故事,借此推动学生积极传承弘扬红色文化的爱国情怀。最终,我们将在校内展示"上海解放红色历程微展"的项目成果。为此,项目式学习实践大纲如下(表1)。

表 1 驱动任务流程建构表[5]

驱动问题	小学生可以用什么方式和途径探寻上海红色基因?
实践任务一	共游上海:设计红色路线图
实践任务二	用心传承:制作红色书签
实践任务三	共读经典:红色故事分享
实践任务四	聆听岁月:优秀党员红色任务采访
实践任务五	践行红色精神——上海解放红色历程微展制作

三、"上海红色之旅探寻"项目式学习的实施

（一）共游上海:设计红色路线图

【实践任务】

为了传承上海的红色基因,助力上海的红色品牌建设,发挥党史教育的"游

学指南"作用,学生自己挖掘上海的红色资源非常重要。之前的调查发现,许多同学曾参观上海的红色景点,但多数是随意安排行程,缺乏规划,或者参照别人的攻略。[6]因此,我们决定以红色为主色调,设计一条方便、省时、有价值的红色路线,让初心薪火相传。完成设计后,将在校内和微信公众号上展出,邀请其他同学一同"畅游"我们亲手制作的红色路线图,感受红色力量。

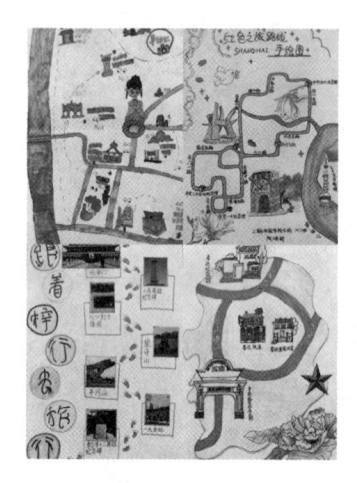

图 2　红色路线设计图

【教师支架】

教师专门安排一堂上海红色景点介绍课,与其他介绍课不同之处在于,对每个景点的介绍都附带地理位置和交通路线的介绍,方便学生共同探讨最合适的游览行程。教师提供了不同的制作形式提示,如手绘等,学生可以搭配上海的市花和地标性建筑等,将游览路线用丰富的色彩和唯美的笔触描绘出来,彰显地方特色。在空白处,可以留出一片专门的区域介绍这些地点的位置和交通情况,游客可按照图中所给出的地址和建议线路导航前往,直观又方便。

(二) 用心传承:制作红色书签

【实践任务】

"红色书签"活动能够为学生提供一个展示艺术创意、传承红色文化的舞台,同时也能够提高学生的创新和动手能力。制作完成后,学生可以将书签送给其他同学,在阅读红色书籍时使用,激励他人向英雄致敬,向祖国百年辉煌历史致敬。在本次任务中,同学们需发挥想象力,结合自己内心的爱国情怀,在纸上画出创新的设计、精彩纷呈的样式和五彩缤纷的图画。作品要充满中国元素、上海元素以及红色文化的元素。

【教师支架】

教师首先需要讲明书签的来历和意义,阐述清楚中国革命和上海革命的重要意义。教师可以引导学生发挥自己的想象力,采用国徽、国旗、抽象化数字、多样化的材料进行创意组合。学生也可以在书签上摘录红色格言、描摹红色物件、介绍模范人物等,展示自己继承革命基因的红心。同时,教师也要让学生了解到,这些书签无论是置于案头还是夹在书中,都能够时刻提醒着自己要传承红色基因。制作完成后,要给予学生赞赏。

(三)共读经典:红色故事分享

【实践任务】

青少年是祖国的未来和希望,红色阅读不仅浸润着学生们的心灵,更能带领学生们走进百年党史。尤其是对小学生而言,多进行红色故事的阅读有利于培养孩子的爱国情怀,让学生从百年峥嵘岁月中感受英雄前辈的智慧和勇气。对参与"红色故事分享会"的小组同学来说,最重要的任务就是通过提前准备,在课上轮流上台向同学们分享自己感兴趣和觉得有意义的红色故事,与大家一起探寻革命先辈的足迹,从历史中感悟红色精神。

【教师支架】

教师预先推荐学生阅读一些红色书籍,摘选一些可能鲜少人听过但很感人的故事进行分享。有条件的话,更可以以上海革命故事为主线进行阅读。在分享时,可以用视频、PPT、音乐、道具等多种形式进行辅助,使自己的讲解更加生动、有感染力,不仅能让同学记住,更能从中汲取精神力量。

【过程性评价】

在红色故事分享的部分,我们主要从分享内容、语言表达、形象风度和总体评价这四个维度对学生的表现进行评价。分享内容主要评价的是学生的知识收集与储备能力,以及学生所选故事的内容是否积极健康,能否和实际相结合;语言表达主要评价的是学生用语言文字进行思考和交流的能力,包括正确的语音传递能力和运用正确、简洁、委婉、生动的语言表达思想观点的能力;形象风度主要评价的是学生演讲前、中、后的整体形象;总体评价则是对整个过程表现的综合评价。量表中的 A、B、C 三档分别代表学生在这一项中能达到优秀、良好、合格的水平。评价量表见表 2。

表 2　红色故事分享评价量表

评价项目	具体内容	个人评 A B C	小组评 A B C	教师评 A B C
分享内容	故事内容健康,有教育意义,说服力强			
	故事主题能够联系生活实际			
语言表达	脱稿演讲			
	声音洪亮,吐字清晰			
	精神饱满,感染力强			
	手势、动作、表情等演讲技巧运用得当			
形象风度	举止自然得体,体现朝气蓬勃的精神风貌			
总体评价	形象优雅、有气质,语言有感染力,故事吸引人、打动人			

（四）聆听岁月：优秀党员红色任务采访

【实践任务】

为鼓励学生在实践学习中寻找上海的红色足迹、追溯红色记忆、挖掘红色故事、体悟红色文化、感受党的红色精神伟力,本小组同学的任务是结伴前往拜访几位优秀老党员。通过向他们学习榜样的精神品质,加强个人的思想和作风修养。在这些老党员分享的故事中,重温他们入党初心,学习他们宝贵的精神。

【教师支架】

教师提前给予学生相关提示,帮学生完善问题设计,指导学生应该如何做好记录,在拜访时应如何礼貌用语,携带一些代表心意的东西（如红色书签）送给老党员,并且引导学生向社区工作人员求助,了解优秀老党员的住址,并提前联系。

（五）践行红色精神——上海解放红色历程微展制作

【实践任务】

为了巩固拓展学生们的党史学习教育成果,任务最后一个项目是请全体学生根据自己在不同小组任务中的学习情况进行分工合作,一起构思设计一个上海解放红色历程微展,自行查找资料,设计微展布局,讲述党的故事、革命的故事、英雄的故事,刻画上海的时代变革、展示国家力量、弘扬民族精神。[7]

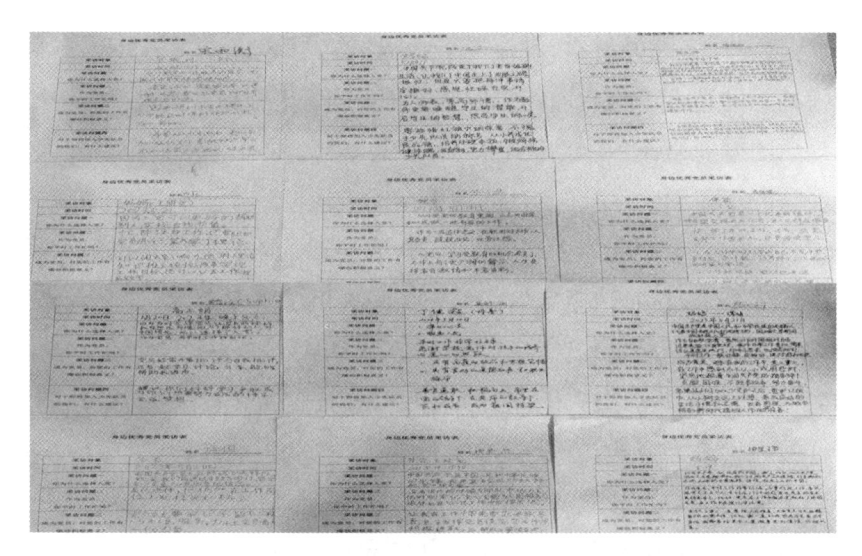

图3 身边优秀党员采访表设计图

【教师支架】

在制作微展之前,教师利用一节课的时间对学生之前完成的四项活动的成果进行总结和分析,摘选出活动中可利用到的精华内容,并向学生讲解微展的制作方式,提供微展可以使用的参考形式。

同时,教师使用PPT等形式提供上海解放历程的时间表,帮助学生深入了解上海的红色历史,并抓住细节填充内容。鼓励学生动脑筋,发挥奇思妙想,在微展中加入自己的特色内容。

四、"上海红色之旅探寻"项目式学习的效果

(一)提升学生对红色资源的主动探索意识和运用能力

在红色路线图制定、红色书签制作、红色故事分享等活动项目中,学生充分学习了党史,汲取中国共产党历史中蕴含的思想资源、实践智慧。在活动过程中,学生能够主动去查找资料,不局限于老师提供的思路,最后聚在一起规划设计,并梳理总结出路线图所有景点的具体信息和交通路线。令老师意外的是,学生将打车、地铁、公交等多种路线的组合以及所用时间信息都全面考虑到并做了罗列,可见学生在此类自主探究的项目中并不是被动地接受老师的方案。学生制作的书签也是构思巧妙、色彩斑斓,充满了对英雄的敬仰和崇敬。每一件作品,都是精美的艺术品,都凝聚着孩子们的智慧与汗水。他们充分发挥自己的灵

感,借助各种各样不同的材料,有流苏,有小铃铛,有金属贴片……创意百出,原创性和设计感的结合不输市面在售的成品书签,也得到了学校老师的一致认可。

在最后的微展制作中,也有学生发挥奇思妙想,号召同学制作了红色英雄小雕塑。在这一过程中,学生在自己的动手探索中体会到了红色资源的价值作用,也提升了自己的自主探究能力和运用能力,潜移默化地激发了自己的兴趣,促进学习效率的提高,为新时代坚定信仰信念信心提供了丰厚营养,这是对青少年进行价值观教育的最好素材。

(二)达成教育小学生践行社会主义核心价值观的目标

榜样的力量是无穷的,通过采访优秀党员,学生从不同职业、年龄的党员身上学习到了他们的精神品质,感受到虽然工作不同,但对党的忠诚心是一样的,这感染了学生。在聆听红色故事时,老师惊异于学生强大的信息搜集能力,确实找到了许多上海鲜为人知的革命故事。通过多种媒介的综合运用,如视频和音乐,讲解生动形象,激发了同学们对革命先辈们的敬佩之情。

此次红色探寻之旅是我校德育工作重要的一环,有助于小学生形成正确的世界观、人生观和价值观。勿忘国耻,吾辈当自强。在自己设计的党员采访问答和故事分享中,大家了解了革命先烈们不畏牺牲、英勇奋战的光辉事迹,从小在心里种下了报效祖国的种子。红色教育活动的顺利开展有利于践行社会主义核心价值观,培养小学生的爱国主义情感。

参考文献:

[1] 陈玺.红色资源融入小学少先队教育的调查研究[D].桂林:广西师范大学,2020.

[2] 伊廷莉.上海红色文化资源在小学教育中运用的现状调查研究——以L小学为例[D].上海师范大学,2019.

[3] 莫亚楠.基于核心素养的项目式学习实践研究[D].漳州:闽南师范大学,2022.

[4] 李霞.论红色资源在思想政治教育中的应用[D].长沙:中南大学,2013.

[5] 张穗欢.基于项目式学习的红色阅读之旅——以《红星照耀中国》为例[J].学语文,2022(01):23—26.

[6] 王潇.上海高校有效运用红色文化资源研究[D].上海:华东师范大

学,2016.

[7] 马蕾,叶茂.基于项目式学习的红色文化研学旅行课程设计——以"天山脚下的纪念"为例[J].地理教学,2022(04):59—61.

38 新课标下道德与法治学科中多元化学习评价的实践
——以"新闻讲评"板块为例

初中道德与法治学科　沈　佳

前言

《义务教育道德与法治新课程标准》中明确了以学生生活中必须处理的关系为主线,组织相关课程内容。[1]其中"我与他们和社会""我与国家和人类文明"两个主题内容的教学,学生通过课前3—5分钟的时政新闻讲评活动可以得到更加深层的学习感受。[2]讲评活动一方面丰富了道德与法治课的教学内容,另一方面提高了学生思想道德境界。道德与法治课程评价要围绕发展学生核心素养,发挥评价的引导作用,坚持学生自我评价、教师评价、同伴评价、家长评价和社区评价相结合的方式,改进结果评价,强化过程性评价,探索增值评价,综合运用多种评价方式,促进知行合一。[3]那么,如何在时政新闻讲评过程中有效进行学习评价,进一步深化德育、促进五育融合呢？本文将基于这一思考进行分析和阐述。

一、道德与法治课新闻板块有效评价的实施

（一）评价量表体系化,促进评价专业化

专题性新闻分享活动贯穿整个初中学段六—九年级。根据不同年龄阶段的学生,制定不同的要求,设置不同的评价量表是非常重要的。这样可以促进评价的专业化。但是在量表设置以前,先要了解学生,他们希望通过新闻板块,得到怎样的提升。因此在四个年级各选取不同班级的近40名学生,总共160名学生进行了抽样问卷调查。问卷涉及对于新闻内容的喜好、多媒体制作、新闻的展示能力、新闻评价能力等。调查得出有88.7%的学生希望了解2周之内的新闻；六年级93%的同学喜欢看到炫酷的PPT,包括页面和技术展示；这个指标随着年

级的增长而变小,到了九年级98.4%的学生认为清晰的PPT更能够让大家看懂。关于讲的能力,几乎所有的同学都希望看到自信、自然的演讲者,而不是看文稿的朗读者。但是低年级的同学也表示出了对于这一要求的心有余而力不足。对于新闻观点这一方面,更多的同学倾向于学习、引用专家的点评,经过不断的学习,到了高年级再尝试自己写高质量的感想和点评。

在了解完不同年龄阶段学生不同的需求后,首先设定了新闻板块对于学生的要求。要求在内容上包含新闻梗概、新闻拓展、新闻评价、辅助资料、互动提问。新闻内容的播报中要包含佐证的图片、视频等影像资料,让整个新闻内容更加充实。文字不能过多,字体要大,体现关键要素。学生感悟环节可以是专家或社会媒体的专业内容,也要结合自己的想法。新闻讲评过程中,语言流畅,口齿清晰,仪态端庄。

在实际的操作过程中,尽管有比较清晰的要求,但是由于没有系统化的评价标准,在进行学生自评、同伴互评时都遇到了问题。学生之间的友情直接造成了评价的非客观性,引发了很多的不公平评价,使"新闻讲评"的学习效能大大地减弱。

因此,在评价的过程中,要通过给每个年级设定不同的目标和评价侧重点,建立系统化的评价,循序渐进地提高学生讲新闻的能力。

1. 跨学科学习意义下的六年级评价体系

六年级学生,处于中小学交替时刻,喜欢有视觉冲击力的内容,由于信息科技课程的学习,学生更加注重PPT制作和展示。因此,根据学生情况,在评价标准中侧重有关信息技术的内容,比如PPT界面的整洁清晰、视觉效果、动画设计等(见表1)。除此以外,也关注图像、音频、视频的编辑与处理等。学生在清晰了解评价标准后,将信息技术课程学习的内容妥善运用其中,实现跨学科学习的同时,学会公正公平地评价,同时促进自身能力的提升。

表1 六年级时政新闻评价标准

组成部分	分值	评分要素	评分标准
PPT内容	30	主题突出、内容完整	很好 25—30 分 一般 10—24 分 须努力 0—9 分
		逻辑合理,具有连贯性	

(续表)

组成部分	分值	评分要素	评分标准
PPT 技术	30	作品中使用了文本、图片、表格、图表、图形、动画、音频、视频等表现工具	很好 25—30 分 一般 10—24 分 须努力 0—9 分
		整部作品的播放流畅,运行稳定,无故障	
PPT 艺术	20	整体界面美观,布局合理,层次分明,总体视觉效果好	很好 15—20 分 一般 5—14 分 须努力 0—4 分
		文字、图片清晰	
新闻选材	20	新闻内容真实,倡导积极向上的价值观	很好 15—20 分 一般 5—14 分 须努力 0—4 分
		新闻材料围绕时事政治、社会热点问题	

2. 尊重学生主体兴趣的七年级评价体系

根据问卷调查中学生对"新闻类型的喜好"的数据分析,七年级学生更侧重于新闻的选择和新闻演讲的能力。

初中生普遍喜欢有趣的新闻,因此在设定标准时就设定了这一要求,目的是引导学生分享有社会意义、有指导价值、能引起反思的新闻内容。这一标准的设定,即给予了学生比较明确的指导,使得新闻板块变得更有意义。如早期煤矿透水事故后政府的积极反应、苹果新型手机发布引起的全球热潮、过年中国人到日本大采购的背后、上海进博会的背后、全国两会的召开、党的十九大、党的二十大会议等,都是可以引起思考的新闻,也是时政新闻学习板块真正应关注的社会热点。

3. 充分展现学生自信的八年级评价体系

八年级评价标准中的重点是"以讲为主"。在设定的评价标准中,对"讲"的部分进行了量化规定,所占分值比例也大大增加,50%是关于讲的评价。如,不允许在PPT里出现过多文字,不允许手持稿件上台等。通过这一标准制定,学生们在演讲时,可以通过对于新闻的理解做到全脱稿。这不是背诵,而是在确保新闻准确性的同时,将新闻内容组织成浅显易懂的语言再演绎。不少学生结合PPT上的漫画、图表、关键词就可以把新闻内容、专家观点表述具体且客观。台下学生往往被演讲人的肢体语言、激动高涨的情绪和连贯的表达方式所吸引。这样的指标导向性,能保证演讲学生下真功夫,对自己所要演讲的新闻内容做深入了解和有效的学习。

4. 促进深度思维的九年级评价体系

进入九年级之后,学生课业变得繁重,制作PPT.已不再是绝对条件,更多的是结合书本提高对时政新闻的理解力。因此,评价指标就更侧重于新闻点评(见表2)。如学生会把新闻发给同伴们,邀请大家一起讨论,结合书本知识点进行分析。比如"每年一月进行的国家工作人员手持宪法宣誓"这则新闻,学生结合书本上有关《宪法》、权利义务、法治建设、社会责任的相关知识点进行点评,之后对其他同学的点评进行了评价。侧重于点评的指标,一方面保证学生得以学习其他同学点评的优势,另一方面通过点评学生也能看到自身的不足。

表2 实验东校九年级时政新闻演讲打分表

项目	时效性	自己的观点	与书本知识点结合
分值	1	5	4
单项得分			
时效性	一周以内的新闻		1
	两周以内		0.5
	两周以上		0
自己的观点	引用专家观点,有针对性,并结合了自己理解,语言流畅,逻辑思维连贯。		5
	运用自己的观点,言之成理,表达流畅,逻辑思维力强。		4
	引用专家观点,有针对性,逻辑思维连贯。		3
	运用自己的观点,有一定道理。		2
	观点不明确,无观点。		0
与书本结合	运用书本的知识点进行新闻点评,涉及知识点面较广泛,活学活用。		4
	运用书本的知识点进行新闻点评,能够较熟练地进行运用结合。		3
	与书本知识点有结合。		2
	完全脱离书本		0
总分			

二、道德与法治课新闻板块有效评价的成效

道德与法治课程教学中评价体系的设立,一方面可以引导学生在学生过程中明确要做什么、怎么做,另一方面通过教师对于学生表现的可视化评价,使课堂上的每个教学环节受到学生喜爱,使新闻与书本内容的结合度不断提高,学生的主动思维得到了进一步提升,课程的内涵得到进一步丰富。除此之外,老师也能充分感受到道德与法治课的意义,进而将新闻与书本内容结合、调动学生积极性,同时促进自身的教师专业素养发展。为了进一步了解我校学生、家长对于评价体系的理解度和认可度,笔者进行了系统性的访谈调查,各方受访人员的反馈如下:

六年级的李同学说:"道德与法治课是我最喜欢的一门课程之一。特别是"时政新闻"板块,通过同学讲的新闻,我知道了更多新闻背后的故事,还看到了同学很厉害的电脑技术。"

七年级的王同学说:"通过六年级一年的锻炼,我做PPT的技术有了大幅度的提高,我还学会了深入挖掘新闻内涵,不同新闻内容彼此牵引。"

某位家长表示:"孩子们以前看到电视播放新闻就换台,宁愿看广告。现在上学路上听早新闻,吃饭看晚新闻,有时还要到网络上查找过去的新闻内容,真的是国事、家事、天下事,事事关心。我也通过在线课堂看到自己的孩子讲新闻时的自信、从容。"

对于初中四个年级的道德与法治的课堂教学,我校在实践过程中不断迭代优化学习评价体系,使其更具操作性和适用性。虽然在评价指标的设定之初,学生是被动地去做新闻,被动地根据要求来完成新闻演讲,但久而久之就形成了学习习惯。现如今,每一次安排新闻演讲人,大家都抢着做,尤其是有热点新闻的时候,学生更是积极。九年级的学生也因为时政新闻评价方式的改变,十分踊跃。不少学生毕业后,U盘存满了从预备年级开始制作的新闻。这也能从侧面反映评价指标的细化对学生道德与法治课程中时政新闻学习的积极影响。

三、道德与法治课新闻板块评价体系的亮点

科学的评价体系有效促进了学生的综合素养,学生的主动学习、深层思维、有效表达都得到提升,教师的评价能力也得到了发展。该评价体系的亮点如下:

1. 评价指导趋于综合性

评价量表不断改进和提升,从学生的多方面进行评价,找资料、选择资料、整合资料、展示资料的评价、讲的评价、舞台表现的评价、多媒体使用的评价、总结评论的评价、设置问题的评价等,对于评价产生了更加精细化的指导,对于学生也形成更加规范、科学的理解。

2. 评价指导体现分层性

针对不同年级进行分层评价设置,建立不同的侧重点,不同的培养目标。经过四年的学习,通过评价要求的循序渐进,螺旋式上升,学生综合能力不断提高。

3. 评价指导注重包容性

从群体上解决了差异性,针对不同个体进行的评价则体现了评价的包容性。[3]设置的自评、互评、家庭评价、跟踪评价指导,都是促进了评价包容性的提升。爱护每一位学生,促进每一位学生的进步,引导学生跟昨天的自己比较。

参考文献：

[1] 中华人民共和国教育部.义务教育道德与法治课程标准(2022年版)[M].北京:北京师范大学出版社,2022:17.

[2] 义务教育道德与法治课程标准2022解读[M].北京:高等教育出版社,2022:34—41.

[3] 蔡敏.论教育评价的主体多元化[J].教育研究与实验,2003(01):21—25.

39 聚焦核心素养，促进人工智能项目的深度学习

初中信息科技学科　潘艳东

深度学习是一种基于理解的学习，是指学习者以发展高阶思维和解决实际问题为目标。项目化学习，有利于引导学生积极主动参与到学习活动中来。美国国家研究理事会（NRC）的深度学习界定委员会总结到，深度学习是"个体发展认知素养、人际素养和内向素养，逐步能够将某一情景中所学知识运用到新情景中（亦即迁移）的过程"。[1]我们希望的项目化学习是打通知识记忆、概念理解、视野拓宽、批判思考等会迁移的深度学习，推动创新意识、思维结构和问题解决能力提升，成为面向未来可迁移的内在品质。[2]因此，在人工智能课堂中，引入深度学习理论，引导学生进行批判性的学习，建立知识之间的联系，培养他们的迁移运用知识的能力，促进学生深度学习。

一、优化人工智能项目，激活课堂让深度学习自然发生

深度学习旨在灵活熟练地将所学知识应用到实践当中，注重调动学生学习的主动性，培养学生问题解决能力。

（一）创设真实问题情境，激活深度学习的意识

优化人工智能项目，创设真实的问题情境。帮助学生解决实际生活中遇到的问题。学生学会观察，发现真实世界的真实问题，在"制作鲜花识别机器人"人工智能项目活动中，学生自己发现问题：每天中午，上实东校生态园有很多同学去探究，这天琦琦发现了一株奇特的花，很好奇地问同伴玲玲，这是什么花呢？因为已经有了网络探究的学习经历，学生马上想到可以利用手机形色APP识花功能查询。不仅如此，她们想自己能不能编写一个识花程序？在人工智能项目化学习中，通过解决学生现实生活中真实的问题，激发学生积极主动的学习，在问题解决方案的迭代优化中，激活学生深度学习的意识。

教师智慧设境,聚焦学生核心素养培养。学生在生活中主动发现问题,同时教师也可以为学生提供应用知识于真实生活中的情境,培养学生运用知识解决问题的思维。[3]现实生活中的问题可以激发学生的学习兴趣与动机,在已有生活经验的基础上,理解新知识,有利于培养学生关心自己生活的情感态度,使他们体会到技术与生活密切相关。创设真实问题情境,激发学生学习和探究的兴趣,这是学生深度学习的起点。

（二）类比迁移学习内容,奠定深度学习的基础

深度学习的学习内容应以与新旧知识联系的、与学生经验融合的真实问题为主线。[4]因此,教师在进行教学设计时,不能局限于这一课时的教学内容,而应该有着"高屋建瓴"的课程观,放眼于整个章节,乃至整个单元,找到新旧知识之间的关联,关注学生的"前概念"及生活经验,找到教材内容与现实生活世界的关联点及契合点,并将这些内容进行有效和精细的深度加工,使它们有机地整合在一起。类比迁移学习内容,奠定深度学习的基础。

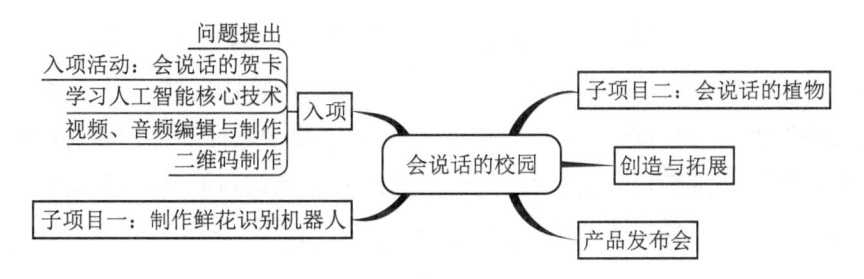

图1 "会说话的校园"项目设计

美国著名科学家波普尔认为:"科学与知识的增长,永远始于问题。"学生在深度实践中往往会引发认知困惑,从而激发起学生的深度反思。通过反思,引导学生进行多维思辨。通过深度辨析,能够引导学生对核心知识的深刻性、广阔性、批判性等良好思维品质的形成,能让学生理解知识内在关联,能提升学生分析能力,能让学生感受、体验到学习成功的愉悦等。我校人工智能项目组根据校情和学情,开发了"会说话的校园"项目(如图1),并通过项目学习的方式开展教学。在此基础上,我们设计出具有开放性、挑战性的学习内容,引导学生主动参与,提高学习兴趣,并在此过程中获得知识与技能的深层次提升。在整个项目学习中学生主动探究人工智能的相关原理和技术。在内容设计上,我们将信息科

技学科—人工智能单元的相关概念和内容做了整合,语音合成、图像识别、机器学习等,融入具体的每个课时的学习内容中。学生在解决问题的过程中,将机器与人做类比,逐步揭开相关的人工智能技术和原理。例如,"制作鲜花识机器人"子项目中,我们从识别桃花,引导学生优化完善程序,从而可以识别更多的鲜花,引导学生体会机器学习的数据越多,机器越智能,再进一步将知识进行迁移,如从识花到识别植物再迁移到识别动物等。从项目设计的内容及知识的内在逻辑来看,学生从自己发现问题,到最后开发识花机器人来解决问题,激发学生主动参与。不仅如此,我们启发学生将所学知识与自己的学习和生活联系起来,开发出更多新的图像识别相关程序。

智能时代,网络上也有丰富的人工智能的内容,但我们认为唯有当教师对教学资源进行仔细筛选和整合后,才能最大化地发挥资源的价值。因此,初中信息科技引入人工智能可以选择项目化学习方式促进深度学习。"项目主题"是指按照课程标准,把学科中关联较大的核心知识综合成单元,此单元能够充分体现课程知识的发展、学科内容的深度和学科内容学习的规律项目化学习内容能够激起学生的学习动力,系统的知识体系能够提高学习者的学习效率,促进学生深度学习。教师可以通过梳理相关资源,对教学内容进行整体设计。同时,教师应该关注学科发展的内在逻辑、学生学习的规律,并以此来设计最合理和有价值的教学内容。教师在进行项目化学习时,要做到每节课都有侧重点,引导学生进行自主学习和小组合作学习相结合,引导学生在体验、探究、反思的过程中让深度学习自然发生。

(三)学以致用深度实践,指向深度学习的核心

学生的深度学习是一种深度参与的学习,也是一种深度感受、体验的学习。在人工智能项目实施中,教师要催生学生的深度实践,不仅引导学生融入认知,更引导学生融入情意、融入行动。换言之,学生的深度学习,不仅要求学生思维的深度参与,更要求学生全方位、沉浸式感受、体验。从这个意义上说,深度实践是一种投入自己情感的实践。在"会说话的校园"项目中,我们设计的目标旨在让学生亲自探寻校园场景背后的故事,并开展相关的访谈和调查,促使学生学会爱自己、爱团队、爱校园,催生深度实践,引发学生情感投入,让深度学习在课堂中自然发生。

案例:《STEM——会说话的校园》,其项目设计如下表1。

表1 会说话的校园项目设计

项目名称	会说话的校园	年级/学科	七年级/STEM
课时安排	5周/10课时	项目教师	
驱动性问题	在智慧校园背景下,如何让校园场景或物件"开口说话",方便来访者和新同学了解校园。		
活动设计	创设真实问题情境 → 入项活动 → 前期调研(问卷星等) → 方案撰写 语音识别 → 音频制作 视频制作 → 二维码制作 语音合成 → 项目发布		
项目评价	从作品质量和学习品质两个方面明确成功标准。项目成果包括:调研报告、短视频文案、相关音频、相关视频、相关二维码和发布会PPT;学习品质包括:熟悉主要软件(问卷星、形色APP、讯飞有声、剪映、草料二维码等)使用方法,了解语音识别、语音合成、机器学习等人工智能技术和原理,形成合作、参与、倾听、沟通等基本技能。		

在"会说话的校园"项目中,入项活动为制作一份特别的贺卡。引入:赠送贺卡是节日里人们表达祝福的一种常见方式。贺卡的种类有很多,纸质贺卡能传达文字或图片信息,电子贺卡能传达包括文字、图片、音频、视频在内的多媒体信息,二者各有千秋。通过引入,启发学生思考如何制作一份"会说话"的贺卡,引出人工智能语音识别、语音合成和机器学习相关技术,为后续的学习奠定基础。

在情境导入环节中,教师首先抛出问题:大家有没有知道最近有过生日的同学?引导学生关爱自己身边的同学,并通过小组团队合作,制作一份特别的贺卡。在小组合作完成生日贺卡后,举行了短暂而充满温情的赠送仪式,让学生沉浸在和谐友爱的课堂氛围中。另外,我们在课堂中还通过播放生日歌来营造温馨的气氛,更好引发学生的感情投入,让课堂中的深度学习自然发生。

(四)联系生活关注热点,落实深度学习的本质

教学中引导学生联系真实生活,指导他们关心、关注社会热点,是落实深度学习的本质。如笔者在教学中实施的"自动驾驶"项目,通过学生自主设计方案、合作探究、实地测试和内化迁移,促进学生深度学习。

1. 开放问题,自主设计方案,激活学生主动探究意识

学习的最高境界就是创新,学生自己设计出四个展示方案。方案一:车辆转弯、倒车入库;方案二:经过红绿灯、侧方位停车;方案三:避障、调头、侧方位停

车;方案四:综合方案。我们通过自动驾驶项目,经过分组探究,自己设计自动驾驶场景和展示方案,现场公开的测试和展示,提高了学生的主动性和动手实践能力。同时,在自动驾驶公开的现场测试活动中锻炼学生的表达能力,增强自信心,激活学生积极主动探究意识。

组号	姓　　名	测试项目
第一组	郭＊＊、熊＊＊	方案一:车辆转弯、倒车入库
第二组	朱＊＊、康＊＊	方案二:经过红绿灯、侧方位停车
第三组	王＊＊、高＊＊、陈＊＊	方案三:避障、调头、侧方位停车
第四组	邵＊＊、曹＊＊、李＊＊、黄＊＊	综合方案

图2　"自动驾驶"项目小组现场测试安排

"自动驾驶"以 Openmv 摄像头作为机器视觉,运用 Python 语言进行编程,识别路线和标志,模拟了生活中最常见的驾驶行为,希望能用自动驾驶解放司机,便利生活,助推上海城市数字化转型。

2. 设计活动,小组现场测试,提升学生解决问题能力

"自动驾驶"在最后的项目展示环节中,开展了一场别具一格的现场测试,并邀请到相关的专家和老师、家长、同学。在测试中,采用由一位同学现场解说和小组全体同学现场测试的方式。在测试活动前,学生自己撰写解说词,设计自动驾驶道路场景、展示方案等。在整个的项目学习过程中,同学之间协作,不断深入探究,2—4人一组,进行 Python 语言的学习、自动驾驶小车的设计与搭建、方案设计等。不仅如此,他们还负责项目的开发和运行,通过分工,来界定他们各自的角色和责任,学会相互依赖和相互负责,在项目学习中的多个阶段,学生都有机会全力投入,完成项目任务。

通过设计开放的富有挑战的活动,并通过小组进行实践探索,从而激发学生的探究欲望,在项目实践过程中慢慢提高学生学习的主动性和迁移能力,引导学

生学会问题解决的方法,从而提高学生解决问题的能力,落实深度学习的本质。

3. 批判辨析,持续深度反思,激发学生迁移应用水平

注重知识的批判理解是深度学习的特征之一。深度学习强调学生批判性地学习新知识和思想,要求学生对任何学习材料保持一种批判或怀疑的态度,批判性地看待新知识和思想并深入思考。

自动驾驶项目结束后,我们引导学生进行了自我反思:我们初步实践了自动驾驶,让单一型号的自动驾驶小车能在简单的车道上正常行驶,我们将会继续探索与学习,试着让不同车型的车能够在比较复杂的道路上行驶,尝试令小车识别不同的交通标识,我们还将更深入地探究人工智能图像识别相关技术背后的原理。在这次活动中,我们分组实现不同项目,互相帮助,体会到了团结的重要。同时,我们也学到了 Python 编程语言与团队共同开发方案,探究的过程中不断迭代优化。在此期间,我们遇到了许多问题,于是我们请教老师或者互相讨论。项目开阔了我们的思维,激发了我们创新的热情,让我们受益匪浅。我们希望通过探究人工智能自动驾驶,为人们的生活提供便捷,为实现上海城市数学化转型贡献力量。

人工智能项目活动中,我们着力营造深度学习实验场景的设计与构建,让学生在真实的环境中,感受充满生机和乐趣的课堂,激发学生的深度学习。

参考文献:

[1] 郭华.深度学习及其意义[J]课程·教材·教法,2016,36(11):25—32.

[2] 夏雪梅.素养时代的项目化学习如何设计[J].江苏教育,2019(22):7—11.

[3] 余文森.核心素养导向的课堂教学:深度化策略[M].上海:上海教育出版社,2017:206.

[4] 赵健.深度学习:超越 21 世纪技能[M].上海:华东师范大学出版社,2020:3—18.

40 初中历史项目化学习实施策略
——以"寻找老物件,探寻家国记忆"为例

初中历史学科　陶蓓蓓

近年来,项目化学习已经成为一个教育界的高频热词。目前,项目化学习一般应用于拓展型或研究型课程中,当它与传统学科相结合,则被称为"学科项目化学习"。随着各地教育改革的不断深入,项目化学习也越来越热。究其原因,是因为项目化学习顺应了教与学的变革。不同于传统的教学方式,项目化学习指向学习本质,突破传统教学浅表化学习的困局,不仅给学科教学注入新的活力,也能给学生提供思考的空间、探究的平台,让学习真实发生,最终实现思维品质和关键能力的螺旋上升,形成核心素养。因此,项目化学习之所以能够和各学科紧密结合,主要是因为它能够促进学生和核心素养的落地。然而,随着项目化学习热度的不断提高,很多活动也出现了名不副实或者浅表化的现象。那么,项目化学习如何设计和实施才能真正体现教与学的变革,促进学生产生学习和创造性?笔者以"寻找老物件,探寻家国记忆"为例,阐述历史学科项目化学习的设计思路。

一、"寻找老物件,探寻家国记忆"项目化学习总体设计

项目化学习(project-based learning)是一种以学生为主体的教学方式。学生成为学习者和参与者,围绕驱动性问题展开项目活动,分析并完成项目中的问题和任务,进行深入持久的探究,最终形成相应的可视化学习成果。虽说学生是学习主体,但是活动背后的设计者、指导者依然是教师。项目化学习选什么题,设计什么驱动型问题,设计哪些任务,直接决定了学生的思维能有多少成长的空间和可能,因此教师的设计和指导至关重要。对于学科项目化学习活动而言,我认为依然无法回避学科特点和核心素养的发展要求。基于初中历史的教学实际,我认为初中历史项目化学习的设计必须遵循几个原则:选题要指向课程标准,要注重驱动性问题思维的真实性和高阶性。

基于这样的设计原则,我从项目开展前的选题与驱动性问题设计两个方面谈谈自己的大体思路。

(一)项目选题

设计项目化学习活动的活动主题,应考虑到学科的课标导向和学生的实际情况。《义务教育历史课程标准(2022年版)》明确指出,围绕某一主题的学习活动要体现不同领域的知识整合,体现史料研习和社会实践有机配合,校内学习与校外活动有机结合。同时,还要关注历史和现实的联系,要具有一定的实践性、开放性和可操作性等。基于此,我开始着手策划"寻找老物件,探寻家国记忆"这一主题活动,选题主要原因有以下几点:

1. 从素材选择来说,这一主题非常具有可操作性,也具有一定的开放度。因为每个学生身边都有大量的老物件,大到祖辈传承的老宅、老家具,小到各种票证、老照片等,选材的范围还是非常广的。这一主题能够引导学生从身边发现历史,探寻其背后反映的祖辈的生活印记及时代的变迁,可以拉近学生生活与历史之间的距离。

2. 从实施过程来说,这一主题也颇具探究性和实践性。从物品的搜寻到资料的汇总,学生需要对物品当时购买和使用的状况进行了解和整理,同时还需要对使用者或收藏者进行口述采访甚至实地探访进行考证,并将所有这些材料整理、识别、筛选并进行记录。这一过程中,可以让学生进一步提升实践能力,增强对历史的理解。同时,也需要学生综合运用地理、道德与法治、语文、艺术等知识,搜集、整理身边的不同时期存留下来的物品和亲历者的回忆,探究其历史背景,了解各个时期人们在衣、食、住、行、用等方面的生活状况及其变化。

3. 从实施意义来说,学生在完成这一项目的过程中,老物件所牵连起的历史场景能自然地构建起学生与家人、学生与国家之间的一体感,能自然地涵养家国情怀,能培育学生的正确价值观、必备品格和关键能力。

(二)设计驱动性问题

项目化学习强调让学生围绕真实而有意义的驱动性问题展开一系列探究活动,驱动性问题是将比较抽象的、深奥的本质问题,转化为特定年龄段的学生感兴趣的问题。[1]项目式学习中设计驱动性问题,能够增强学生学习的一致性和连贯性,帮助学生建立科学知识与生活的联系,并提高学生整合学科知识的能力。教师可以使用一定的策略进行自主设计,也可以鼓励学生提出驱动型问题。

考虑到本次项目化学习活动主要面向的是八年级的学生,他们无论对于历史学科的学习还是对于项目化学习的认识尚处在起始阶段,因此本次活动主要由我围绕课标挖掘主题中包含历史和多学科的综合要素,设计驱动型问题。这些问题能够帮助孩子们在学习活动的初始阶段迅速进入学习情境,激发他们的好奇心和探究欲望,同时也能让他们在起始阶段就能更好体悟活动的目标。为此,我设计了如下问题导学单。

表1 "寻找老物件,探寻家国记忆"学习项目问题导学单

主题	问 题 情 境
选择老物件	你认为有哪些东西可以称之为老物件?
	列举你能够找到的所有老物件,你最终又选定了哪一件?说明理由。
	寻找老物件的过程中谁为你提供了最大的帮助?他/她是如何帮助你的?
	选择和寻找老物件的过程给你留下了什么感受和启示?
研究老物件	要探寻家国记忆,你认为需要研究老物件哪些方面的信息?
	你打算通过哪些渠道收集这些信息?可操作性较强的是哪几种?实施难度较大的又是哪几种?
	在具体研究中你可能会需要哪些外界的帮助?可能面对的困难和挑战是什么?

二、"寻找老物件,探寻家国记忆"项目化学习示例

项目化学习的本质要让学习者有机会通过解决问题和任务掌握,扩展他们的知识,并发展技能,拥有经历研究并获得必要的信息以得出自己结论的过程。因此,在进行方案设计中,始终要秉持以学生为本的原则,为学生的行动研究搭建一个自主、开放、具有探究价值的活动过程。为此,笔者设计了一份项目学习单供学生进行自主探究。

表2 "寻找老物件,探寻家国记忆"项目学习单

物件描述 (自然信息:时间、形状、大小、品相、材质、颜色、图案、制造工艺等)	
物主信息(物件来历、用度经历、使用痕迹、物件传承等)	

(续表)

文化信息（生活状态、社会交往、传统习俗、审美风尚等）	
相关考证：文献检索 （检索内容摘要，注明资料来源，附上网页地址或书籍名称页码）	
相关考证：调查采访 （采访内容摘要，附上采访者信息，采访时间）	
相关考证：实地探访 （探访收获摘要，附上走访地点和时间）	
收获和反思 （可以从研究内容的收获、研究过程得失等任一方面展开，不少于150字）	

【活动背景】

实物史料是历史的见证和历史信息的重要来源，它既能比较真实地反映历史，又具有形象直观性。实物史料可以是大型古迹、遗址、建筑、碑刻、雕塑，也可以是各类文物。实物史料不仅包括博物馆里或是收藏家手中的珍贵文物，也可以存在于我们每个普通人的生活中。祖辈传承的老家具、旧电器、房契、地契、选民证、结婚证、各种票证、老照片等，曾经的课本、作业本、日记本、记账本，各个年代的服装、办公用品、餐具等，或许并不起眼，也多为碎片式的历史元素，却无一不承载着历史的记忆。

希望同学们借助"寻找老物件，探寻家国记忆"这一活动，在收集、选择老物件的过程中，尝试去发现这些老物件背后祖辈们的生活印记、人生经历等，进而理解他们生活的时代。

【活动过程】

1. 活动准备

确定物件（选择标准：和祖辈生活息息相关，见证了他们的成长经历或生活片段，能体现祖辈生活的印记，能折射时代的变迁）

2. 收集资料

（1）文献检索：围绕老物件，借助网络、书籍等手段，尽可能多地收集关于老物件的相关信息。

（2）调查采访：围绕老物件，采访相关人士，了解物件的来历，物件所有者或使用者和物件之间的故事。

（3）实地探访：如老物件规模比较宏大，或存在于别处，可走访相关场所，并收集相关资料。

【撰写研究报告】

研究报告样例

物件描述 （自然信息：时间、形状、大小、品相、材质、颜色、图案、制造工艺等）	东方明珠太空舱观光收藏卡 时间：1996年 形状：长方形 大小：长 13.5 cm，宽 7.5 cm 品相：有塑料薄膜，已经泛黄，很明显  正面如上图 反面如下图  材质：卡片是卡纸，金色纪念卡是金箔 颜色：如上图 图案：以当时新修建的东方明珠为主题，有关于当时东方明珠的信息，正面有江泽民"东方明珠"的题字 制造工艺：对我来说算比较精美，金色纪念卡具有立体感，印花有凹凸

第六辑　德育及其他　375

(续表)

物主信息（物件来历、用度经历、使用痕迹、物件传承等）	物件来历：这张收藏卡是我妈妈在1996年到上海读大学，参观于1995年刚修建完成的东方明珠时所购 用度经历：放在柜子里，并没有拆开保护膜使用 使用痕迹：并无使用，保护膜已泛黄 物件传承：这张纪念卡被送给了我
文化信息（生活状态、社会交往、传统习俗、审美风尚等）	从这张收藏卡正面可以看到东方明珠在白天的样子和周围陆家嘴当时的情况。东方明珠下方有很多货船，说明商业来往较多。但是与如今的陆家嘴有很大不同的是，东方明珠周围只有三三两两的楼。从图中可以看到，还有一幢比较高的楼和周围的一些楼还都在建，说明从1990年国务院正式宣布开发开放浦东后，浦东才刚刚开始发展起来，当时的浦东人们生活状态还是比浦西差。 收藏卡的反面可以看到东方明珠的夜景。对于当时的人们来说，夜晚的东方明珠特别闪亮好看，造那么高的楼，晚上还可以发光是很先进的技术。从介绍中可以看到，有118米到210米的空中客房，还有267米的旋转餐厅，350米的太空舱。在当时，东方明珠的建造真的是一项非常不容易，非常了不起的工程。东方明珠是浦东开发和发展的见证。
相关考证 （文献检索或调查采访）	![夜景图] 上图是今天的陆家嘴，和收藏卡上的图片真的是大相径庭。东方明珠还是一样的，可是它的周围在不到30年的时间里变化非常大，可是看出浦东的发展可以说是飞跃性的。 上海东方明珠不但象征着上海发展的迅速，而且还象征着上海的高度。 "上海东方明珠广播电视塔又被称为东方明珠塔，塔高468米，位于上海黄浦江畔、浦东陆家嘴嘴尖上，1991年7月30日动工，1994年10月1日建成。东方明珠塔是上海国际新闻中心所在地，它犹如一串从天而降的明珠，散落在上海浦东这片土地上，经过阳光的洗礼，闪耀着璀璨的光芒，是上海标志性的建筑。"

(续表)

收获和反思	这个寒假，在拿到收藏卡后我又去到东方明珠，当我坐上东方明珠每秒五米的电梯，站在262米的观光台，看到上海明媚的日景，那一片白茫茫的建筑啊！当我傍晚站在东方明珠259米的透明玻璃上，看到脚下、身旁、远处的灯一盏盏点亮，就像看到了满天繁星。他们闪烁着为浦东开发开放做出贡献的人们的灵魂的光芒。当我走在高楼脚下，无论我走到哪儿，高楼都看着我。他们不是楼，他们是眼睛，他们是思想，他们是灵魂，那种震撼和感动无以言表。在东方明珠，再回看这张收藏卡，我仿佛看到了这二三十年来几代人生活的浦东陆家嘴，看到了浦东历史的变迁，看到了未来的陆家嘴、未来的上海更加繁荣……拿着这张薄薄的收藏卡，站在东方明珠下，我觉得收藏卡有一种沉甸甸的、浦东的力量，时代的力量，让我感受到我们如今现代发达的社会，的确是祖祖辈辈用血汗换来的，是他们建设了东方明珠，建设了浦东，建设了上海，建设了中国。站在这片繁荣的大地上，仰望着如今的东方明珠，我觉得中国就是世界东方的一颗明珠，我感受得到几十年前、几百年前先辈们对如今中国的美好期盼和给予的深深希望，非常幸运，他们的后辈实现了这些愿望，让祖国得以富强昌盛…… 拍摄于2021年2月5日，东方明珠夜景

三、评价机制

在项目化学习的评价体系中，要非常关注对学习成果的展示交流和评价反馈，我们可以利用多元机制，积极引导学生用不同的方式发布和共享自己的学习成果,实现对学习的评估和反思。就"寻找老物件,探寻家国记忆"这个项目化学习而言,我鼓励学生尝试以下方式进行交流展示。

(1) 传统展示形式

传统形式指的是传统意义上的传播方式,比如将学习成果绘制成一份小报,也可以将全组或全班的成果布置为一份展板,可以按照一定的时序或主题进行分类。交流的形式也可以多种多样,可以个人之间交流、班级交流,也可以跨班级交流、跨年级交流,甚至向家长展示,向其他学生、老师展示。

(2) 自媒体形式表达

自媒体形式表达指的是学生可以创造性地使用微信、微博、抖音等多种自媒体平台,将自己的研究过程和研究成果以平面或视频等多种形式进行发布和展示,展示自己的学习成果的同时也可以引发公众对学习成果的评价。

四、项目反思

设计这个项目化学习活动的初衷是为了让学生从寻找老物件入手,通过探寻老物件来历、用度经历、使用痕迹、物件传承等信息去发现老物件所凝结的历史信息,探寻物件背后的家国变迁。令人欣喜的是,活动的反馈效果远远地超过了我的预估和设想,无论是活动选材、活动过程还是最后报告的撰写,学生们都投入了前所未有的研究热情。从祖辈传承的地契、粮票、债券、结婚证、录取通知书,到早已淡出生活舞台的老式缝纫机、BP 机、台钟、算盘、老相机,甚至大到家里的老宅,他们将一件件被烟尘所覆盖的老物件翻出,将一段段被时光遗忘的故事还原。在研究过程中,这些 00 后们实践多种收集材料的方法,或实地走访,或人物访谈,还通过文献检索等方式加以考证,最终将一件件老物件背后的历史用属于他们 00 后的独特的理解呈现出来。行文间,老物件仿佛成了一条神奇的纽带,将属于几代人的记忆联结在了一起。更让人感动的是,面对这些看起来只是一些"破烂儿"的老物件,他们开始试着去理解这些物件身上的岁月印痕,开始敬畏其背后厚重的历史,这样一种的奇妙的时空"对话"让我无比震撼和感动。

但回顾整个活动,也深感自己在很多细节上考虑还不是很周全,比如驱动型问题高阶思维导向不够,评价机制相对单一,大体都是围绕成果展开的评价,缺少对学生的过程性表现的评价量表。但相信,在这次的初步实践后,自己进行项目化学习活动的设计和开发能力也会不断增强。在尝试中摸索,在摸索中不断反思总结,我们一直会在路上。

参考文献:

[1] 夏雪梅.项目化学习设计:学习素养视角下的国际与本土实践[M].北京:教育科学出版社,2018:56.

图书在版编目(CIP)数据

新时代教育变革与项目化学习的实践探索 : 以上海市实验学校东校为例 / 仇虹豪主编 ; 张韶玲副主编 . —上海 : 上海社会科学院出版社,2024
 ISBN 978-7-5520-4259-7

Ⅰ. ①新… Ⅱ. ①仇… ②张… Ⅲ. ①基础教育—教育改革—案例—研究—上海 Ⅳ. ①G639.21

中国国家版本馆 CIP 数据核字(2023)第 208882 号

新时代教育变革与项目化学习的实践探索——以上海市实验学校东校为例

| 主　　编 : 仇虹豪
| 副 主 编 : 张韶玲
| 责任编辑 : 路　晓
| 封面设计 : 徐　蓉
| 出版发行 : 上海社会科学院出版社
|　　　　　 上海顺昌路 622 号　邮编 200025
|　　　　　 电话总机 021-63315947　销售热线 021-53063735
|　　　　　 https://cbs.sass.org.cn　E-mail:sassp@sassp.cn
| 照　　排 : 南京理工出版信息技术有限公司
| 印　　刷 : 浙江天地海印刷有限公司
| 开　　本 : 787 毫米×1092 毫米　1/16
| 印　　张 : 24.5
| 字　　数 : 408 千
| 版　　次 : 2024 年 3 月第 1 版　2024 年 3 月第 1 次印刷

ISBN 978-7-5520-4259-7/G·1281　　　　　　　　定价 125.00 元

版权所有　翻印必究